## 中国A股的特质

行情在绝望中诞生，在犹豫中上涨，在欢乐中死亡。

——股市谚语

金融市场分为很多种，比如黄金、铜、美国国债、美股、欧洲股市、大豆、豆粕、中国沪深A股、原油，以及基于各国股指的期货和期权市场，每种市场都是非常独特的，有其自身独有的规律和历史重演性，如果我们对这个问题认识不清，会得出很多似是而非、令人啼笑皆非的结论。比如有个笑话讲的是："有一个中国股民，深得巴菲特精髓，那就是：别人恐惧我贪婪，别人贪婪我谨慎。他经常关注周围圈子的观点，更乐于去思考一些别人没有思考过的观点。在人人看好的时候，果断撤退，在别人看空的时候，大举压上，他追求智慧上的独立，一直逆向投资。坚持了好几年，终于把本金亏完了。"另外一个笑话是关于价值投资的："有一个中国股民，信奉巴菲特价值投资理论，专门找价值被严重低估的优秀的公司进行长期投资，并且声称自己是买公司，拥抱公司的价值成长，不是买股票，第二年该公司业绩突变，由盈利变为严重亏损，股价一落千丈，深度套牢，无奈割肉。"

当然，我讲这些并不是对大师不尊重，而是希望大家明确一些"基本"的金融投机理论，它的应用可能会有些前提条件限制，也可能只适用于某一个金融市场，并不见得适用于中国的沪深A股市场。随着互联网的普及、移动设备上网的普及，以及网络搜索引擎的普遍应用，人类获取知识极其便捷，网上也泛滥着各种投资理论，随便一个人可能都满嘴"投资格言"、"大师名言"，以及一些翻译著作中的"投资经验"、"金融戒条"，并且引以为傲，觉得自己懂很多。其实很多人都是被这些过度滥用的"知识"给害了，特别是在关键时刻，本该止损，脑子里闪过某位外国大师不知什么时候在什么状态下说的话"拿不住单子就赚不到钱"，三搞两搞就被深度套牢，于是又开始咒骂中国A股以及管理层不作为。

其实国外有些对冲基金就有非常强的专注和细分，有专门做"事件驱动"的，有专门做成长股的，有专门做黄金的，有专门做美债的，有专门做铜的。中国的商品期货市场上，也有一些奇才，有人专门做棉花，他能把棉花的来龙去脉搞得清清楚楚、明明白白。也有专门做铜的，几十年交易只交易铜，所以对铜的任何一个波动都了如指掌。赚钱就毫不奇怪了。

中国A股就是一个不断轮回循环的波动游戏，有其独特的规律，因为影响中国股市的因素主要有中国的社会文化，钱掌握在人手里，走势难免受性格、文化的影响，还要受到体制机制、群体特征的影响；另外，中国A股的博弈程度也无比激烈，有机构之间的博弈，机构与管理层、散户之间的博弈，上市公司融资、重组、资产并购的博弈，上市公司与基金、机构、管理层的博弈，还有游资与大户的博弈，复杂程度远超世界上任何一个金融市场。掌握了这些规律，就可以畅游股海，如果不了解情况就盲目闯入股市禁区，那么不是被惊涛骇浪打翻，就是"长江后浪推前浪，前浪死在沙滩上"。

# 股票操盘宝典

判大势 定思维 入牛股

胡斐/著

经济管理出版社

图书在版编目（CIP）数据

股票操盘宝典/胡斐著．—北京：经济管理出版社，2016.3（2019.3重印）
ISBN 978-7-5096-4233-7

Ⅰ．①股… Ⅱ．①胡… Ⅲ．①股票投资—基本知识 Ⅳ．①F830.91

中国版本图书馆 CIP 数据核字（2016）第 022678 号

组稿编辑：陈　力
责任编辑：陈　力
责任印制：黄章平
特邀校对：凌惠娟

出版发行：经济管理出版社
　　　　　（北京市海淀区北蜂窝 8 号中雅大厦 A 座 11 层　100038）
网　　址：www.E-mp.com.cn
电　　话：(010) 51915602
印　　刷：三河市延风印装有限公司
经　　销：新华书店
开　　本：710mm×1000mm/16
印　　张：15.5
字　　数：254 千字
版　　次：2016 年 4 月第 1 版　2019 年 3 月第 3 次印刷
书　　号：ISBN 978-7-5096-4233-7
定　　价：88.00 元

·版权所有　翻印必究·

凡购本社图书，如有印装错误，由本社读者服务部负责调换。
联系地址：北京阜外月坛北小街 2 号
电话：(010) 68022974　　邮编：100836

## 炒股的心态：九死一生的感悟

在资本市场获利，回报率只是一个符号，而构成这个符号的不只是智慧和实力，更重要的是勇气和信心。

——索罗斯

炒股就是炒心态，心态坏，一切皆坏。

股票的运动过程，就是人类的"贪、嗔、痴、慢、疑"五种心态逐步展现的过程。

买点：就是"痴"在起作用，你看不出哪里是买点，所以害怕，不敢买。

卖点：就是"贪"在起作用，你看不出哪里是卖点，因为你觉得行情刚牛起来没多久，还有更大的主升浪在后面，你舍不得卖，甚至加仓。

恐惧：是由于无知，或者说对未来的不确定性的担忧；但是如果有了操作系统，每一步该干什么都一清二楚，当下属于什么情况，应该怎么操作都在掌握之中，你还会恐惧吗？恐惧的时候，我们需要的是自信，自信建立在对A股操作系统的深入骨髓的掌握之上。

贪婪：由于贪婪，此时的"贪嗔痴"的"贪"和股市里的"贪"合二为一，都是太贪。我曾经有一个论断：90%以上的交易失误，都是由于贪婪造成的。化解贪婪，只有勤加修炼，严于律己，别无他法。

在操盘的过程中，要保持长期胜利，稳定盈利，需时刻注意不能让自己的心态变坏。心态变坏的最直接结果就是"买在卖点，卖在买点"。

当你具备基本的知识积累后,最重要的是心态,最大的敌人是你自己。无论做投资还是做研究,大家经常会给自己树立竞争对手,我认为这是需要重视的问题之一。对于操盘手而言,你如果心中有竞争对手,意味着你的心态一定发生改变。无我,操盘不是为了和别人比拼,是为了稳定盈利。我们要和自己的操作系统比拼,一方面熟练地应用自己的操作系统,另一方面继续完善自己的操作系统。

防止心态变坏的手段有三个:一是应用操作系统,一切服从操作系统;二是管住自己贪婪的心,宁可少赚也不能赔钱;三是资金管理。资金管理要素:一个周期(会计年度)内,投入的本金不能增加,每赚取10%的收益,就把收益转回银行账户,当收益率达到预期时,本年度宣告完成任务,放假休息去南极旅游;下一个会计年度,根据自己的预算决定投入市场的本金,这条可保护利润使风险敞口收敛,也可使自己心态保持平稳(作者注:每当我违背此条时必然受挫)。

股价看涨,人人争着抢购,你就发善心,把利润让给别人,成全别人吧,这个钱咱不赚让别人赚,难舍能舍,抛售出去。如果股市暴跌,大家无比恐慌,忙着抛售,你就想,我不入地狱谁入地狱,便生起悲心,苦了我一人,利了其他人,买进吧,要套就套死我,便买进。如果用这种心态来炒股,必将无往而不利。

胡斐—戊午　微博二维码

胡斐的朋友　微信公众号二维码

# 目录

内容脉络　操盘流程 …………………………………………………………… 001

## 第一章　判大势：A股跨年周期与年内周期规律 …………………………… 003
 第一节　中国沪深A股年内波动的周期规律 ………………………………… 003
 第二节　中国沪深股市的跨年度周期判断 …………………………………… 006
 第三节　股市推背图：未来60年中国股市的周期推演 …………………… 015
 第四节　判断大盘的具体步骤和方法 ………………………………………… 018

## 第二章　入牛股：选股 ……………………………………………………… 023
 第一节　选股的目的和意义 …………………………………………………… 023
 第二节　如何选出超级大牛股 ………………………………………………… 024
 第三节　如何选出筹码集中庄股 ……………………………………………… 029
 第四节　如何选出重大题材股 ………………………………………………… 038
 第五节　如何选中小盘股（002）…………………………………………… 039
 第六节　如何选创业板股（300）…………………………………………… 043
 第七节　如何选大盘股 ………………………………………………………… 050
 第八节　如何选中盘股 ………………………………………………………… 056
 第九节　如何选择妖股 ………………………………………………………… 059

第十节　选股流程 …………………………………………………… 066

## 第三章　定思维：操作策略 …………………………………………… 069

第一节　牛市的操作策略：大牛市应该牢记的图形定式 ………… 069

第二节　熊市的操作策略：大熊市应该牢记的图形定式 ………… 097

第三节　震荡市的操作策略：震荡市应该牢记的图形定式 ……… 106

第四节　短线与超短线的操作策略：短线与超短线应该牢记的

图形定式 …………………………………………………… 107

第五节　确定操作思维 ……………………………………………… 115

## 第四章　相信系统：操作系统 …………………………………………… 121

第一节　操作哲学：股市二元论 …………………………………… 121

第二节　静态操作系统 ……………………………………………… 129

第三节　不同市场风格下的动态操作系统 ………………………… 145

第四节　操盘习惯 …………………………………………………… 148

第五节　资金管理与风险控制 ……………………………………… 153

第六节　如何做出超额收益 ………………………………………… 170

## 第五章　最准指标：经过验证最准的买点卖点 ………………………… 179

第一节　技术分析的应用 …………………………………………… 179

第二节　趋势判断：MACD ………………………………………… 181

第三节　买点和卖点的定义 ………………………………………… 185

第四节　节奏控制：KDJ …………………………………………… 215

第五节　趋势拐点：DMI …………………………………………… 229

## 后　记 ……………………………………………………………………… 237

# 内容脉络　操盘流程

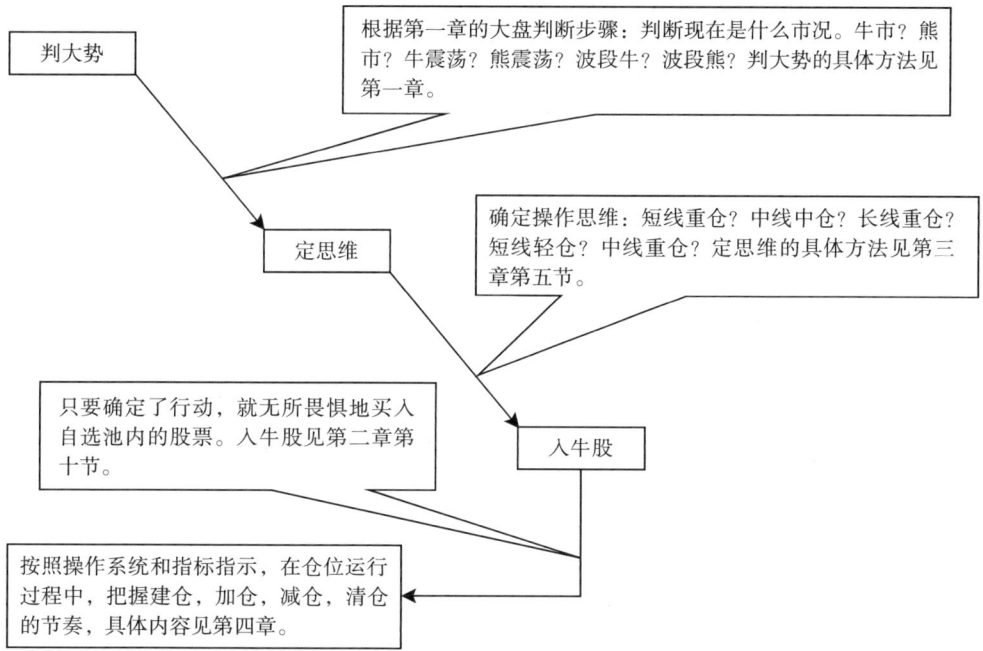

柳传志管理三要素"搭班子、定战略、带队伍";操盘三要素"判大势,定思维,入牛股";选股四要素"在买点上,有题材,盘小优质,有庄"。以前我认为择股是做出大收益的关键,现在看来,择股只占20%,其他80%要靠"定思维",择时要准,择股要准,没有收益就是弄不清是长线死拿思维?是中线波段思维?是短线轻仓思维?还是短线重仓思维?这才是收益迅速放大的关键。这一点其实就是,因为资金在有限的时间内只能使用一次,因此实际上选什么股也没什么大区别,有了大行情拿住股即可。关键是"择时+定思维",资金的综合效能，时间价值，资金曲线才会出来。否则择股择时都很对但是收益没出来就浪费感情。

在大趋势确定的情况下，只相信技术指标，只相信买点，只相信卖点。什么都不要信，消息，外盘利空，内盘利好，上市公司消息，公告，以及别人的观点，一切的一切都可以忽略。

为什么会在高点想起做长线？因为往回看很多股票涨幅很大，拿住才有大收益。为什么在低位买点想做短线？因为回看跌幅很大，股市投机风险太大，玩玩短线保护本金就好。事实证明反过来才是正确的。高位轻仓做短线，低位买点做长线，拿住股票，股价的重心不断上移，低点逐渐抬高，卖了之后没有最后悔，只有更后悔，必须高价买回来。

操盘，就是一个"动态犯错+改错"的过程。犯了错，立刻认识到，克服心理障碍，改错才是硬道理。

你的仓位才真正代表你的态度。

能买到最低点，但都是赚一点点就走了。这说明：第一买在最低点并不一定能赚钱，因为可能来回止损、换股，底部会盘整很久，所以买在最低点并不重要。只有一种情况必须买在最低点，那就是熊市双次暴跌抢暴力反弹，其他时间买入点可以适当右移，偏右一点，效率高，误判少，等待的时间短。买在最低点并不一定能挣到钱，低点反复两三次就被洗出去了，稍微靠右一点，在二买位置买更合适，可以在绝对的底部一次性满仓，上来之后立即降低到半仓；然后回调后开始波段持股。

**最后一定要牢记：**

所有的交易错误，都是贪婪引起的；如果不贪婪，便不会有交易错误。

恐惧最多让你踏空或者少赚点，贪婪才是毁灭之源。不赔钱就不算错，有人说你收益少，不要怕，那是他不懂金融市场的厉害。

# 第一章　判大势：A股跨年周期与年内周期规律

周期规律是核心的战略判断。

——胡斐

## 第一节　中国沪深A股年内波动的周期规律

沪深A股跨年度的周期，由《股票投资要义》一书第一章第一节的内容和本书第一章第二节的内容确定，由于农历和公历以及节气的差异（比如按照天干地支纪年，一年的开始是从"立春"计算的，按照公历，则是从每年的1月1日计算的），这种跨年度的周期规律只能用于大趋势的判断，是定性分析，不是定量分析，不能确定行情的拐点。

沪深A股年度之内的周期循环规律：地量、放量或暴跌、突破、盘升、飞涨、暴跌、震荡、轮跌、地量。A股年度之间的周期循环规律。这个周期循环规律也是一个定性分析，但是定性非常准确，经过一轮又一轮，平均每年2~3轮，25年的A股交易历史验证，相当于75个轮回。在这个年度定性的基础上，根据技术分析，找准行情的拐点、起涨点、清仓点就是比较容易的事了。

下面以"地量"为起点分析一轮行情的轮回脉络；同时找出历史上所有以"地量"为起点的一轮行情。

"地量定义"：因为缩量一般都是一轮大跌之后产生的，所以缩量要跟前期的最高点成交峰值比较，缩量的数值定义是，缩到前期最高点成交额的1/3以下。

理论上缩得越狠,涨幅越大,如果成交额只缩到一半左右,最多出现反弹行情。

　　2015 年 9 月底,沪市成交额已经缩到 1500 亿元,而年初在 5000 点高位时沪市成交量是 13000 多亿元,几乎缩到了 1/10 的水平,股市于是开始孕育一波比较可观的行情。

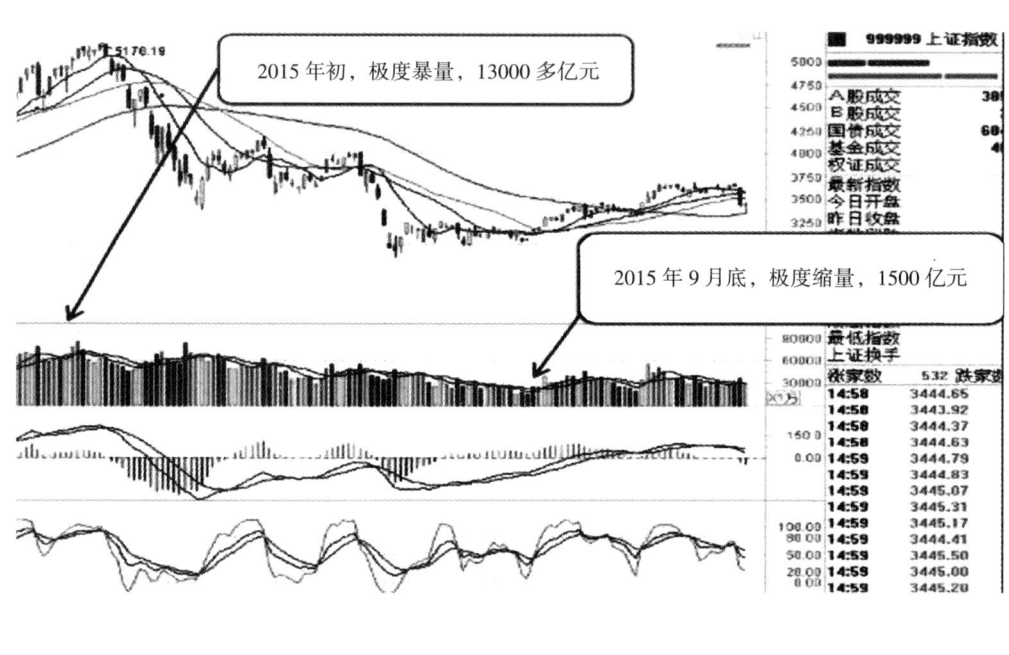

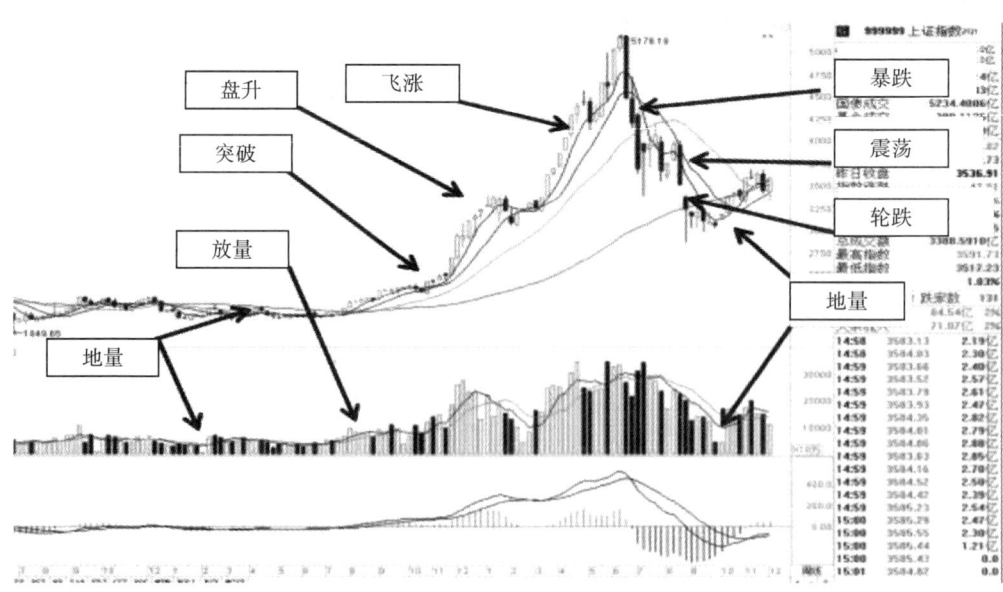

我以 2014 年 6 月至 2015 年 11 月上证指数周 K 线图来说明这个年内的波段，大家可以非常清晰地看到：此一轮行情完全符合这个规律，2014 年 6 月地量见底，随后行情经过放量、突破、盘升，过完春节开始飞涨，然后就是暴跌，2015 年 6 月开始的股灾，随后震荡了一个多月，到 8 月 18 日开始轮跌，形成第二次股灾，然后又到 2015 年 9 月底地量见底。

数学里有三个点决定一个平面，三条直线决定一个三维立体空间，系统科学里有一个被验证的道理：三个毫不相干的因素指向同一个事件时，这个事件发生的概率将会非常大。

如果我们能找到三个毫不相干的因素，共同指向某一只股票要涨，涨的概率就非常大了，基本可以确定了。难点在于股票的问题都是互相关联的，彼此都是相关的，相互解释，说到底是一个因素，可靠性就大幅降低了。比如均线发生了金叉，同时 KDJ 也发生了金叉，两者的计算依据都是股价，那么就是高度相关的，就不能算是独立因素。

上文介绍的利用天干地支判断股市的大趋势，可以说和股市里的任何东西都不相关。而这套年内波动规律"地量、放量或暴跌、突破、盘升、飞涨、暴跌、震荡、轮跌、地量"是一种规律性的总结，是抽象的逻辑。那么如果我再利用具象的技术分析来确立，三者同时指向一个方向时，是否就能决定一波行情的方向和到来时点呢？

我们一起来验证。

2014 年 6 月，2014 年是甲午年，食神生财，股市必然见底上涨，就是不知道具体哪一月、哪一周、哪一天开始涨了。2014 年 6 月，股市的成交量已经严重萎缩，比 2013 年的高点成交量萎缩了一半多，并且成交量绝对值很低，最低时沪市成交额不到 600 亿元。我们有理由认为股市见底为时不远了。如果这时看不出来，那么 7 月周 KDJ、周 MACD 同时金叉见底，8 月月 KDJ 金叉成功、月 MACD 形成底背离，一买确认，无论如何都可以判断股市将会有一波至少周线级别、至多月线级别的大行情了。

技术分析已经蕴含了一切，包括基本面、数据、财经资讯、政策，且都已经被价格走势消化掉了。那么只有"天干地支趋势判断"、"年内周期轮回波动规律"、"技术分析"三个毫不相干的因素才能共同决定股市的方向。

有人问我用"基本面、政策面、技术面"三个方面共振，可否确定股市的方向或者一个股票的方向？对不起，不能，走势已经包含了所有信息，我们所有能掌握的甚至未公开的信息都已经包含在价格走势里（比如某只股票突然连拉涨停，大家都不知怎么回事，过两天公告利好），走势已经包含了基本面、政策面、技术面的所有信息，才能相互印证、相互解释、相互证明。更别说技术分析之内的那些"均线、K线、指标"了。

那有人会问除了您说的这三方面，还有哪些是独立的事件，毫无相关性的事件。我举几个例子，但是我没研究过它们的规律，或者说这些规律没有被严格验证过。比如中国证券登记结算公司的开户人数，活跃账户数（特别是分组活跃账户数，比如1000万市值以上，100万~1000万市值），这些数据是有意义的，可以独立参考。还有就是上市公司的董事、监事、高级管理人员增持和减持的行为、频率，这个也是有意义的。

## 第二节　中国沪深股市的跨年度周期判断

1986年起中国正式发行了股票，有了真正的股票交易，股票是有涨有跌的，谁能够预测到股市和股票的涨跌的大规律，谁就能赚钱发财，中国股市是众所周知的典型政策市，这样的政策市究竟有没有奇特的运行规律呢？

从中国股市过去的运行轨迹里，发现了中国股市运行的简单规律，这一规律的发现只是从统计学的层面得出的，但奇怪的是，这一规律竟然同中国农历历法规律有着惊人的巧合。

我们先用中国的农历年份来对应中国股市的涨跌年份，会惊奇地发现其中的神奇奥妙：

第一财富周期：持续十年，六年牛市，四年熊市。

1986年，丙寅年1986年9月26日，延中实业与飞乐音响两只股票率先在中国工商银行上海信托投资公司静安证券部柜台交易，这是我国首批上市交易的股票，上海老八股疯狂表演，持续牛市。

1987年，丁卯年持续牛市，1987年10月19日发生全球股灾。

1988年，戊辰年，持续牛市。

1989年，己巳年，持续牛市。

1990年，庚午年上海证券交易所成立，老八股上市交易，并扩容，持续牛市。

1991年，辛未年持续牛市，直到1992年5月见顶1429.01点，涨幅达到14倍。

1992年，壬申年1992年5月起，大盘连跌5个月，股指从1429点跌到387点，大跌73%，投资者损失惨重，许多人血本无归。

1993年，癸酉年1993年2月起，大盘连跌17月，股指从1558点狂泻到1994年7月的325点，大跌79%，更多人血本无归。

1994年，甲戌年7月见低点333.92点，然后反弹两个月，9月见1052.94点，全年就两个月上涨，其余10个月下跌，可见风险之大。

1995年，乙亥年1月见333.92点后反弹到5月的全年高点926.41点后跌到年底的512.83点，股灾，惨不忍睹，中国的第一波牛市特性是大涨大跌，悲欢离合。

第二财富周期：持续十年，六年牛市，四年熊市。

1996年，丙子年中国历史上的第二波大牛市开始，大盘连拉阳线从2月开始的512点一直涨到1997年5月的1510点，涨幅195%，这段时间，赚10倍的人不在少数，很多股票一个月就翻倍，有的一日就翻番，暴利比比皆是。

1997年，丁丑年上半年承接牛市，下半年调整，1997年6月开始到1998年底，发生亚洲金融危机。

1998年，戊寅年上半年上涨，下半年调整。

1999年，己卯年经过长达11个月的调整，终于迎来了著名的5·19行情，网络股暴涨，短短半年多时间，网络股涨幅达到10倍。

2000年，庚辰年从开年1月起，股指一路上涨到年末，很多概念股涨了5倍。

2001年，辛巳年承接牛市，但已是强弩之末，是牛与熊的转折点。

2002年，壬午年2002年全年呈现跌势，有两波下跌，从3月21日的1693点开始跌到6月5日的1460点，有从6月28日的1747点跌到2003年的1月6日的1311点。

2003年，癸未年2003年4月16日股指从1649点跌到11月13日的1307点，别看股指跌得少，大部分个股却跌得不少。

2004年，甲申年经过大跌后的5个月大反弹后，股指于4月见1783.01点的顶部，然后开始狂跌到2005年，全年高点1783.01点，低点1264.15点。

2005年，乙酉年承接甲申年的跌势，继续跌至6月的998.23点，个股跌得面目全非，实属股灾，但这个时候就是买股票的时候了。

第三财富周期：刚开始，还没有结束，大家拭目以待。

2006年，丙戌年本年大盘月线连拉阳线，一直拉到年底，显示出极为强健的牛市行情，指数从1100点附近一路上涨到2700点，一些价值股有了20倍的涨幅。

2007年，丁亥年继续2006年的牛市，到6月指数已经见到4300点，仅仅半年不到许多股票翻了五倍以上，但到了5月风险开始显现，6月底概念股已经跌了一半，基本相当于发生了股灾，2007年10月股指见顶6124点。

2008年，戊子年，股灾，最低跌至1664点。

2009年，己丑年，国家推出刺激政策，类似1999年和1989年，股市暴涨牛市。

2010年，庚寅年，结构牛市，结构熊市，结构牛熊转换，推出股指期货，股指调整。

2011年，辛卯年，熊市。

2012年，壬辰年，熊市。

2013年，癸巳年，熊市末期。

2014年，甲午年，熊牛转换。

2015年，乙未年，牛市初期。

第四财富周期：未来密码，有缘者继续将财富增长。

以下为预测内容：

2016年，丙申年，大牛市；

2017年，丁酉年，大牛市，下半年见顶转熊；

2018年，戊戌年，大熊市；

2019年，己亥年，牛市；

2020年，庚子年，结构性牛熊市；

2021年，辛丑年，熊市；

2022年，壬寅年，熊市；

2023年，癸卯年，熊市；

2024 年，甲辰年，熊市转牛市的年份，见底之年；

2025 年，乙巳年，牛市；

2026 年，丙午年，超级大牛市；

2027 年，丁未年，超级大牛市；

2028 年，戊申年，熊市；

2029 年，己酉年，牛市；

2030 年，庚戌年，结构性熊牛市。

从上面的归纳中，相信细心的读者已经看出了规律性，现在做出如下总结：

中国股市以 10 年为一个周期，遇丙年开始新一轮的牛市，并持续到丁年经过调整后继续牛市一直到辛年，年中开始下跌回吐，辛年孕育熊市，遇壬、癸年股市风险加大，跌市，大部分人开始亏钱，然后反弹后继续下跌，甲年和乙年经过最后的跌势，乙年孕育牛市。

为什么会出现这样的现象呢？我们似乎可以从中国的五行学说中找到解释。

中国古典哲学认为宇宙万物均由五行：金、木、水、火、土五大元素构成，五行之间相互作用，相生相克，维系着我们的宇宙按照自然的规律运行。

对于时间的计算方法，古人用十天干"甲、乙、丙、丁、戊、己、庚、辛、壬、癸"和十二地支"子、丑、寅、卯、辰、巳、午、未、申、酉、戌、亥"来计算时间，读者朋友可以在万年历上查找每一年的农历天干地支，比如 2006 年是丙戌年、2007 年是丁亥年。

由于天干有十个，因此十年天干就要轮回一次，就是说十年为一个周期，这个周期跟江恩讲的十年是一个很重要的时间周期是相同的，也跟中国的政治经济周期和文化周期一致。

为什么中国股市一旦碰到丙年和丁年就会开始大涨呢？要解释这一点，需要了解天干的属性和中国股市属于五行的哪一种：

甲为阳木，乙为阴木；丙为阳火，丁为阴火；戊为阳土，己为阴土；庚为阳金，辛为阴金；壬为阳水，癸为阴水。

中国股市的五行属性：

我们的股市像水一样的流动，涨跌起伏，它必然是属水，不可能是属金木火土，我们的股市是水性的，那么是壬水还是癸水呢？

我们的股市如同大海一样可以容纳百川，百川即指各路资金，股市是各路资金的汇集地，能泄资金之洪，我们的股市也如同一条条小溪流向大海，源远流长，其势最静，因此我们的股市就是壬水，是大海之水，也是癸水，小溪之水，这就是我们股市的属性——"壬水"。

我还是要用简短的文字给大家讲解天干生克的规律：

金克木　木克土　土克水　水克火　火克金

金生水　水生木　木生火　火生土　土生金

那么我们还需要了解以下简单的易经《河图洛书》的知识：

我克者为财：金克木　木就是金的财，同性为偏财，异性为正财。

克我者为官杀：木克土　木就是土的官杀，同性为七杀，异性为正官。

我生者为食伤：火生土　土就是火的食伤，同性是食神，异性为伤官。

生我者为印星：水生木　水就是木的印星，同性为偏印，异性为正印。

同我者为比劫：木与木　木就是木的比劫，同性为比肩，异性为劫财。

十神之间的关系为：

食神：泄身，制杀，生财。行使何种功能要看搭配的干支，比如"甲午"流年（2014年，2074年），甲木食神，地支午火正财，形成"食神生财"组合，股市大涨。

伤官：泄身，驾杀，生财。比如乙亥年（1995年，2055年），乙木伤官上半年主事，伤官生财比食神生财更有力，伤官生财是创新的商业模式生财，食神生财是技艺生财，1995年乙亥年上半年股市暴涨，下半年，亥水主事，亥水是比肩，起到夺财的作用，乙亥年下半年股市阴跌。2015年乙未年，上半年也是伤官主事，股市暴涨，涨幅惊人，下半年未土官星主事，管理层政府频繁出各种政策，勉强维护股市没有崩盘。

比肩：助身，夺财，抗杀。比如壬申年（1992年），壬午年（2002年）；比肩助身抗杀，壬辰年（2012年），都是股市猛地涨一下子，然后陷入了高位盘整然后阴跌。涨得猛是因为比肩介入，有人帮了一下，但是"救急不救穷"，没什么大用。

劫财：合杀，夺财，有时助身有时欺身。比如癸酉年（1993年，2053年），劫财配正印。劫财猛的介入，助身夺财，涨势猛，看着涨，其实很难赚钱，暴涨一下马上就暴跌。2013年癸巳年基本也是这个走势。劫财配偏财，说明个股是普跌的，正财都被劫走了。

正财：泄身，生官。正财年的股市都是普涨行情，正财就好比工资，工资涨了，所有人都涨了，1996年丙子年，2006年丙戌年都是如此。2016年丙申年必然也是如此，会产生牛市。

偏财：泄身，外露容易被夺。偏财年就是有些股票暴拉翻倍的时候，1997年丁丑年，2007年丁亥年，2017年丁酉年，2027年丁未年，2067年丁亥年会涨得更猛。偏财猛的极点，过于外露，也是盛极而衰的年份。

正官：赋权，克身，生印。正官的年份往往是政府政策频出的年份，股市的走势往往参差不齐以跌为主，跌多了政府会救市，但是救市的效果又差强人意。

七杀：攻身，化权，生印，合劫。七杀是杀人，如果没有印化，食神制服，劫财来合，甚至可以杀死自己；所以七杀年都是大跌年。2008年戊子年，2068年戊子年，1998年戊寅年，都是大跌。1998年戊寅年，本来应该像2008年一跌到底，但是七杀坐食神，寅木食神在地支制约七杀，年初还涨了涨，但是食神终究力量弱，一旦制伏不了七杀，就会继续大跌。

这里的"我"在不同的地方有不同的含义，是指以谁为研究对象就以谁为"我"，是个主宾关系。股市密码是"壬"水，壬就是"我"，壬水遇见"丙"、"丁"流年，水克火为财，就是财年，股市就大涨。就这么简单。如果遇见"戊"年，比如2008年戊子年，戊土是壬水的七杀，克制住壬水，就大跌。

丙年是中国股市每一轮牛市的起点。

对于属水的物质，中国股市属水，遇到流年是丙年和丁年必然行财运，丙丁属火，水遇到火就会蒸腾，就会向上发散，所以对于股市来讲，我们就看到红色的K线不断向上延伸，火越旺延伸的高度越高，因此，丙年做股票宜捂股不动，等待收割，丙火属阳，指太阳，炎炎炳照之意，丙火为火之兄，含有朝气蓬勃，热情开朗之意，还含有适合各种社交活动，但也易被误解为好大喜功，按照丙火的含义和丙火的特性，必然是有一波大牛市，股民欢欢喜喜，兴高采烈，赚到钱了，花钱也很大方，丙年的股市真是一片升腾景象。

1986年上海出现股疯，上海的老股民都知道，赚钱简直太容易了，1996年的大牛市很多股票一周就翻倍，那时候没有涨跌停板，2006年的这波大牛市从解决股权分置开始，很多股票复牌后都是大涨特涨，有很多价值性的股票已经涨了20倍。

丁年是持续丙年的牛市，下半年进入整固调整期。

到了丁年行正财运，很多人看到股市火爆，都争先恐后进场，造成成交量剧增，这个时期股指和股票升幅都很大，能不能赚到钱就要看各人的真本事了，其间看多看空分歧很大，政策调控也会经常搞突然袭击，丁火属阴，指灯火、炉火等，火势不稳定，得时有力，失时无力，丁火为火之妹，具有外静内进，思想缜密的性格，但是多疑与心机是其缺点，按照丁火的特性，股市必然涨跌起伏，很多股民发现股票涨得太多了，要面临调整了，对股市走牛起了疑心，纷纷获利回吐，引发股指上下震荡，股指表现出不稳定的迹象，短线客流行，追涨杀跌容易亏钱，逢低吸纳者容易赚到短线暴利，这段时间长线持有者会继续持有股票，等待牛市的结束，短线客每日忙碌，日渐消瘦者多些。

1997年5月大盘见顶后，先向下调整了5个月，然后在9月开始回升，这期间很多股票也跌得很惨，有些后进场的股民保证金缩水很多，这一年最容易发生金融危机和股灾，那些借高利贷款炒股者遭受了灭顶之灾。

戊年是整固年，股市会在一个区间波动。

到了戊年，中国股市行官杀运，被管制起来，受克制并继续丁年下半年的调整，股市涨得太快，容易引发经济危机和特大金融风险，中央在丁年出台一些政策对股市进行调控，调控政策会逐步发挥作用，使得股市从疯牛状变回安静状，戊土属阳，指大地的土，广厚茂盛，又指堤坝之土，可有力地防止河川泛滥，戊土诚实，厚重，性情笃实沉稳，为人憨直，按照戊土的特性，股指必然进行区间调整整固，得意的股民情绪逐步平稳，总结出不要太得意忘形的格言，很多人又离开了股市，专心做自己的本职工作了，这一年股市的风险还是比较大的，会有一段时间的惨烈下跌。

己年持续戊年的调整后，开始结束调整，牛市又开始继续了。

到了己年，中国股市行官杀运，继续受到克制，但克制逐渐减弱，股市跌得太久了，跌不下去了，离场的人起了疑心，纷纷开始进场，一轮新行情又开始了，己土属阴，指田园之土，不如戊土广厚但易栽植，己土重视内涵，多才多艺，行事依循规矩，但度量欠广，易生疑心，按照己土的特性，克制股市的力量弱于戊土，克制力逐步减弱，股市逐渐见底，投资者宜把握住时机，选好下一阶段有潜力的股票，未来收益绝对不菲。

庚年牛市又开始激动人心，努力上涨中。

到了庚年，中国股市行印运，金生水，对股市有利好，有印绶附身，政策面又开始宽松,各路资金又开始活跃了,新的上涨行情开始,但这个阶段是牛市最后一个阶段了,有些炒作得很高的股票开始下跌,大盘涨,这些股票却在下跌,说明机遇和风险同在,庚金属阳,指铁、刀剑、矿石等,质地坚硬,庚金粗犷豪爽,意气轻躁,性情刚烈而重义气,个性好胜,具有破坏性,人缘佳,容易相处,按照庚金的特性,这阶段股市也很疯,很多股民也在享受资产增值的狂喜中,金生水,使得前段时间被蒸发上去的水得到补充,有升腾也有下降。

辛年牛市到顶,开始熊市。

到了辛年,中国股市行印运,机构们一致唱多,大家一片乐观,没有股民愿意说自己亏了钱,这个时候就到了阳极而衰的时候了,股指随时可能大幅下跌,辛金属阴,指珠玉、宝石、沙金,辛金性较阴沉,温润秀气,重感情,虚荣心强而爱好面子,有强烈的自尊心,但缺乏坚强的意志,按照辛金的特性,这阶段股指欲上还下,欲下还上,股市风险聚集,逐步显现。

壬年股指大幅下跌。

到了壬年,中国股市行比劫运,有个术语叫"壬见壬、癸夺财",为什么这样说呢,大家已经知道,丙、丁是壬、癸的财,壬是壬的兄弟(比肩),癸是壬的姐妹(劫财),有财大家是要分的,不能独自占用,水多了,又没有了大火,就像下大雨一样,升腾上去的水变成了云,现在云开始化成雨,大家开始比谁出货出得快,股指一路下跌,利润化为泡影,壬水属阳,指大海之水,壬水为水之兄,含有清浊并容、宽宏大度之意,能潜伏和包容,富于勇气,但也有依赖性强、凡事漫不经心之意,按照壬水的特性,这阶段资金纷纷套现,有些投资者还在以为这是牛市的回调,逢低还在买入,但却挡不住股市的坚决下跌。1992年、1993年、2002年、2003年股指大跌,损失惨重,就是实例,那么2012年、2013年大家对股市是否要充满万分警惕呢?

癸年股指有反复,总体上依然下跌。

到了癸年,中国股市行劫财运,很多股民从盈利变成了亏损,特别是后期进入的股民,亏损惨重,但这期间股指依然会有反弹,跌幅相对小些,癸水属阴,指雨露之水,也有闭藏和内在萌生之意,癸水为水之妹,其人平静,柔和,内向,勤勉力行,然而每爱好猜臆,注重原则,不务实际,故内心常蓄不平,并时有破坏性,并且有重情调、喜钻牛角尖的倾向,按照癸水的特性,股指阴跌,有反复,同时也有暴跌暴涨的时候,风险依然很大,没有短线经验的投资者宜采取回避的做法，等待数年后的新一轮牛市再现。

到了甲年，是股市的筑底之年。食神生财，食神也耗身。很多股票运行到了底部，大批股票跌破资产净值，大批市盈率只有五六倍的股票出现在市场，跌不动了。但是资金面比较紧，一有政策的风吹草动就会引发一波试盘的行情。

到了乙年，是伤官之年，股市真正的熊牛转换年，资金不断进进出出，好股票坏股票都在涨，一会儿这里涨，一会儿那里涨，普涨。这是一波普及型上涨，经过普及型上涨之后，牛市才开始大分化大上涨，迎来丙丁年的主升浪。

也许您觉得上面的东西太复杂，那么简单的逻辑是什么呢？

首先我普及一下天干的知识。中国易经的天干和公元纪年的尾数是固定对应的。

| 流年天干 | 公元尾数 | 市场状况 | 操作策略 |
| --- | --- | --- | --- |
| 庚 | 0 | 结构熊 | 短线玩 |
| 辛 | 1 | 熊市 | 持币 |
| 壬 | 2 | 熊市 | 持币 |
| 癸 | 3 | 熊市 | 持币 |
| 甲 | 4 | 熊牛转换 | 抄底 |
| 乙 | 5 | 熊牛转换 | 抄底 |
| 丙 | 6 | 牛 | 持股 |
| 丁 | 7 | 大牛+熊转换 | 持股+清仓 |
| 戊 | 8 | 大熊 | 持币 |
| 己 | 9 | 牛 | 持股 |

我们会惊奇地发现，10年一个周期和现在中国的政府换届基本吻合；当然还有很多神奇的地方（更多神奇的地方就不一一去说），这其实很简单：中国的股市是中国人参与的，符合中国的"河图洛书"再正常不过了。这再次证明了股票和学术无关，和基本面分析无关，纯粹是一个社会工具，是一个政治工具，是一个财富转移的周期游戏。《期货投资策略——期货大作手如是说》一书里也详细讲解了这个道理。如果你利用基本面分析，在2010~2014年持有低市盈率的银行股、蓝筹股，你会四年一无所获。股票的本质搞不清楚，很难炒好。同理，如果你恰好在大牛市进场，赚到了钱，这时你会产生幻觉，认为自己能力超强，误把市场的馈赠当成自己的能力，那么当接下来的流年来临时，你会很受伤，这也就是巴菲特说的"当潮水退却时，我们才知道谁在裸泳"。

不要去追问牛熊的原因，是什么政策之类的，谁在那个职位都会行使相应的职权，推出相应的政策，这些都只是表象而已，本质就是这样，到了那个年份就会发生那样的事情。

已经有很多实力庄家因为不懂得中国股市大牛熊周期的缘故，导致全军覆没。比如新疆德隆，是当时中国最有实力的庄家，2002年、2003年满仓持股，甚至拉升，终于在2004年夏天资金链断裂，全军覆没。其实再坚持几个月股市就进入牛市周期了。没文化真可怕！当然也有很多大户在2002年因为满仓而爆仓的，可见牛熊周期并不因人的意志而转移，炒股一定要顺应天时，顺应牛熊周期顺势而为。我们一定要尊重中国文化，这是社会特性决定的。

当然由于地支不同，不同年份的市场状况不同，庚子年和庚寅年肯定不一样。庚子年的市场就不如庚寅年，寅木地支是股票"壬"水的食神。丁亥年和丁酉年也不会一样，丁酉年2017年不如丁亥年2007年；因为酉金印星纯正，耗费了财神，丁亥年里面的劫财助身，甲木食神得力，所以涨得凶猛无比。

因此，下一个大牛市2026年丙午年、2027年丁未年将是何等的波澜壮阔，需要我们展开想象的翅膀，天干丙火自坐午火，午火是最纯正的火，午子对冲，任何杂质劫财都被冲走了，天干是财地支也是财，2027年丁未年，未土是丁火的余气，自坐强根，未土是乙木的库，乙木伤官生财必然全球领先。我可以在此断言，2026年、2027年的大牛市，上证综指将会突破5万点向10万点迈进，立此存证。

在2026年将会出现大小股票一起涨，没有二八现象，只要是优质股，都会出现连续几个月天天大阳线涨停板的旷世奇观，让地球人都震惊；我们拭目以待。如果您购买了这本书并看到了这段话，请你抄写下来贴到办公室或者床头上，届时我们一起验证。

# 第三节　股市推背图：未来60年中国股市的周期推演

从2016年开始，利用第一节的内容分析一下未来60年（一个甲子）的股市演化。

| 年份 | 干支纪年 | 天干 | 地支 | 干支组合 | 走势 | 详细走势预测 |
|---|---|---|---|---|---|---|
| 2016 | 丙申 | 偏财 | 偏印 | 财克印 | 暴涨 | 上半年涨　下半年盘整 |
| 2017 | 丁酉 | 正财 | 正印 | 财克印 | 暴涨 | 上半年涨　下半年调整 |
| 2018 | 戊戌 | 七杀 | 七杀 | 杀攻身 | 暴跌 | 金融危机　崩盘 |
| 2019 | 己亥 | 正官 | 比肩 | 官临身 | 缓涨 | 政策刺激　温和牛市 |
| 2020 | 庚子 | 偏印 | 劫财 | 枭劫聚会 | 暴力震荡 | 暴涨　暴跌　暴涨　暴跌 |
| 2021 | 辛丑 | 正印 | 正官 | 印泄官 | 平缓震荡 | 政策热议　走势疲软 |
| 2022 | 壬寅 | 比肩 | 食神 | 比生食 | 缓涨缓跌 | 只有年内的波段行情 |
| 2023 | 癸卯 | 劫财 | 伤官 | 劫生伤 | 分化 | 小股票有行情　大盘稳定 |
| 2024 | 甲辰 | 食神 | 七杀 | 食神制杀 | 终结熊市 | 底部经暴涨后抬高　空翻多 |
| 2025 | 乙巳 | 伤官 | 偏财 | 伤官生财 | 普涨 | 全部股票猛涨后盘整 |
| 2026 | 丙午 | 偏财 | 正财 | 食神生财 | 普涨 | 股市普涨 |
| 2027 | 丁未 | 正财 | 正官 | 正财生官 | 涨势如潮 | 大涨后被调控　注意多翻空 |
| 2028 | 戊申 | 七杀 | 偏印 | 杀生印 | 普跌 | 金融危机　临近崩盘 |
| 2029 | 己酉 | 正官 | 正印 | 官生印 | 政策牛 | 政策刺激　小牛 |
| 2030 | 庚戌 | 偏印 | 七杀 | 印化杀 | 普跌 | 赚钱效应弱　跌多涨少 |
| 2031 | 辛亥 | 正印 | 比肩 | 印比助身 | 缓涨缓跌 | 指数平稳　个股局部行情 |
| 2032 | 壬子 | 比肩 | 劫财 | 比劫夺财 | 缓涨缓跌 | 指数上涨　个股不涨 |
| 2033 | 癸丑 | 劫财 | 正官 | 官制劫 | 年内波段 | 新闻热议政策　作用有限 |
| 2034 | 甲寅 | 食神 | 食神 | 食神生财 | 暴涨 | 暴力拉升　终结熊市 |
| 2035 | 乙卯 | 伤官 | 伤官 | 伤官生财 | 疯狂上涨 | 股市已成疯牛　天天封涨停 |
| 2036 | 丙辰 | 偏财 | 七杀 | 财党杀 | 继续暴涨 | 暴涨后有一个暴跌 |
| 2037 | 丁巳 | 正财 | 偏财 | 财星旺极 | 继续暴涨 | 一直涨到接近年尾 |
| 2038 | 戊午 | 七杀 | 正财 | 财生杀 | 高位雪崩 | 股票普跌 |
| 2039 | 己未 | 正官 | 正官 | 官临身 | 政策频出 | 改革年份　各种政策　小牛 |
| 2040 | 庚申 | 偏印 | 偏印 | 枭生身 | 走势怪异 | 宽幅大震荡 |
| 2041 | 辛酉 | 正印 | 正印 | 印生身 | 走势正常 | 震荡局部行情　利润空间小 |
| 2042 | 壬戌 | 比肩 | 七杀 | 比肩抗杀 | 震荡徘徊 | 个股独立走势　总体普跌 |
| 2043 | 癸亥 | 劫财 | 比肩 | 劫比助身 | 跌幅有限 | 总体走跌势　跌多跌少 |
| 2044 | 甲子 | 食神 | 劫财 | 劫财助食 | 缓慢见底 | 缓慢见底　挖坑见底 |
| 2045 | 乙丑 | 伤官 | 正官 | 伤官见官 | 暴力拉升 | 暴力上涨　但是被调控下来 |
| 2046 | 丙寅 | 偏财 | 食神 | 食神生财 | 普涨 | 个股普涨　指数大涨 |
| 2047 | 丁卯 | 正财 | 伤官 | 伤官生财 | 大涨 | 牛股频出　轮番上攻 |
| 2048 | 戊辰 | 七杀 | 七杀 | 七杀攻身 | 连续暴跌 | 个股突然连续无量跌停 |
| 2049 | 己巳 | 正官 | 偏财 | 财生官 | 政策出手 | 政策出手呵护　止跌回升 |
| 2050 | 庚午 | 偏印 | 正财 | 枭神夺食 | 上攻受制 | 屡次上攻均被打压下来 |
| 2051 | 辛未 | 正印 | 正官 | 印泄官 | 缓慢震荡 | 政策酝酿　未实际出台 |
| 2052 | 壬申 | 比肩 | 偏印 | 印比助身 | 宽幅震荡 | 宽幅震荡　跌多涨少 |
| 2053 | 癸酉 | 劫财 | 正印 | 劫印助身 | 指数徘徊 | 大震荡　操作难度极大 |

续表

| 年份 | 干支纪年 | 天干 | 地支 | 干支组合 | 走势 | 详细走势预测 |
|---|---|---|---|---|---|---|
| 2054 | 甲戌 | 食神 | 七杀 | 食神制杀 | 指数拉升 | 个股见底　指数企稳　翻多 |
| 2055 | 乙亥 | 伤官 | 劫财 | 劫财生伤 | 暴涨企稳 | 暴涨后高位调整 |
| 2056 | 丙子 | 偏财 | 劫财 | 偏财被劫 | 暴涨暴跌 | 再度暴涨后　接着暴跌 |
| 2057 | 丁丑 | 正财 | 正官 | 财生官 | 稳步上涨 | 普涨　稳涨　慢牛 |
| 2058 | 戊寅 | 七杀 | 食神 | 七杀攻身 | 暴跌 | 暴跌　政策被迫救市 |
| 2059 | 己卯 | 正官 | 伤官 | 伤官制官 | 缓涨 | 矛盾丛生　救市成功 |
| 2060 | 庚辰 | 偏印 | 七杀 | 杀生印 | 缓跌 | 缓跌　无盈利效应 |
| 2061 | 辛巳 | 正印 | 偏财 | 财克印 | 缓跌缓涨 | 缓跌缓涨　跌多涨少 |
| 2062 | 壬午 | 比肩 | 正财 | 比肩助身 | 指数跌 | 指数跌　有个股有局部行情 |
| 2063 | 癸未 | 劫财 | 正官 | 官制劫财 | 指数跌 | 指数跌政策酝酿　题材行情 |
| 2064 | 甲申 | 食神 | 偏印 | 枭神夺食 | 缓慢见底 | 多次回踩后见大底 |
| 2065 | 乙酉 | 伤官 | 正印 | 伤官配印 | 个股普涨 | 股市全部上涨 |
| 2066 | 丙戌 | 偏财 | 七杀 | 财党杀 | 暴涨 | 暴涨后　会有暴跌调整 |
| 2067 | 丁亥 | 正财 | 劫财 | 劫夺财 | 普涨 | 缓慢展开牛市　随后见顶 |
| 2068 | 戊子 | 七杀 | 劫财 | 劫合杀 | 崩盘 | 全部股票跌幅度极大 |
| 2069 | 己丑 | 正官 | 正官 | 官临身 | 救市 | 政策救市　止跌回升 |
| 2070 | 庚寅 | 偏印 | 食神 | 枭神夺食 | 普跌 | 普跌　偶尔反弹 |
| 2071 | 辛卯 | 正印 | 伤官 | 印制伤官 | 普跌震荡 | 节节抵抗性下跌 |
| 2072 | 壬辰 | 比肩 | 七杀 | 比肩抗杀 | 普跌 | 指数跌幅少　个股跌幅大 |
| 2073 | 癸巳 | 劫财 | 正财 | 劫夺财 | 大震荡 | 个股反复震荡　指数震荡 |
| 2074 | 甲午 | 食神 | 正财 | 食神生财 | 震荡见底 | 震荡中见到大底 |
| 2075 | 乙未 | 伤官 | 正官 | 伤官见官 | 暴涨 | 暴涨后　被政策调控 |
| 2076 | 丙申 | 偏财 | 偏印 | 财克印 | 暴涨 | 上半年涨　下半年盘整 |

我们看到，最后两个竖列的"走势"和"详细走势预测"栏目里，有一些走势是相同或相似的。这一方面是由于历史会重演，另一方面也受到第一章第二节内容"年内周期轮回波动规律"的影响。股市的周期波动就是一个轮回，翻来覆去就那几个花样，没什么新意。

开始的一行2016年是丙申年，结束的一行2076年也是丙申年，这是一个甲子的轮回。因为中国古代天干地支纪年是按照60年一个轮回来计数的。同样的道理，2007年丁亥年，2067年也是丁亥年，60年后，就会有一个相同干支的纪年出现。

十天干和十二地支配对，只能是"阳干配阳支，阴干配阴支"，所以最多只能组成60个组合。一个甲子就是60年。

另外纠正一个观点：利用天干地支测股市是神奇、神秘、高深莫测的文化。这是一个巨大的误解。可以明白无误地告诉大家，天干地支在整个易学体系里，只相当于小学算术的地位，是最基础的，就是用这个最基础的知识，用来预测股市，那也只是杀鸡用牛刀，非常小儿科，大家有这个印象是因为对中国传统文化不了解，对易学不了解。

如果天干地支预测只能算是小学算术，"八字预测和八卦六爻"就是初中代数了，高中数学就是"梅花易数"了，大学的基础微积分就是"奇门遁甲，大六壬，金口诀"了。数学专业的数论那就是推背图藏头诗了。

不同的易学预测有不同的分类和功能，像奇门遁甲就是用来排兵布阵打仗的，用来计算进攻的方位，发兵的时间。现在互联网也比较发达，大家可以自行搜索科普。

不过所有的易学知识都是来自"河图洛书"，这也是中华文化或者说"华夏文明"的本源。

## 第四节　判断大盘的具体步骤和方法

柳传志的企业管理三要素就是"定战略，建班子，带队伍"，影响了好几代企业家；我总结炒股票就是"判大势，定思维，入牛股"。"定思维"和"入牛股"后面章节会进行讲解，现在先讲如何判断大势。

无论之前说过多少次，我现在一定要再次强调判断大盘的重要性。因为顺势而为是投资的第一要义，在大盘涨势如潮时，我们的各种策略，各种选股，各种择时能力成功率会提高不少，实在不行就赚了大盘波段上涨的钱就行了，关键是大盘下跌时需要判断出来，要记得空仓，有很多人都不是牛市没本事挣钱，而是接下来的熊市连本带利又亏回去了。

如果逆势而为，是一定要摔大跟头的。我举两个例子，一个是新疆德隆，中国股市著名的庄家集团，老三股"湘火炬（000549），新疆屯河（600737），合金投资（000633）"名扬天下，当时炒股的人没有不知道的。2002~2004年在我的大盘判断体系里，可以很简单判断为"跌势"、"大跌势"，但是新疆德隆逆大势拉升自家的股票，资金亏空就用高息融资顶上，大盘天天阴跌，抛盘如潮，基本上德隆有多少接多少，外面的流通筹码越来越少，股价的流动性也越来越差。最后的结果就是熊市无情，全线崩盘，造成了巨大的窟窿。假设是在牛市，就不存在这个问题，因为本身市场人气旺，就没有那么多抛盘，股价自然会涨。可见，自然规律是客观的，是不以人的意志为转移的。

第一个是南方证券，券商自营盘里面最大的，网络上也有很多南方证券炒股的内容。我简单说就是当事人逆势行动，越套越深，最后实在扛不住了再斩仓出局；本来是专业机构专业人员，因为逆势行动，变成了毫无意义的自杀行为。当大势来临时，是无法阻挡的。

判断大盘，需要三个步骤，一个辅助指标。

第一步：看年份，简化一点就是十年一个循环，逢公元尾数为0的年份，暴涨暴跌，暴跌就找底，暴涨后就找顶。逢公元尾数1、2、3的年份是震荡熊市或者熊市，应该着重找顶。逢公元尾数为4、5的年份，是熊牛转换的年份，应该着重找底；逢公元尾数为6、7的年份，是大牛市，应该重找到起涨点，其中逢7的年份是牛的最后一年，所以过度顶背离就可以找顶。逢公元尾数为8的年份，是大熊市，找顶。逢公元尾数为9的年份是政策小牛市，是年度之内的牛市，因此应该既有一个底，也有一个顶。

第二步：根据年度之内的规律"地量、放量或暴跌、突破、盘升、飞涨、暴跌、震荡、轮跌、地量"，判断大盘现在处于这个循环的哪一个位置。如果是"地量"，又恰好在尾数逢4逢5的年份，那么就应该用技术分析精确定位底在哪里。如果是"飞涨"，那么就要小心暴跌，因为飞涨之后的循环就是暴跌，因此就要根据技术分析找顶。

第三步：根据《股票投资要义》一书第五章，以及本书第五章第三节的买点卖点体系，来精确定位现在的大盘位置是高是低，是买点还是卖点？比如在尾数逢7的年份，是大牛市，也是"飞涨"，那么如果出现了指数周线两中枢背驰，或者三中枢背驰的卖点，那么就可以判顶成立。如果是在尾数为9的年份，指数又出现了周线三中枢背驰见底，日线四中枢背驰见底，那么毫无疑问就是底了。

一个辅助判断工具就是KDJ，周线和月线的结合。找大盘的顶和底，买点和卖点必须用周线结合月线。

比如通过前面三个步骤，我们在2008年底大盘同时出现了"地量"，"周线三中枢见底"，由于接下来的尾数逢 9 的年份将会是小牛市，所以 2008 年底的底部大概率就是大级别底部了。2009 年 2 月，大盘的月 KDJ 金叉，肯定毫无疑问就是大涨了，无论如何都要进场了。

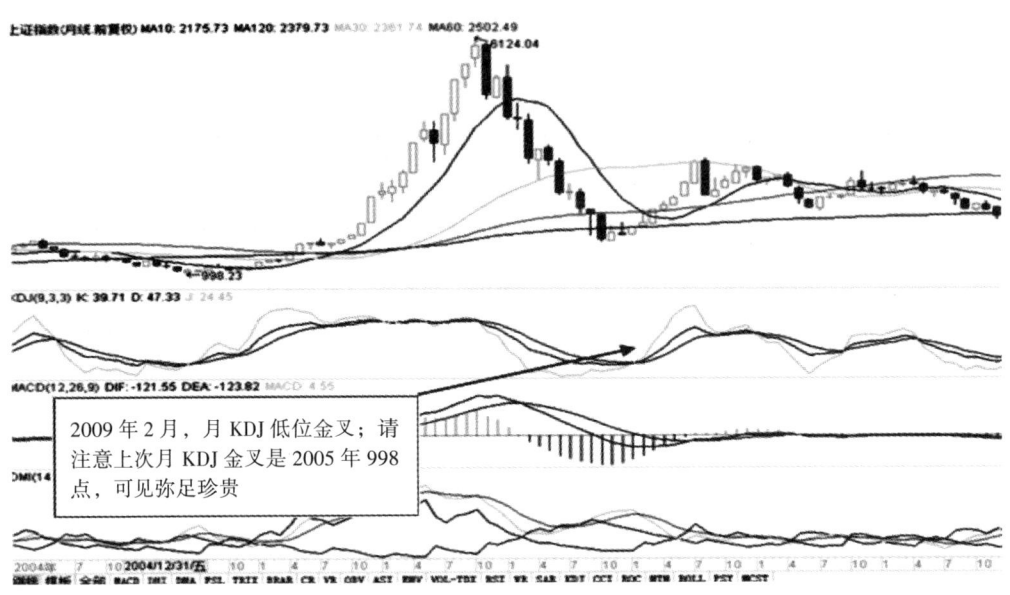

2009 年 2 月，月 KDJ 低位金叉；请注意上次月 KDJ 金叉是 2005 年 998 点，可见弥足珍贵

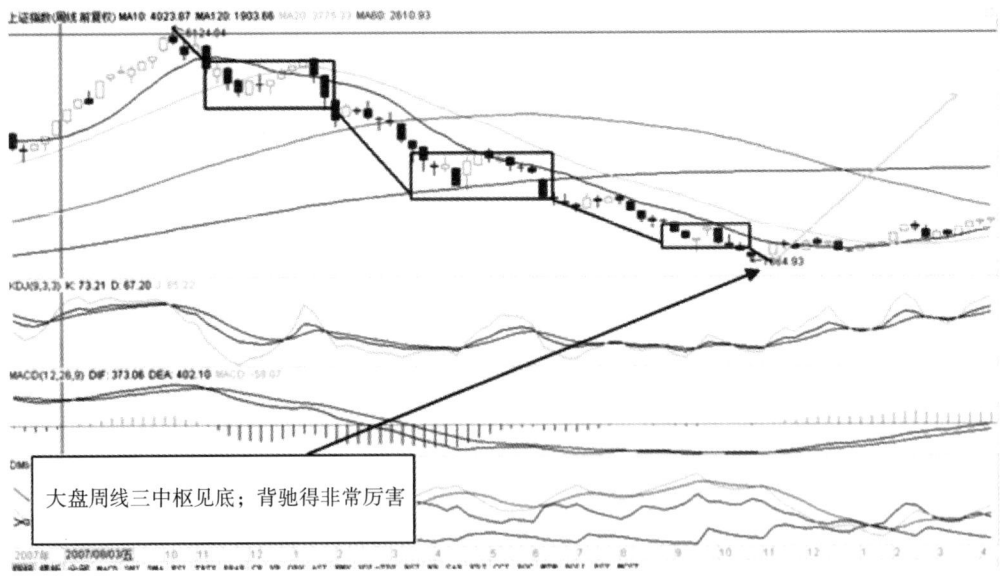

大盘周线三中枢见底；背驰得非常厉害

同样的，用"三个步骤，一个辅助工具"的判断方法，最近的就是 2015 年 9 月底的大底。

如：

（1）2011 年 12 月 30 日，大盘处于最低点，我发完微博之后，大盘展开一场 300 点的单边上涨。原微博内容为："元旦到春节之间震荡上扬；股市和中国社会异曲同工；不用领导教；自己就知道讲政治。"

（2）2012 年 4 月 26 日，大盘 2400 点，我发完微博之后，随后大盘一直跌到 2012 年底的 1949 点。原微博内容为："我的操作系统已经发出减仓预警，我就不信多头这么猛？"

（3）2012 年 12 月 5 日，大盘 1949 点，勇敢地去看看成交了没有？！我发完微博之后，大盘随即猛涨 500 点。原微博内容为："一定要坚强勇敢无坚不摧！直面！去看看成交了没有。"

（4）2013 年 5 月 28 日，准确揭示大跌。随后大盘大跌 400 多点。我发完微博之后，大盘急跌 400 多点。原微博内容为："中国大陆 A 股正在造一个顶；赶快逃。随时可能大跌。最多不超过 5 个交易日。"

（5）2013 年 10 月 15 日，我提示大盘暴跌 5%。随后大盘急速大跌 5%。原微博内容为："小心股指暴跌个-5%。"

（6）2013 年 11 月 26 日，我准确发出揭示波段狂涨，随后两天果然狂涨，接着又狂涨 2 天。原微博内容为："明后天大盘发飙狂涨。"

金融的最终解决方案就是"确定性"。交易就是追求"时间确定，价格确定"。没有确定性的东西价值为 0。

抓住确定性的机会，一年操作两三次就足够了。

只要严格按照这"三个步骤，一个辅助工具"的判断方法，一定既能抓住大盘的超级顶、超级底，又能抓住大盘的波段顶、波段底。如果将《股票投资要义》和《股票操盘宝典》中的基础知识掌握牢固，特别是关于买点、卖点的定义掌握好，只要运用正确，就能使判断的成功率达到 90% 以上。

很多人希望看到我对最近市场的预测。下面就是 2016~2021 年这 6 年的行情走势预判，精确到月。

2016 年的大波行情开始涨的日期是 6 月 13 日，涨势到 9 月 30 日结束，这是一波主升浪，涨幅按上证算应该是 3000 点。10 月 10 日~11 月 4 日是高位盘整，跌势调整的行情。11 月 8 日~12 月 1 日是反弹行情。2016 年 12 月再次调整。

2017 年 1 月~3 月 24 日总体呈现调整、盘整的行情走势。正式的大级别拉升是 2017 年 4 月 5 日~7 月 19 日，这是 2017 年的主升浪大行情，涨幅按上证指数计算至少也有四五千点。2017 年 7 月 20 日~2017 年 9 月 4 日，会有一波剧烈调整。然后一边反弹一边跌，一路跌到 2018 年 1 月 22 日。

2018 年 2 月、3 月、4 月、5 月，股市连续反弹 4 个月，给人以"牛市重来"的假象；但是再也没有达到 2017 年 7 月的最高点。到了 2018 年 6 月，杀人的主跌浪到来，一路跌到 2018 年 11 月 21 日，这段主跌浪，下跌流畅，跌势凶猛，跌幅按上证指数计算至少有 5000 点；2018 年 12 月，股市逐渐寻底。

2019 年 1 月股市开始反弹，反弹到 4 月 1 日愚人节；再次进入漫长的阴跌，调整，一边反弹一边跌的震荡熊市。其中，6 月、7 月有小级别反弹。股市跌到 2019 年 11 月 13 日股市见底，2019 年 11 月 13 日~12 月 30 日，股市走出见底反弹的行情。

2020 年 1 月 1 日~2 月 3 日，股市走一波猛烈的反弹。2 月 3 日以后见到阶段顶部，之后 5 月份反弹形成右肩，又开始跌。2020 年 8 月 11 日，股市见底。8 月 11 日~10 月 2 日，股市呈现见底反弹，触底回升的行情。2020 年 10 月 14 日，股市开始一波拉升上涨行情，一路涨到 12 月 11 日。2020 年 12 月 11 日以后，股市暴跌。

2021 年 1 月，股市继承 2020 年 12 月下半月的暴跌，走跌势。2 月、3 月略微反弹。4 月、5 月继续暴跌。2021 年 6 月 7 日股市见底暴涨，第一波涨势到 7 月 23 日。调整之后 8 月 16 日再次开始暴涨，一直涨到 2021 年 10 月 6 日。剩下的行情就没啥戏了。一路跌到 2021 年 12 月底。

以上只是略作分析，其实也可以精确到小时，再往下就没法实现精确了。

# 第二章　入牛股：选股

做收益特别是超额收益靠股票，做风险控制靠择时，这波没选对股票，那就看下波了，这波选对了，坚持持有，行情大可以加仓。

——胡斐

## 第一节　选股的目的和意义

选股的目的是：熟悉所有股票的题材、股性、活跃周期、波动规律、公司业绩。

选股的意义是：在行情来的时候，不会手忙脚乱，即使不看盘也知道该买哪只。

选股是为了不选股，平时多选股，战时信手拈来就是好股；平时多训练，战时闭眼挑一只都是大牛股。截至 2015 年 12 月，沪深 A 股共有 2700 多只股票，从绝对数量上，比较多，一只只翻，可能需要一点时间，这一方面说明选股确实有难度，另一方面说明我们的确要加强选股训练。

择时能力是判断是否行动的问题，负责风控。择股能力是买哪只、买多少的问题。做收益 80% 靠择股，有时需要一些运气。做风控 80% 靠择时，有时需要极大的忍耐力。一般情况下，做收益靠择股，做风控靠择时。牛市择股重要，熊市择时重要。偏熊的市场择股应该在平时，选择好时再买，择时在当下更重要，需要认真择时。偏牛的市场择股应该在当下，需要买的时间当下选股也不算晚，择时就不太重要了。

"择时"体现的是个人能力，就好像球场上明星球员的决定作用。那些破产、清盘的人就是因为择时能力欠缺，风控靠择时。"择股"则体现的是社会地位和综合资源，做的不同的股，收益差别巨大，做收益靠核心股票。

炒股的难度之所以大于商品和宏观交易，就是因为还要从 2700 多只股票中来挑选，来回切换，学过概率和排列组合的简单理论我们就可以推导出，增加一个因子，给一个系统增加的变数是呈现指数级飙升的。而黄金、铜、白银，包括大豆、豆粕等商品，全世界价格是统一的，你不用去选择什么，只需要判断方向，即使是股指期货，全世界也只有一个道琼斯指数，一个 DAX 指数，一个日经 225 指数，一个沪深 300 指数，没有选择，只有判断。

选股是内功，在武者的世界里，高手过招就是不看招式，招式过于繁杂反而成了花架子，同样的八卦掌，在拥有不同内力的人使用出来，效果完全不同。选股就是炒股的内功，无比重要。这个内功打得基础越坚实越好。应该坚实到什么程度，有两个判别方法：

一是一只三个月或者半年甚至一年（时间越长越好）你没有关注的股票，别人提起这只股票，你能大致判断出它的价位。

二是现在 A 股市场上将近 3000 只股票，你至少能说出大约 2000 只股票的题材、概念，及会因何种财经新闻触发行情，相对于大盘的弹性，相对于该行业板块的弹性，该股的历史业绩，最近爆发的时间段。了解的股票越多越好，实在不能到 2000 只，1500 只也勉强可以，数量再少就不行了。

## 第二节　如何选出超级大牛股

哪些股票有潜力成为跨年度十倍大牛股？我们从两个角度来思考这个问题。第一个角度是大牛股产生的必要条件（非充分条件）是什么？第二个角度是假如你有 100 亿~200 亿元，你要独立运作一只大牛股，或者一只股你想运作一波大行情，都需要什么条件。

一只大牛股产生需要什么条件？我仔细研究了 25 年的沪深股市，每年选 3 只涨幅最牛的股票，但又不是拿过去解释现在，发现这些大牛股有一些共同的原因，共同的必要条件，必要条件的意思就是缺了不行，但是有了不一定是大牛股。

大牛股的必要条件：

第一，引领时代潮流，切合当时最前沿的题材，媒体聚焦的主流大题材，是当时的新兴产业。如之前的电子科技，现在的"互联网+"、O2O。

第二，盘子不大，10亿流通盘就算大的，20亿以上的就很难产生超级大牛股。未来可以股本扩张送股，玩高送转，历史上很多超级大牛股都是流通盘在1亿~5亿的。

第三，业绩在牛股启动时间不好，但也不坏，是行业的中位数，但是庄家买进一年后业绩变好，2年后业绩达到高潮，随即退出。

如果你是庄家，或者说是机构，抑或被称为主力，有一大笔资金，要操作一只股票，你选择哪些股票呢？

第一，盘小，最好在5亿流通股以内或者上下；但是不能太小，低于1亿流通性比较差，资金不方便进出，无法运转。

第二，既有未来两年的大题材，而这只股票又没有历史遗留问题，比如之前已被大的庄家炒过，比如市场形象不好等。

第三，上市公司有切实的业绩支撑或者未来有条件改善业绩，这样股价到了高位，"业绩提升+高送转+题材"就可以完成出货而股价不至于大跌。

具体如何找到大牛股呢？

## 一、J = 当季每股收益：对于一只股票来说，J值越高越好

"无论是股市新手还是老手，都不要投资最近一季每股收益较上年同期增长率未达到18%或20%的股票。通过对股票市场最成功的公司的研究，我们发现，这些公司在股价大幅度上涨之前，当季每股收益都有大幅度的增长。许多成功的投资人都将当季每股收益增长率达到25%或30%作为选择股票的最低标准。如果近几个季度的每股收益较上年同期都有明显增长，那么更有可能确保投资的成功率。"当然根据投资周期不同，也可改为当年度收益率的同比增长。我仔细研究了纳斯达克市场、美股主板市场、中国沪深A股市场、港股市场中能连续涨两三年甚至以上的超级大牛股。比如港股的腾讯控股（00700）；A股里的贵州茅台，纳斯达克的谷歌（Google），美股主板的苹果（aapl）。

在牛市行情里，应该大量买进每股收益增长率为50%~500%甚至以上的黑马

股。既然你有成千上万的股票可以选择，为什么不选择投资那些最好的股票呢？因为在熊市行情里，即使绩优股也有可能被杀。

## 二、Z=每股收益年度增长率：找出每股收益真正增长的潜力股

在我的研究中，那些大牛股除了有当前收益增长的强势记录外，还有一个稳定的重要的每股收益年度增长率。针对每股收益年度增长率筛选，要求在过去3年的每一年里每股收益都有所增长。业绩只要年度增长超过300%，并且能连续2年，股价基本都会翻10倍以上。港股的腾讯就是最好的例子，腾讯的股价真正腾飞是从2009年的大约50元涨到2014年的约650元。真正的10年10倍。腾讯的业绩恰好是在2006年、2007年、2008年连续三年业绩大增。2009年业绩增长300%。

我建议搜索那些在过去3年里每年增长率为30%的强势公司：这正是选择投资股票的要点。一只好的股票，过去3年里每年每股收益都应该较上一年有显著的增长。通常不希望其中第二年的每股收益增长率稍稍滑落，即使它能够在下一年内得到回升，甚至达到历史新高。一只股票，如果在过去几个季度保持着较高的季度每股收益，而且过去几年中有着很好的历史增长记录，那么这只股票必将成为或者至少可能成为大牛股。

## 三、G=新概念

股票必须要有概念才灵光，概念越新潮，越前沿越好。2015年的全通教育，2014年的中科曙光，2013年的中青宝。这些概念一定是三最 "最新的互联网、物联网科技，甚至是互联网+，最新的商业模式，最酷的划时代产品"，总之，这些股票给人的感觉就是 "下一个苹果，或Google、微软、特斯拉、Facebook、Twitter"。

比如2015年以来兴起的就有 "大数据、互联网金融、虚拟现实游戏、O2O、移动互联网、互联网+" 等新潮的概念和商业模式。

## 四、P=中盘或者小盘

在平常年份，涨幅超过300%的大牛股，流通盘超过5亿的很少。流通盘小，拉升资金需求就少，此外，股本还可以扩张作高送转。这就是大牛股都是中小盘

的秘密。

### 五、I=机构投资者的认同：里面的机构或者个人

研究大牛股的股东列表，因为十大流通股东的列表是每季度更新一次。因此可以通过研究大股东列表来发现到底是哪些人、机构在里面翻云覆雨。大股东全部是基金的股票几乎没有可能是大牛股，大牛股的股东有三个非常显著的特点：

（1）"十大流通股东表里，至少有三四个是个人股东"，这些身份证也许是代持的，但一定说明了有一些大炒家在里面运作。

（2）"法人股东特别多的公司法人股东不能太多，最好不超过三个"，因为机构法人股东的风格全部都是偏稳健的，没有哪家公司的老板愿意让自己投资的公司亏损，因此公司法人股东多说明机构还没有形成合力。但是中国的《合伙企业法》出台之后，"有限合伙"这种公司不能视为法人企业，反而可以视为游资炒家。

（3）"一定要有基金、社保、年金等大型机构"，这说明运作的庄家非常有实力，可以拉来有实力的机构。如果没有这些机构，全部都是个人股东，也很难成为超级大牛股，因为大牛股的运作周期很长，短则一两年，长则三五年，也有人十年二十年就运作一只股票的，他们自己也来回做波段，因为这些主力精准地知道什么时间是波段的高点，什么时间是波段的低点。

超级大牛股走势特征就是"来回大波段+低点不断抬高+三年可以翻三倍以上"。超级大牛股不是不跌，大盘跌的时间可能砸得更狠，主力好像消失了似的，一旦反弹就迅速翻倍，卖错就没有上车机会。波段非常大，若没有战略思维，按照技术操作，只能逮到一小段。再一个是低点不断抬高，看着操作难度很大，你觉得高，还有更高，不敢跟。

我们以梅泰诺（300038）为例，感受一下大牛股的风采：

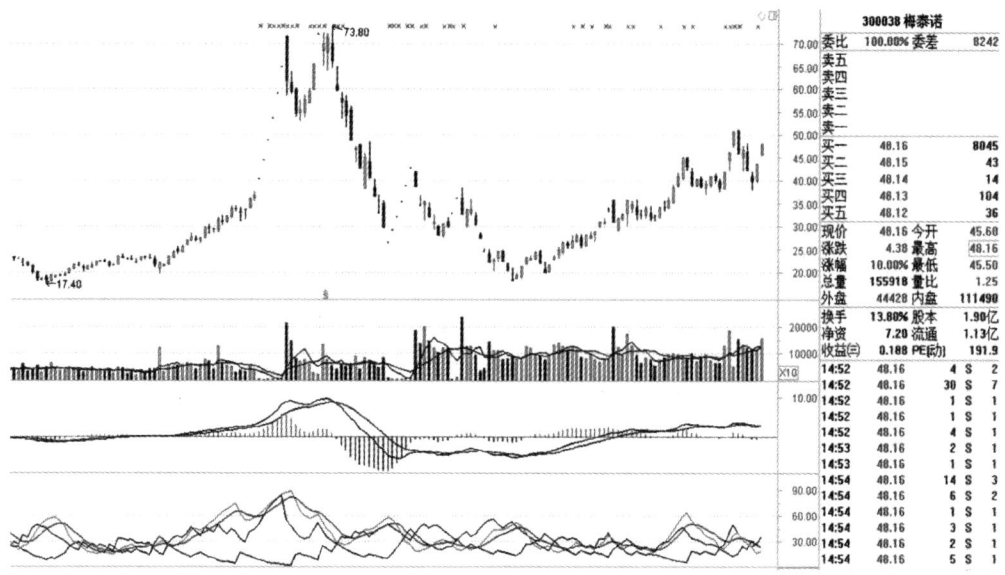

梅泰诺（300038）2014~2015年日线图。

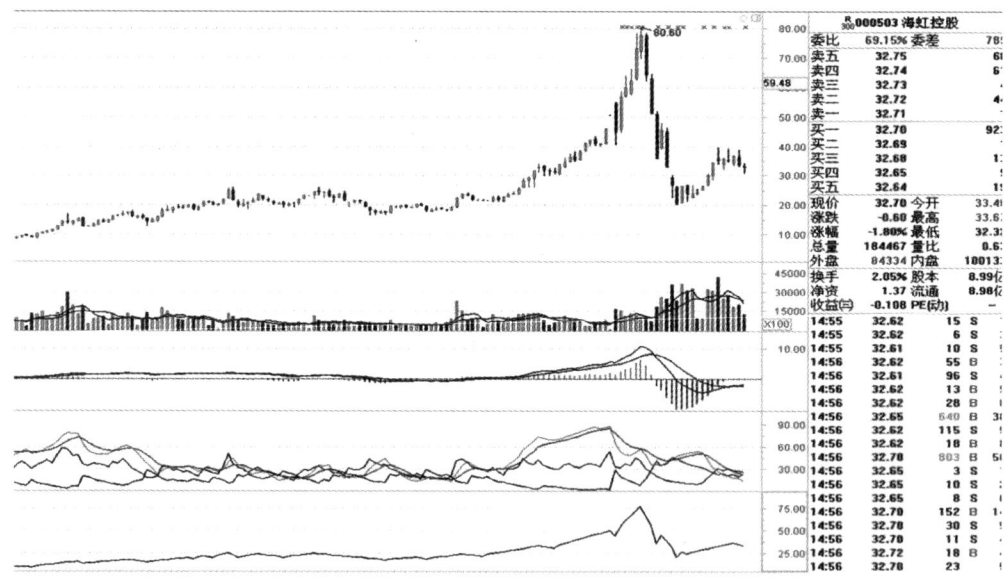

海虹控股（000503）2012~2015年的周K线图：低点不断抬高。

## 第三节　如何选出筹码集中庄股

主力分析的一个重要应用是找出主力喜好的个股，从而同步运作，如果实在找不出来，只有依靠其他的分析来跟随了，目前市场上的主力包括大股东，大小非、股东的控股母公司和关联集团，基金、券商，还包括游资。与上市公司关联的主力一般都是与上市公司的重大重组、定向增发、并购、资产注入相联系；与基金券商机构相联系的主力一般都伴随着新项目、新发现、调研等；与游资相联系的主力一般都存在接力换庄的现象，因为游资最不喜欢选股，喜欢买股，更喜欢把股票买涨，所以他们往往等到股票被炒热的时候快速出击，连续作战。

进入 2010 年之后，股市的主力面发生了重大变化和分化。第一个变化是 2007 年大牛市解放了之前 20 年所有的庄家，庄家不费一枪一弹，赚足了大钱，因为他们的筹码成本低。主动庄家的实力更强、更隐蔽。他们不断地做差价降低成本（因为他们知道什么时间短线会涨什么时间短线会跌），筹码成本几乎全部为 0，有的一家庄家同时"控股"好几家股票，这就是 2010 年之后大牛股明显增多，上涨连续性明显增加，独立走势的庄家股票特别多的最根本原因。第二个变化就是上市公司大股东主动性地参与二级市场，这使得题材花样不断翻新，上市公司的公告"恰到好处"，低位高管减持、出利、空拿筹码，高位各种并购、资产注入、重组、业绩增厚公告不断涌现。有时上市公司并没有和二级市场的炒作庄家事先沟通，但是上市公司非常聪明，因为大部分筹码在他们手里，他们一旦锁仓，就可以观察出二级市场里到底有没有真正的主动庄家在炒作，如果上市公司发现有庄家在炒作，就会主动配合，在盘面达成默契。这种现象越来越普遍，未来还会更加普及。

20 世纪 90 年代大家都在谈论和运作"吸—拉—派—落"，也即庄家运作一只股票要进行"吸货—拉升—派发—回落"四个必然过程。这个过程无论时代如何变迁，外形如何变形，它的基本逻辑过程还是存在的。

如果你是庄家，你一定会尽可能低地拿到足够多的筹码，拉升的过程锁住筹码减少拉升成本，派发的时候才去对倒拉抬产生大阳线，最后一个涨停全部甩货产生一根带上影的大阴线，这个流程很多人很熟悉。那么对应的，我们不知道庄家在干什么，但是我们可以在买卖股票的时候根据"筹码的供应"来判断庄家的意图、成本和阶段。如果你买一只有题材价位适中，有上涨潜力但是不知道"未来涨不涨，什么时候涨，涨多少"的股票，假设你的资金是 1000 万~3000 万元，如果你很轻易地就建好了仓，那么恭喜你，你很有可能被套或者拿很久。如果你买到了部分筹码但是第二天、第三天价位只是在原来的低价处轻轻碰一下就走了，而且你一买它就涨，盘面的筹码供应很稀少，这种股票就比较好，而且不用追着买，往往主力拉升一下就会洗盘几下，逢大阴线就接货，达到了自己的合理仓位就守仓即可，因为主力不想损失筹码，更不想有人买在比他低的位置，所以就会有时间往下打但是不碰前面的密集建仓区，这票就有戏。

如何判断主力的成本区？

如果主力吸筹较为坚决，则涨时大幅放量、跌时急剧缩量将成为建仓阶段成交量变化的主旋律。

尽管很多情况下，主力吸筹的动作会比较隐蔽，成交量变化的规律性并不明显，但也不是无踪可觅。

一个重要的手段就是观察成交量均线。如果成交量在均线附近频繁震动，股价上涨时成交量超出均线较多，而股价下跌时成交量低于均线较多，则该股就应纳入密切关注的对象。这表明，筹码正在连续不断地集中到主力手中。

需要注意的是，投资者从成交量的变化寻找"黑马"时，必须结合股价的变化进行分析。因为绝大部分股票中都有一些大户，他们的短线进出同样会导致成交量出现波动，关键是要把这种随机买卖所造成的波动与主力有意吸纳造成的波动区分开来。

随机性波动不存在刻意打压股价的问题，成交量放出时股价容易出现跳跃式上升，而主力吸筹必然要压低买价，因此股价和成交量的上升有一定的连续性。

依据这一原理，可以在成交量变化和股价涨跌之间建立某种联系，通过技术手段过滤掉那些股价跳跃式的成交量放大了解真实的筹码集中情况。

目前市面上流行多种分析指标，不过一般来说，这种指标使用的范围越窄，效果就越好，因为一旦传播开来，容易被主力反技术操作。但无论如何，上述原理却是永恒适用的，因为主力无论如何掩饰，集中筹码是根本目标。

成交量堆积是另一个重要的观察对象，它对于判断主力的建仓成本有着重要作用。除了刚上市的新股外，大部分股票都有一个密集成交区域，股价要突破该区域需要消耗大量的能量，而它也就成为主力重要的建仓区域，往往可以在此处以相对较低的成本收集到大量筹码。

所以，那些刚刚突破历史上重要套牢区，并且在以下区域内累积成交量创出历史新高的个股，就非常值得关注，因为它表明新买进主力的实力远胜于以往，其建仓成本亦较高，如果后市没有较大空间的话，大资金是不会轻易为场内资金解套的。

但如果累积成交量并不大，即所谓"轻松过顶"，则需要提高警惕，因为这往往是原有主力所为，由于筹码已有大量积累，使得拉抬较为轻松。尽管这并不一定意味着股价不能创出新高，但无疑主力的成本比表面看到的要低一些，因此操作时需要更加重视风险控制，股市整体走势趋弱时尤其需要谨慎。

需要指出的是，在主力开始建仓后，某一区域的成交量越密集，则主力的建仓成本就越靠近这一区域，因为无论是真实买入还是主力对敲，均需耗费成本，密集成交区也就是主力最重要的成本区，累积成交量和换手率越高，则主力的筹码积累就越充分，而且往往实力也较强，此类股票一旦时机成熟，往往有可能一鸣惊人，成为一匹"超级大黑马"！

一般而言，庄股的目标位是成本价的3倍。

具体来说，我们可以从以下几个角度来选择判断庄股：

## 一、从股价运行特征判断庄股

大涨不放量，创新高不放量，说明筹码锁定牢，盘口轻没抛压！

K线形态极其难看，股价重心却不断上移，低点逐步抬高，后进来的人筹码成本肯定越来越高！

洗盘下跌不放量，且是迅速下砸，不是缓慢下行！

盘口挂单经常在卖五卖四挂出超级大卖单，比如几十万手、几百万手；下方买单稀少，但是股价在掌控之中，飘忽上行或者稳中有涨。其实能挂那么大的卖单就说明他有筹码。而且盘口经常性出现挂单稀稀拉拉，如果把压盘的大单去掉，感觉所有的卖单和买单加起来也没几手。

K线是连续的小阴小阳，K线实体也小，上下影也小，而同期大盘有较大振幅。

在局部行情里，出现下跌不超 5 个交易日放量，但上涨一两个交易日缩量，并收复失地的情况。

跳空缺口的支撑力度非常强！

尾市或者下午 14：45 左右暴力拉升。有时候暴力砸盘，过两天收回。

所有的庄股都有会一个"放量—缩量—放量"的过程，有时可能是"放量—缩量—放量—缩量—放量"过程，在一个年度周期内。越短周期内实现缩量放量循环越好。

阳线温和放量，阴线无量。

出现上影线试盘，测试上方抛压。

股价调整时下一个台阶就横盘窄幅波动独立走势，不让你解套出局而让追高的散户慢慢割肉。

### 二、从选股条件判断庄股

庄股一般都符合第一节论述的"超级大牛股"的特征，因为可以作为判断依据。

### 三、从可预期的坐庄的目的判断庄股

业绩亏损，市盈率 500 以上甚至上千，这样的股有主力运作？因为业绩马上要扭亏为盈。上市公司盘子很小，业绩平庸有时靠吃存款利息和房租填充上市公司财务业绩，这样的股为什么有主力运作？因为有人要收购他的部分资产，重组更名。

上市公司行业概念落后，没有亮点，业绩中位数，各方面都很平庸，这样的股有人运作？因为大股东要收购最新概念的公司。

股价长期横盘震荡，一会儿放量一会儿缩量，突然拔地而起，走出一个大波段，高位横盘几天又走出一个大波段。这是为什么？后面有重大利好要发布，至于重大利好是什么，要看当时的社会环境，基本上要什么有什么。

操作庄股的有效方法是预期大盘要起波段行情时，做庄股，因为大盘要涨，即使主力想玩什么鬼花样也坏不到哪里去。预期大盘要跌不能操作庄股，因为本来主力就是随心所欲的，加上大盘的风险，就是"双重不确定"。

中国股市著名庄股银广夏（000557）（时名）1999~2001 年走势图：高位无量。

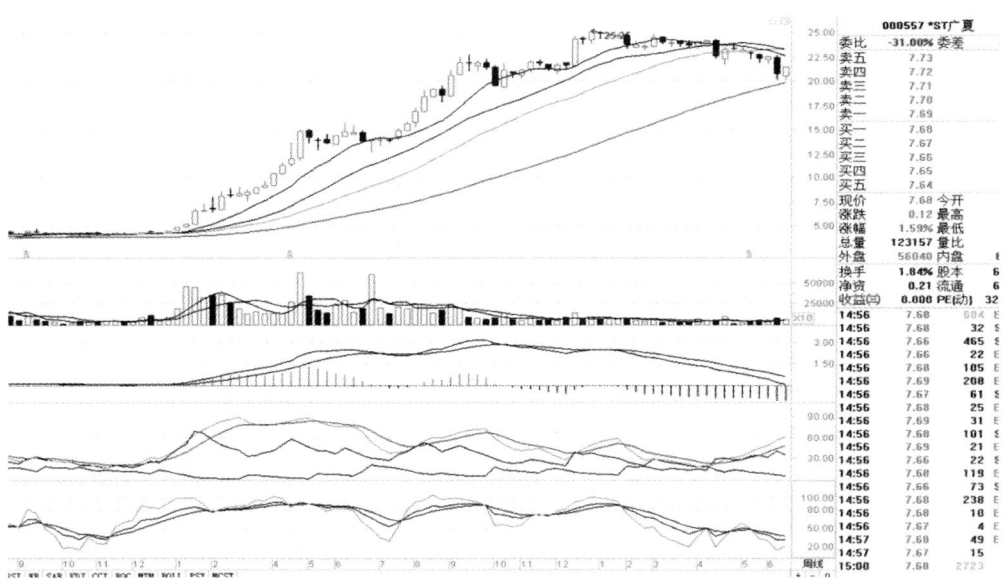

中国股市第一只百元股,著名庄股亿安科技(000008)(时名),1999~2000年日线图:缩量拉升。

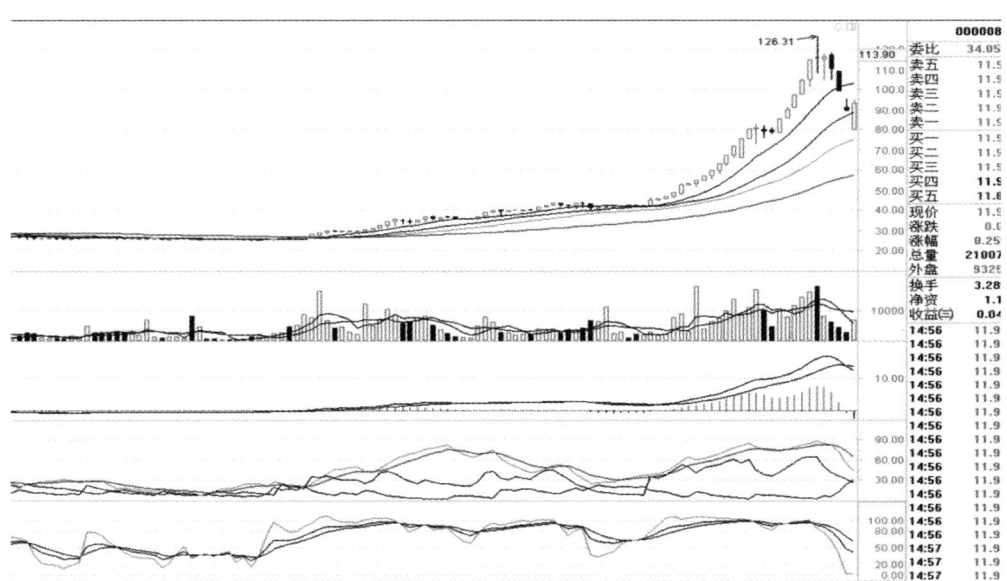

已经倒掉的著名庄家新疆德隆的合金投资(000633),1997~2015年月线图:走势严重受控。

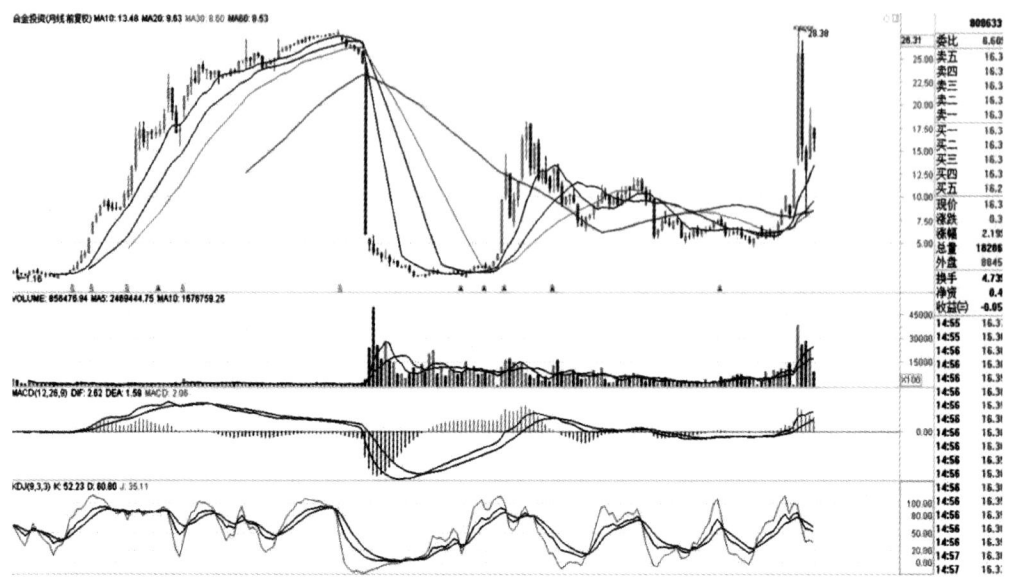

已经倒掉的著名庄家新疆德隆的另一王牌：啤酒花（600090），1999~2004年周线图：走势严重受控。

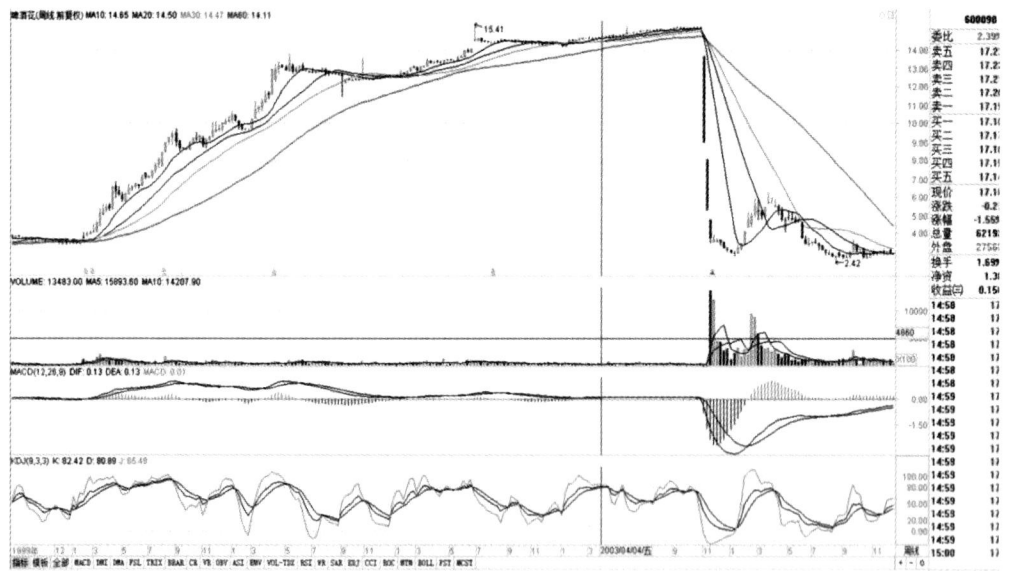

中国股市另一只著名大主力运作股：海虹控股（000503），1992~2015年季K线图：大波段大手笔操作，低点不断抬高，似乎永远在涨。

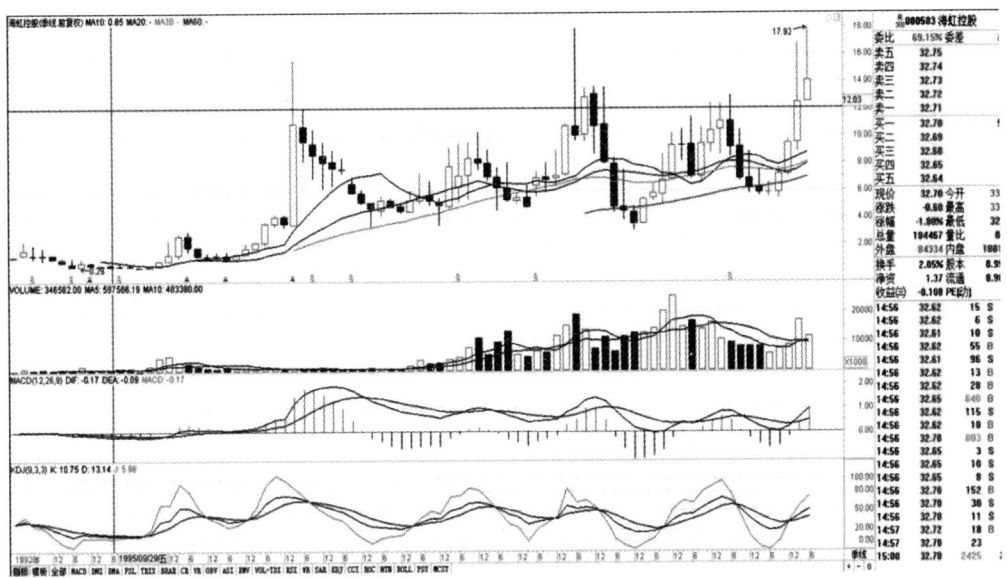

2014~2015年跨年度大牛股全通教育（300359）周线图：可以清晰地看出先是放量建仓，中间缩量回调，然后连续缩量拉升。

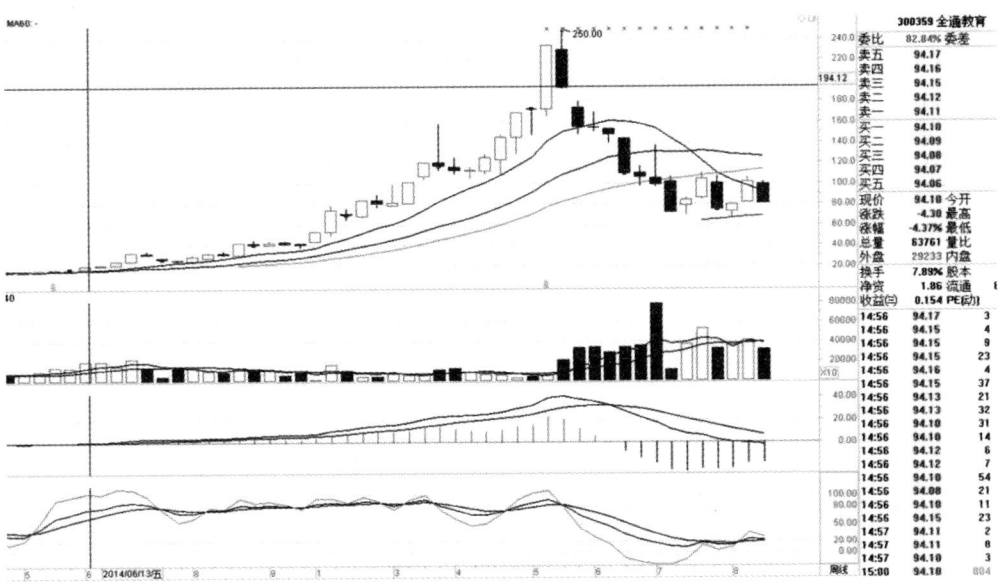

历史上经常重组，终于成功的ST北生（600556），现在叫慧球科技，2006~2015年周K线图。

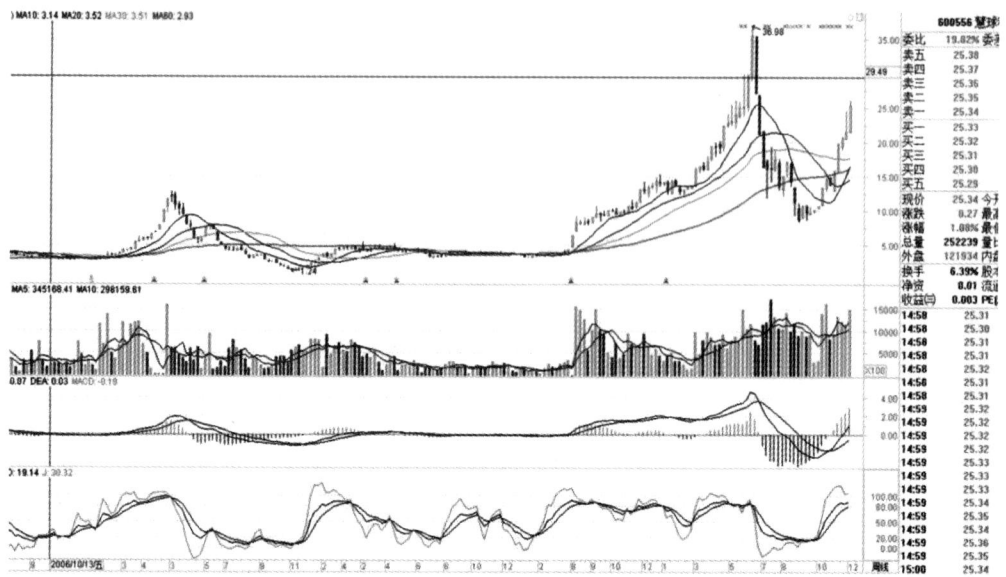

我们对比一下潜能恒信（300191）2013年和2015年走势，发现历史真的会重演。

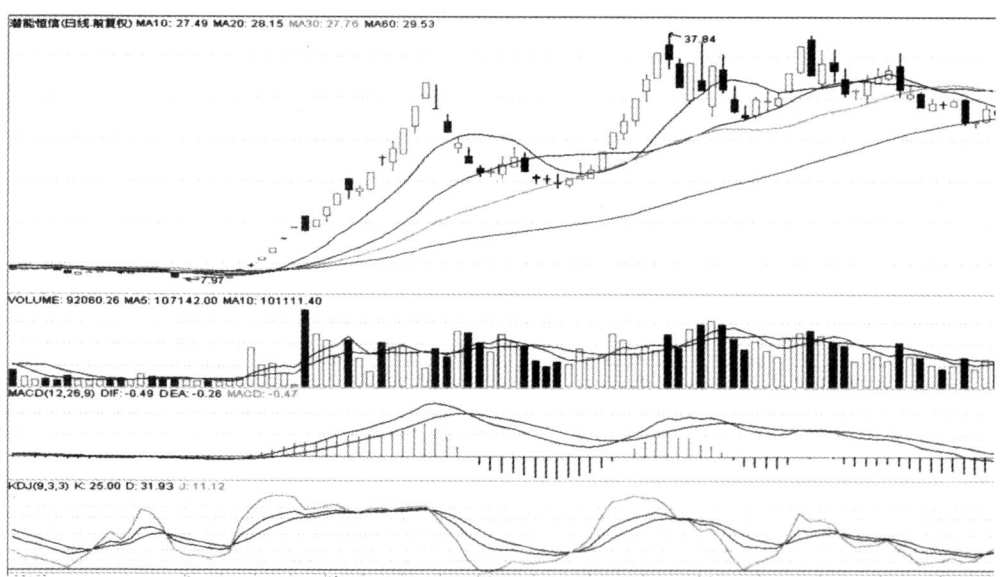

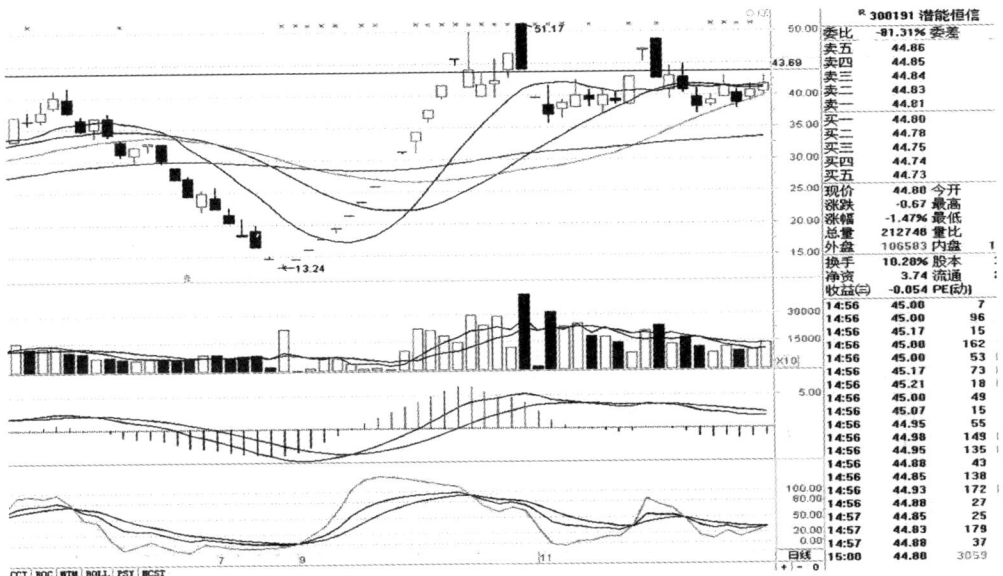

2015年屡次上演过山车的特力A（000025）：走势无比流畅。

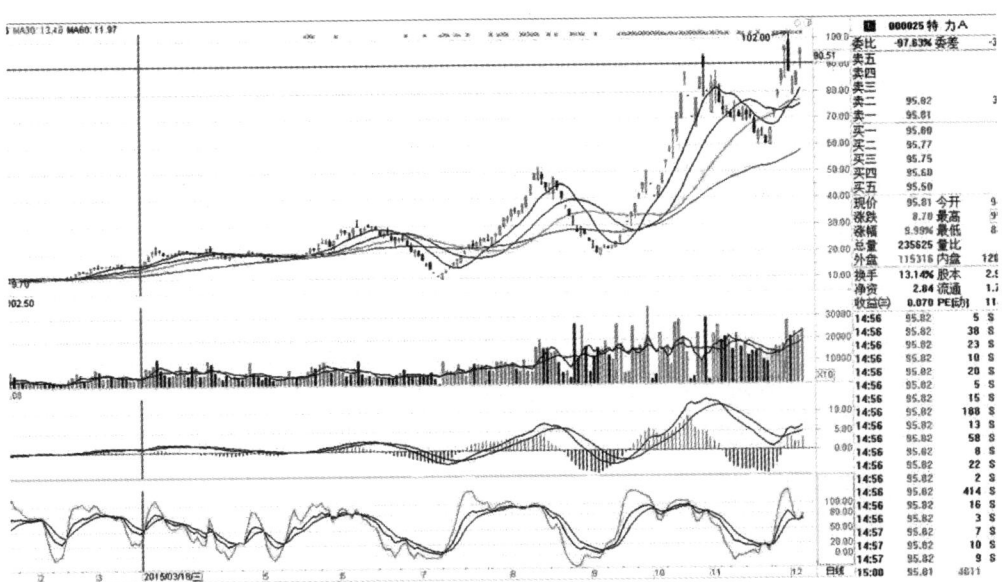

## 第四节　如何选出重大题材股

所谓题材，说穿了就是炒作股票的理由，用来激发市场人气的工具，有些题材确有实质性内容，而有些则纯粹是空穴来风，甚至是刻意散布的谣言，而且很多题材对上市公司本身有多大好处是不能随便确定的，许多具体情况需要具体分析，但市场的特点是只要有题材，市场就乐于挖掘和接受，而题材的真实作用反而被忽视了。

分析题材是真是假其实不难，最好的方法是拿题材来与盘面比较，看盘面是否支持该题材的存在，对于真正的炒股高手来说，根本用不着整天打听什么消息，一切都在盘面上清楚地反映出来了。

某个题材到底能给盘面造成多大的影响，那不取决于题材的情况，而取决于盘面当时的处境，盘面的反应就是供求关系的变化，盘面的状态就是指目前供求关系的状态。比如说一根火柴能否引起森林大火呢？不一定，那不取决这根火柴，而取决于森林的状态。市场也是这样，气氛有高有低，人气有旺有衰，同样的题材投入到市场中，反应常常因时而异，这就是市场的微妙之处。如何第一时间挖掘出相同题材的个股，对于发现龙头以及题材的效应有很大的帮助。就是要根据题材里的所有个股走势与龙头个股走势进行对比，如果龙头股能有效带动5~10只该题材的个股，可以判断题材成立，应介入炒作该题材。

热点最初往往只是表现在某只领头股出现大幅上涨上，虽然没有得到市场普遍的认同，但股价表现得异常坚挺，之后随着舆论的升温，市场对其股价的预期发生了变化，短线炒家追逐短期的收益并带动其相关板块随之升温，当市场中所有的投资者都意识到围绕该股形成的市场热点并普遍跟进之时，此热点实际上是最危险的时候，可能随时出现爆炸性的风险。

题材的号召力有着举足轻重的作用，号召力的实质是题材本身的想象力和理论上的周期跨度，前者符合市场意愿，后者配合主力行动，在大盘处于阶段性底部时推出题材特征鲜明的市场"领头羊"，两者相辅相成，才能凝聚成大题材，有大文章可做。

对于题材的认识可分为两个阶段：第一阶段是朦胧阶段，在其启动初期，市场上所有与题材相联系的股票都可能出现联动，由于题材的朦胧性，市场的投机气氛非常浓厚，当有关方面出面干预时，没有实质性重组题材的个股股价会大幅回落，散户投资者往往在短促的波动中被套；没有前期真真假假的轰动效应，真正的题材股会少人问津。第二阶段是投资阶段，市场在淘汰了一批跟风的题材股之后，那些经过精心策划的题材庄股才会脱颖而出。

题材股本质之一是信息不对称，作为二级市场投资者，本来就很难准确获得一次文献式的原始信息，那么又如何准确地在第一时间介入呢？所以，付出多一点的时间成本，会扩大事件捕捉成功的概率。用我师友的话说：等天上掉馅饼，你还想偷个懒，少等一会儿。

题材股本质之二是筹码博弈，题材股通常于震荡市中表现较强，看最近的梅妃、特力A就足以说明问题。场内博弈就好像当兵或者蹲监狱，老兵和老犯人都更熟悉环境，熟悉每个进来的人，也更适宜生存。要是我潜伏在那，看到突然一群散户扑进来，而消息面上又没有什么变化，不闷杀才怪。总的来说，筹码博弈，要早点进去熟悉战场。这个早点进去不是全仓早点进去，而是部分仓位先进去，接着做T，跟着熟悉资金运动模式。这样也不会闲得难受。

题材股是信息不对称前提下的筹码博弈。

## 第五节　如何选中小盘股（002）

中小板股票，在创业板没有开设之前，是属于引领风骚的小市值股票的集中地。现在的中小板股票，股票代码为002开头的股票，最大的流通盘50亿，最小的只有1400万，里面既有证券股山西证券（002500），银行股宁波银行（002142），也有医药股沃华医药（002107），电子股宇顺电子（002289），软件股久其软件（002279），通信股北斗星通（002151），互联网股证通电子（002197），大数据股博彦科技（002649），其他如石油、化工、煤炭、农业、纺织、制造、钢铁、建材、建筑等几乎所有行业都有覆盖。而且流通盘分布很广，基本上可以相当于一个mini版的沪深A股市，是沪深A股全部股票的一个微缩样本，和沪深A股全部股票相比，又具备了盘子平均比较小、业绩平均比较好、筹码平均比较集中、题材平均比较新颖等一切可能被炒作的特点。所以中小板股票里面屡屡蹦出大牛股、大黑马、大题材股也就很正常了。与创业板相比，中小板同涨同跌特性又不明显，不会受制于中小板指数太多，因此适合游资和大资金建仓操作，经常看看中小板股票，每次都会有新鲜的收获。

中小板股票由于介于只停留在"概念"阶段的大部分创业板，以及未来的"新兴产业板"与主板的传统行业之间。可以说既有新题材概念，也有实际的业绩支撑，兼具了股价自身成长要素和资金炒作要素，因为大牛股层出不穷，且都是货真价实的"自己能涨上去的"。中小板股票的大牛股一般都是："股本扩张＋业绩连续高增长"＝股价连续几年翻8倍、10倍以上。

比如2010年上市的海康威视（002415），总市值一度超过千亿元，成为中小板的市值龙头。2008年上市的大华股份（002236），短短6年股价上涨16倍多，成为高成长的典范。此外，2004年上市的新和成（002001）、2005年上市的宁波华翔（002048）涨幅均超过9倍。

下图为海康威视（002415）自从2010年上市到2015年12月的季线图：超级成长大牛股典范。

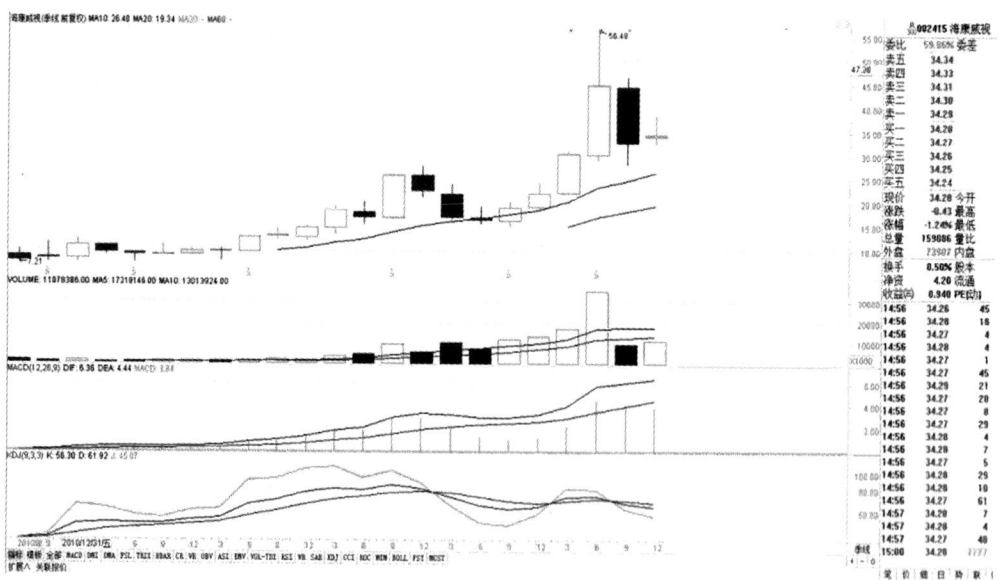

作为中小板第一股新和成（002001），在上市之后，借助资本市场，完成了市值增长逾10倍、净利润增幅逾9倍的跨越。上市前的2003年，公司营业收入为9.51亿元，利润总额1.1亿元。而2013年，公司营业收入为42.38亿元，利润总额10.59亿元。截至2013年，新和成上市十年来累计现金分红20.56亿元，甚至超过公司IPO和再融资的募集资金之和。

下图为新和成（002001）自2004年上市到2015年12月的季线图：超级成长大牛股典范。

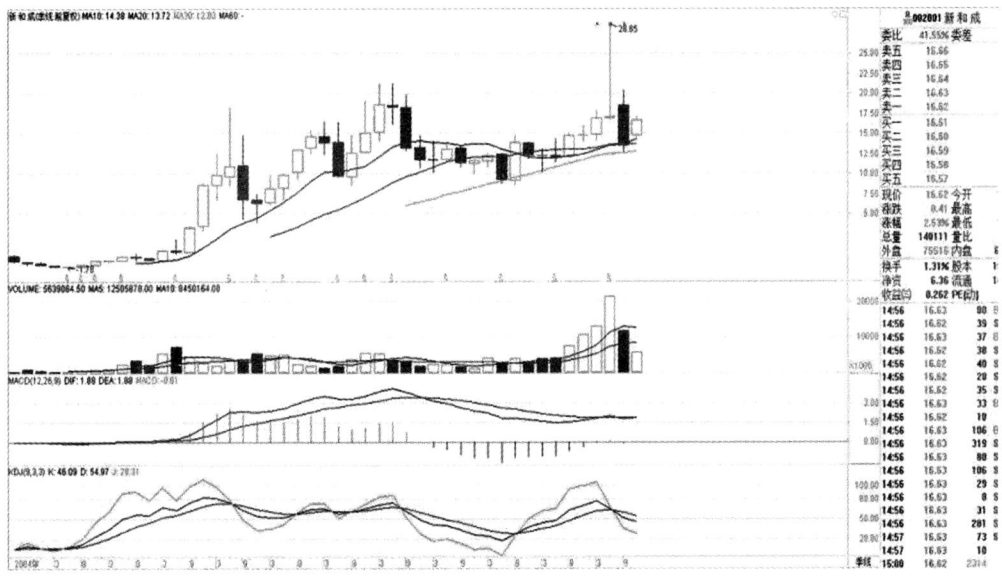

这些实实在在的成绩，实实在在的利润和分红，在沪深股市真的是非常难得、非常有价值的。应该引起我们足够的重视。

其他的大牛股更多了，只要你有所研究，有积累，就会发现：

2004年9月9日上市的双鹭药业（002038）。自上市以来的累计涨幅达到了3000%多。在股价飙涨背后，是公司实实在在的业绩增长。据统计，2004~2013年9个会计年度，双鹭药业净利润由2004年上市之初的3200万元，上升到5.77亿元，涨了18倍，是中小板公司高成长的典范。医药生物是中小板牛股辈出的传统板块，包括双鹭药业（002038）、科华生物（002022）、上海莱士（002252）、鱼跃医疗（002223）、华兰生物（002007）、达安基因（002030）、亿帆鑫富（002019），其他行业有大华股份（002236）、苏宁云商（002024）、东华软件

(002065)、同方国芯（002049）、金螳螂（002081）等个股，累计涨幅均在20倍左右或以上，并且业绩年年增长，沃华医药（002017），2014~2015年跨年度大牛股，业绩动则翻番。这些超级大牛股，是"中国巴菲特"的心仪对象和投资标的，可惜，由于大部分中国的基金、机构，游资热衷波段炒作，并没有人有耐心从这些股票上市就持有，一路持有到现在，获得10倍、20倍，甚至四五十倍的成长。

一言以蔽之：中国股市既有资金炒作的土壤，也有价值投资的土壤，是世界上最好的资本市场之一。

下图为双鹭药业（002038）自从2004年上市到2015年12月的季线图：谁说中国没有"价值投资"？

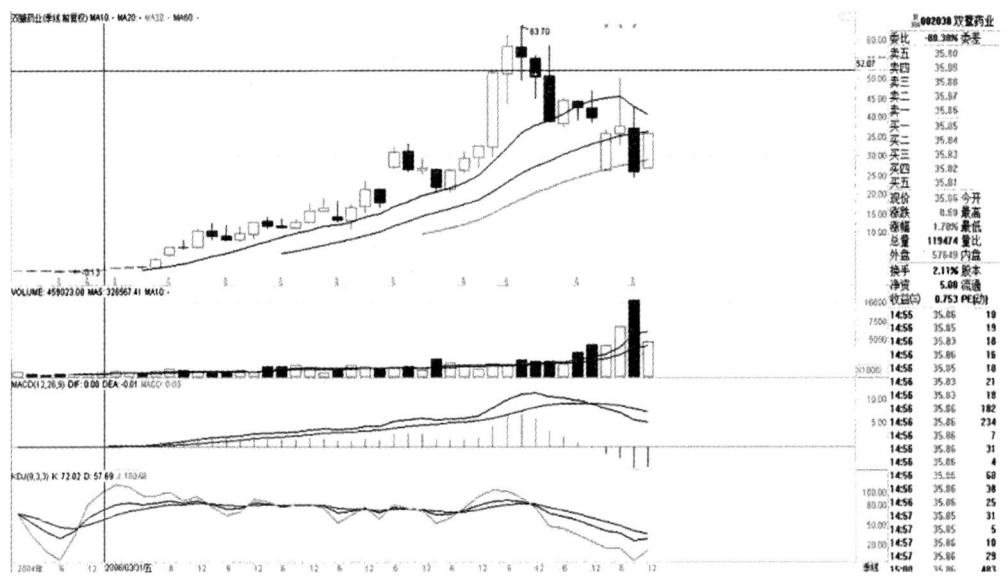

下图为东华软件（002065）自2007年上市到2015年12月的季线图：谁说中国没有"价值投资"？

从2004年到2013年，中小板公司平均营收从6.51亿元增至24.83亿元，年均复合增长率为16%；平均净利润从0.4亿元增长到1.47亿元，复合增长率达15.5%。

既然我们了解中小板个股的特点，那么我们选择中小板股票应该遵循哪些原则呢？

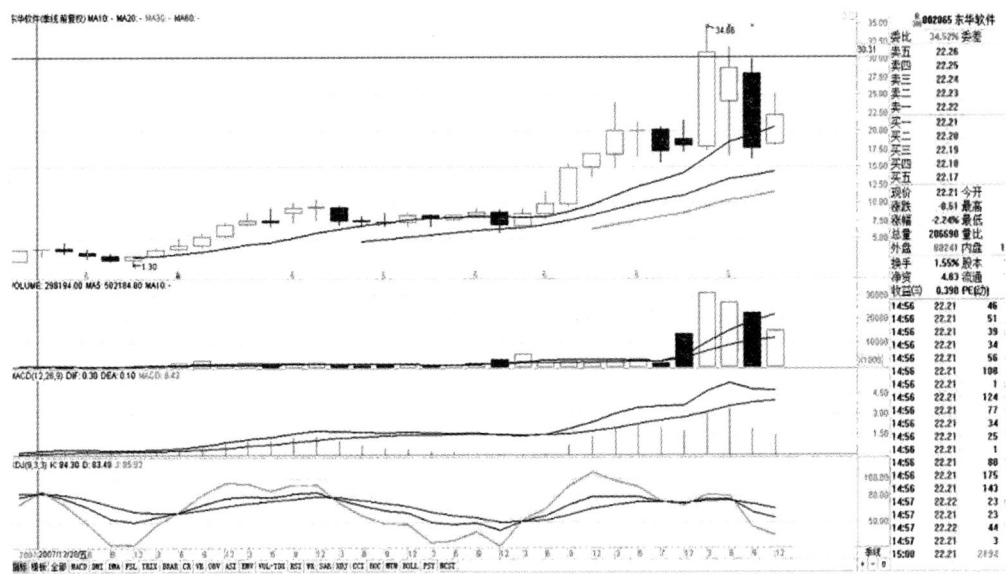

第一,过去几个季度利润连续高增长,要求也不用太高,比如30%、50%、100%。净增长也可以接受,现在净增长比较少,也许下几个季度就突然利润暴增了。

第二,尽量地向更新的概念靠拢,生物制药、电子信息、互联网、大数据等。

第三,股本不能太大,股本太大,扩张潜力就小了。

如果我们按照这几个条件从中小板股票里面寻找,还是可以发现很多大牛股的踪迹的。

## 第六节　如何选创业板股（300）

自2009年中国创业板开通以来,目前共上市股票近500只,但是动态市盈率低于100倍的只有170多只,大约占1/3,而2/3的股票动态市盈率都高于100倍,其中动态市盈率高于500倍的接近50只,最高的动态市盈率近5000倍;面对这样的市场,很多投资者都很头痛。

我一位浙江客户一提起创业板股票,就说害怕,不行,这些股票不敢玩,自己是开工厂的,辛辛苦苦赚的一两个亿可不敢再给这些创业板公司玩,还特意强调自己就是开公司的,特别了解这些中小公司的老板如何融资,如何开展资本运作,甚至如何借高利贷。

相信很多人都有这种想法,因为这些创业板股票操作难度确实挺大,涨时一直不停地猛涨,看着都令人胆战心惊,跌时基本上都是无量跌停,想跑都跑不掉。

说起题材,创业板股票是最不缺题材的,每一只创业板股票都具备一到两个最新颖、最超前的题材,所以根本不用根据题材来筛选;根据业绩来筛选呢?更无法比较,所有的股票业绩都很一般,动态市盈率超高和银行股几倍十几倍市盈率来比较,根本没有可比性。

还是先认识客观状况吧,创业板市场,放在全世界任何一个市场里,估值都是比较高的。如纳斯达克市场,很多公司都是亏损上市的,上市的时候就是亏损的,只有一个美好的故事,投资者的投资基本上靠想象力,所以会产生2000年世纪之交的纳斯达克崩盘的"互联网泡沫",为什么会这样呢?这是由创业板市场的特性决定的,创业板市场的股票,都是面向未来,面向最新科技、交叉学科,面向最新的商业模式的,而且上市初期都是小盘公司。这是一个既定的事实,我们没法改变它,那就顺从它,顺势而为吧。

首先我们以研究中小板股票的思路来看一下,创业板股票有没有那种5年20倍的成长股。截至2015年5月底股灾前:有12只创业板股票创下了一年之内上涨10倍的奇迹。其中,300431暴风科技以2623.7%的最大涨幅摘得桂冠,是唯一一只涨幅超过20倍的股票。另外,中科曙光(600319)(1926.6%)、中文在线(300364)(1775%)、龙生股份(1002625)(1578.1%)、兰石重装(603169)(1555.7%)、京天利(300399)(1527.6%)紧随其后。

问题是和中小板牛股不同,这些创业板牛股都是一年之内就涨了10倍,资金推动的迹象几乎是明目张胆,筹码也是高度集中,至于业绩,特别是连续3年、5年、8年的业绩;那就只能"呵呵"了。

价值驱动成长股也许10年或20年以后会出现在创业板股票里,但是现在最好还是从筹码集中和资金推动的角度来选择创业板股票。等到以后创业板股票有价值成长迹象,再改变策略。

暴风科技(300431)2015年日线图:人生需要这种大起大落的刺激。

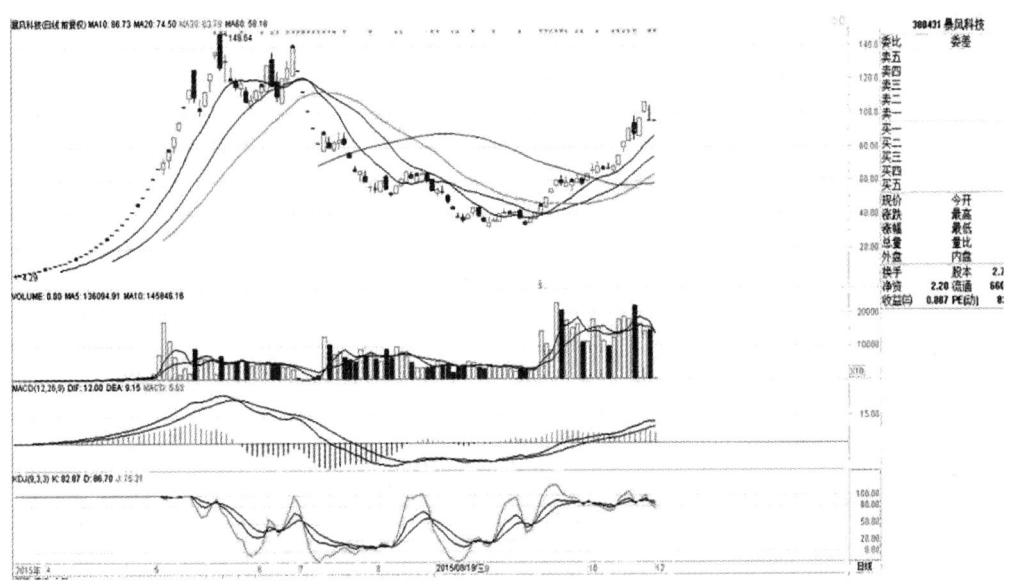

中科曙光（600319）2014年11月上市以来日K线图：别的牛股都黯然失色。

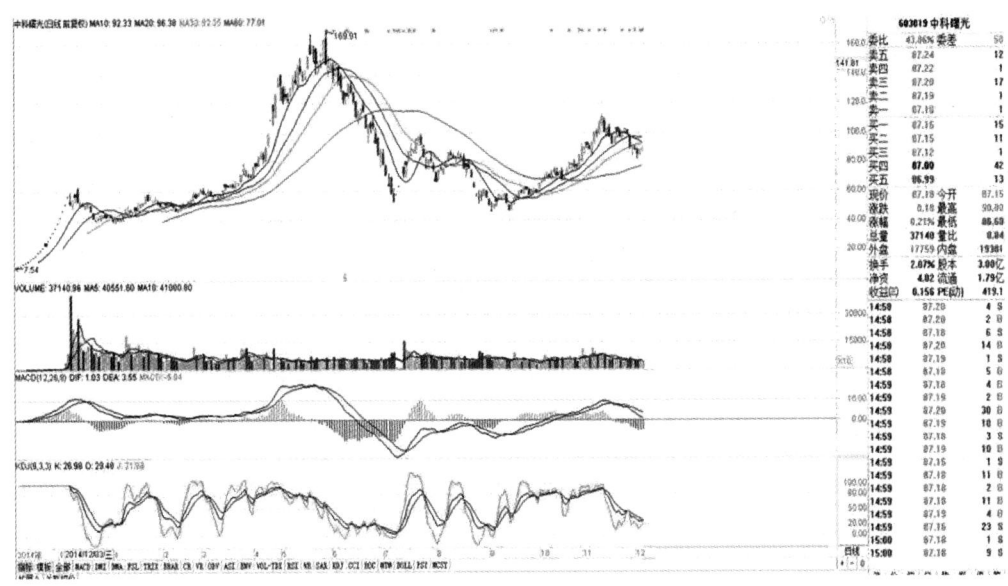

中文在线（300364）2015年1月上市以来日K线：超级波段。

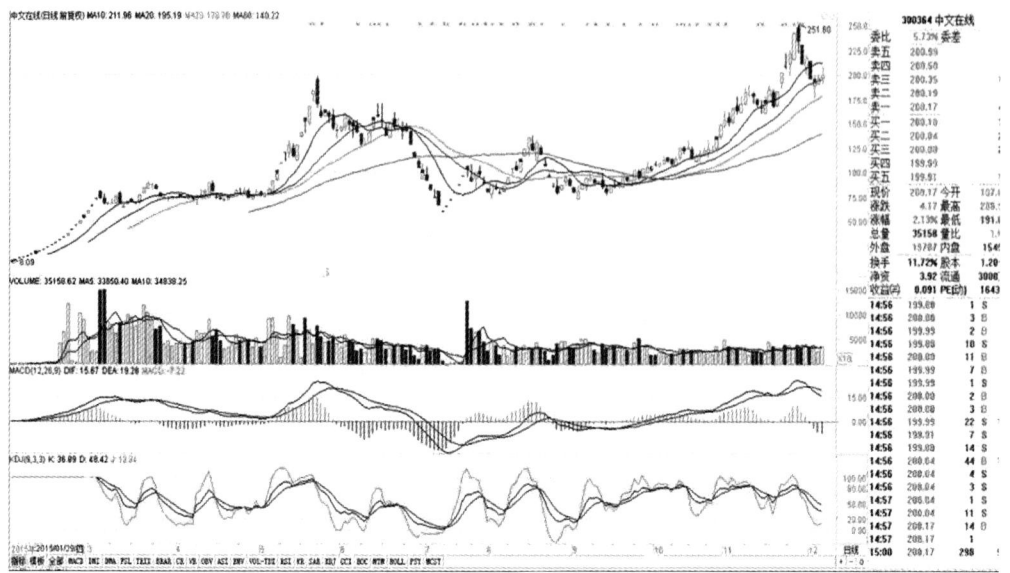

创业板的牛股连续性不好,大波段很好,下图为 2009 年吉峰农机(300022)上市后的月 K 线图。

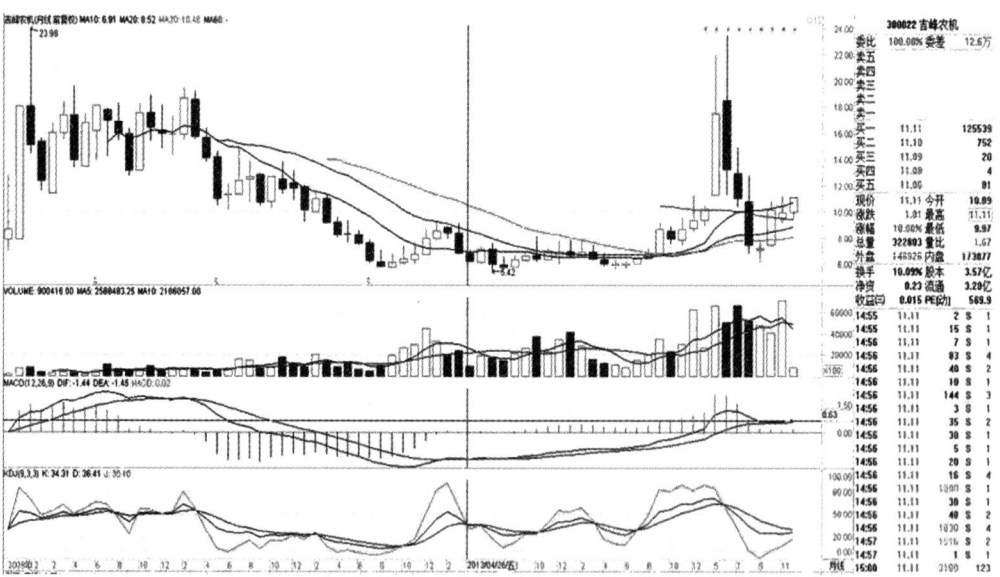

从吉峰农机(300022)的走势我们可以看出,上涨的连续性并不如意。波段操作可能比较适合。

既然我们了解了创业板股票的这种特性，那么我们不用再去找什么题材，因为所有的创业板股票都具备重大题材，这些题材都是最新颖、最新鲜、最具备互联网物联网高新科技特质的，而且都是已经被市场认可炒作过的、正在被热炒的，或者即将成为热点的，也不用考虑什么业绩，因为市盈率都很高，业绩的连续性也不好，偶尔业绩爆好估计也是为了配合炒作的。

那么我们就只关注两点：筹码集中、资金推动，要找那些筹码高度集中的、主力资金无比强大的股票，这样才算是"顺势而为"。

除了应用前文介绍过的寻找大牛股，发现庄股的方法以外，还有哪些更具体的方法可以用来寻找创业板的"筹码高度集中，资金无比强大"的特征牛股呢？

下面提供三个思路：

第一，前期疯狂过的，未来也可能更加疯狂，如果因为大盘暴跌或者创业板暴跌造成前期疯狂过的股处于低位，可以考虑尝试。

从华谊兄弟（300027）2012年至2015年12月的周线图我们可以看出，该股第一波疯狂完之后，又以相似的形态疯狂了第二波。

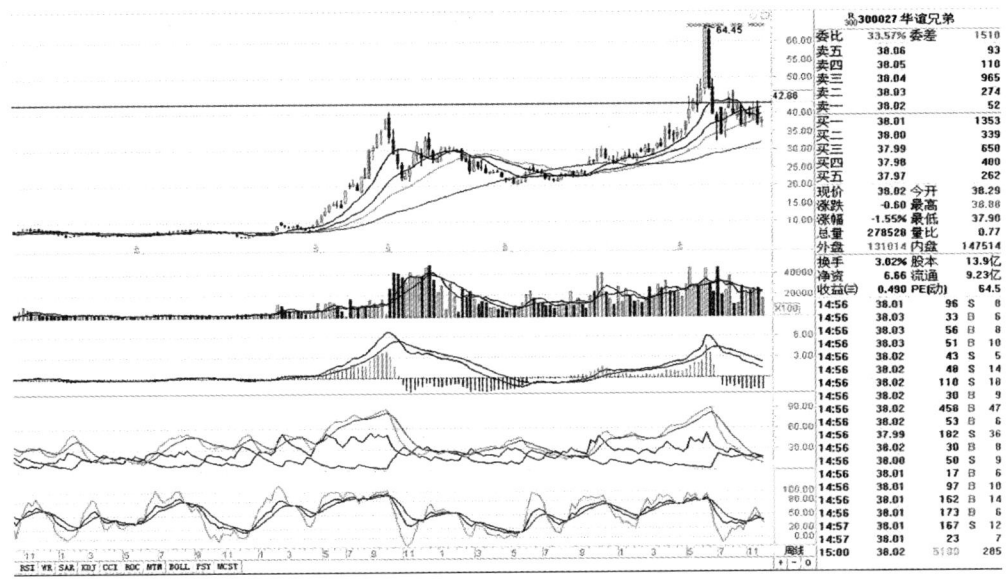

从天玑科技（300245）自2014年至2015年12月的日线图我们可以看出，该股第一波疯狂完之后，又以相似的形态疯狂了第二波、第三波、第四波：基本上每轮行情都是一大波。

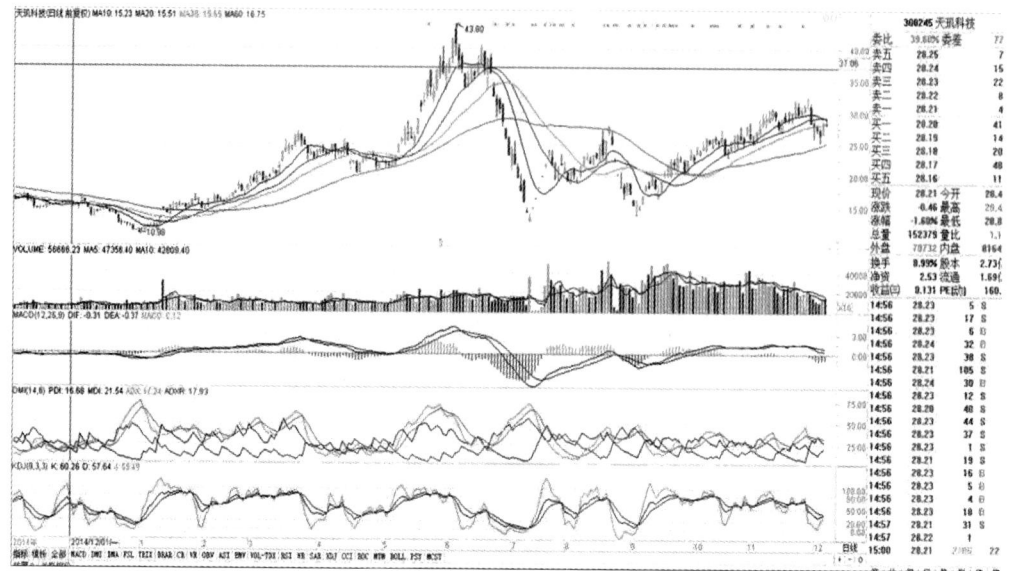

第二,以前从未疯狂过的,说不定哪天就会以迅雷不及掩耳之势疯狂一次。

从立思辰(300010)自2009年上市到2015年12月的月线图我们可以看出,该股前五年一直低迷,直到2014年才开始活跃,然后迅速变成了大牛股。

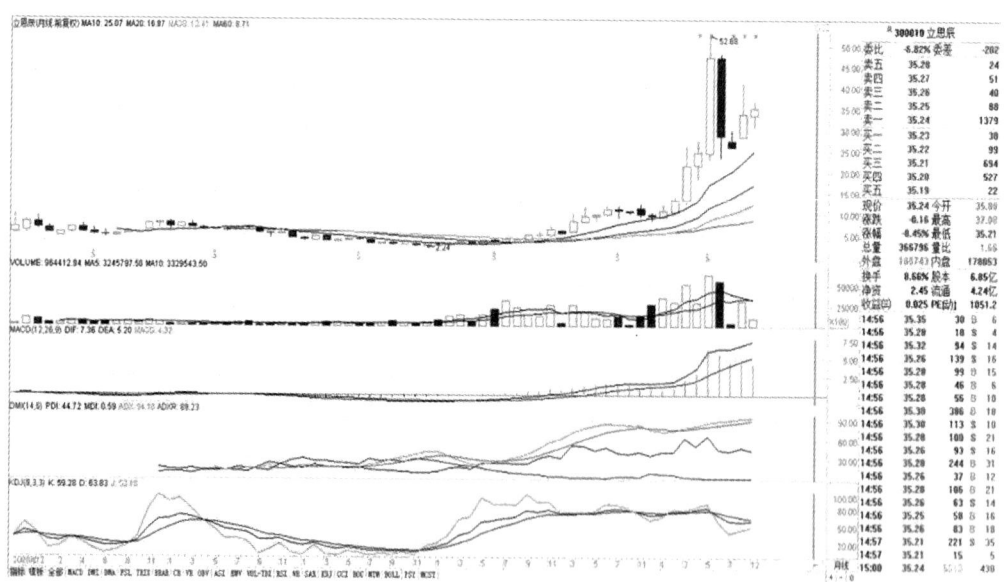

从硅宝科技（300019）自 2009 年上市到 2015 年 12 月的月线图我们可以看出，该股前六年一直低迷，直到 2015 年初才开始活跃，然后迅速变成了大牛股。

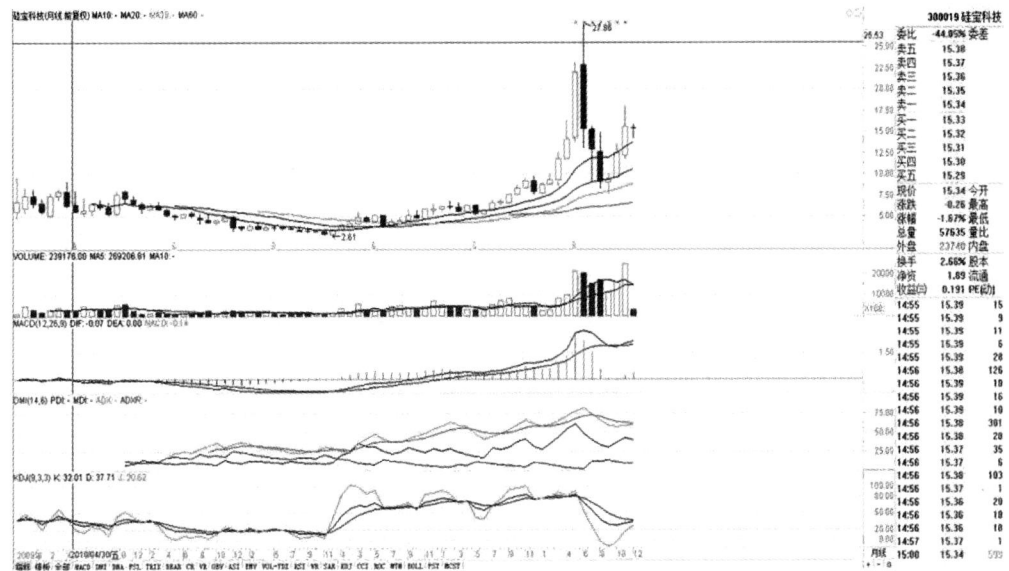

第三，从基本面选择，作为一种风控防止踩雷的措施。

创业板的股票虽然盘子小，但每只都是从高科技、新能源、新材料等行业精选出来的，是行业的"隐形冠军"，发展空间大。尽管如此，为了减小风险，我们仍应该认真选股，做足功课，对于如何选股，笔者提炼了如下要素，仅供参考：

（1）选择产品市场容量大的企业，这样的企业发展空间大，股票升值空间大。

（2）尽可能选择注册资本较大的企业，这样的企业抗风险能力较大，避免投资者所担心的退市风险。

（3）选择政策支持力度大的企业，这样的企业能获得很多的优惠，股票的前景较好。

（4）对企业的所有者和管理层进行调研，重点考察其学历、经历、能力等综合素质，说到底，投资创业板股票，最终落实到投资企业的管理团队，只有一支高素质的团队才能保证企业不断的成长，这一点对投资创业板尤为重要！

（5）选择有地域优势的企业进行投资。

（6）选择技术门槛高的企业进行投资，这样可以减少竞争对手。

（7）选择企业所处的行业地位高的企业，也就是说选择细分市场中的"隐形冠军"。

最后提醒大家：目前创业板整体市盈率101.6倍，而静态市盈率197.1倍，简单一看两个数字都很高，"如来"的答案也是肯定的，但不要忽视一个细节，就是动态市盈率跟静态市盈率差别将近一倍，换句话说，创业板企业2015年平均净利润增长相比去年增长了1倍，探求里面的逻辑：一是因为企业内生增长；二是创业板相关公司在牛市加大外延并购，用低PE并购到上市公司，造成上市原来估值较高的企业，估值一下子降低了，这一点很重要。注册制推出必然需要一个好的外围环境，故目前即使创业板存在一定的泡沫，也不见得马上就要下跌，虽然如此，我们仍然不能忽视注册制带来的供应量增加的因素，因为注册上市的最大主体就是中小市值的新兴互联网、新兴移动互联网公司，可能会存在挤泡沫的影响。另外，即使注册制通过，大市值股票受到的影响也很小，因为大市值公司需要有实力的承销商承销，大市值公司经营了很多年，上市反而属于优质股票供应，是利好。小市值公司业绩不可预测，注册上市必然造成大量小市值股票的动荡，至少是短期的震荡。

不过，政策具有不确定性，注册制，也许几个月后就会实施，也许再研究两三年再实施也说不定。全国人大常委会2015年12月27日已授权证券监管部门可以在两年内推出注册制改革，注册制的具体推行时间将会对创业板的估值产生重大影响。

## 第七节 如何选大盘股

大盘股的定义：流通股本在30亿元以上的，大约150只左右。流通股本在10亿~30亿元的叫中盘股，流通股本在1亿~10亿元的是小盘股，流通股本不到1亿元的叫袖珍股。

通常中国的投资者都会有这样一种观念：小盘股好炒，大盘股股性呆滞，所以，在选股时，很多投资者往往钟情于小盘股。从企业的基本面来说，投资者做这样的选择似乎有一定的道理，因为一来小盘股的成长空间比较大，扩张性比较强，而且比较容易被收购、重组；二来小盘股只用少量的资金就能达到控盘的目的，这对于那些资金量比较小的主力来说也是一个不小的诱惑，由于小盘股容易被主力控盘，所以跟风的人自然不在少数。

虽然一直以来很多投资者都极力推崇小盘股，但是这并不表明大盘股没有投资价值。一些大盘股的涨幅虽然落后股指，股价一直在底部区域徘徊，但估值的巨大差异也使得大盘股有了买入的理由，单是大盘股便宜这个优点就足以吸引大资金的注意。就目前我国的现状来看，很多大盘股都属于国家支柱产业，其业绩相对稳定，虽然缺乏炒作题材，但在应对通胀方面却有更大的优势，这些企业完全有理由成为投资者的核心资产，持有5年或者10年，获取长期而稳定的收益。

投资者在选大盘股的时候，一定要注意以下几个方面：

（1）股价是否已经处于底部，处于跌无可跌的时点。

（2）涨跌幅度是否远远小于股指，已经没有杀跌动力。

（3）成交量是否出现了极度的萎缩，地量见地价。

（4）上市公司所处的行业是否在景气周期内，是否会持续一段时间，行业周期非常重要。

（5）是否已经完成了底部的吸筹，有资金建仓可以加力。

再具体一点，并不是所有的大盘股都是绩优股，也有因为周期原因亏损的，如中国铝业（601600），山东钢铁（600022）；也有因为经营原因亏损的，如四川长虹（600839）。还有一些大盘股是指标股，属于国家队在关键时刻护盘操作用的。所以应该细分一下。

（1）指标股：大盘暴跌的时候，股灾发生之后，这两个时点，中国银行（601988）、中信银行（601998）、工商银行（601398）、建设银行（601939）等银行股，中国石油（601857）、中国石化（600028）等大盘股以及万科A（000002）、保利地产（600048）等地产股，还有中信证券（600030）等券商股，中国人寿（601628）、中国太保（601601）等保险股，中国神华（600028）、中国建筑（601668）等央企股，都有可能成为国家队"有形的手"（备注：无形之手指的是市场自身调控的行为，经济学鼻祖亚当·斯密认为，市场像一只"看不见的手"自动调控资源分配形成均衡，有形之手指的是政府主动参与调控经济的行为）出手护盘的工具，有时甚至是暴力拉升，发生股灾后更是如此，连续拉升也有可能。

2015年7月股灾、8月底第二次股灾时，资金主动介入工商银行（601398）的迹象非常明显。

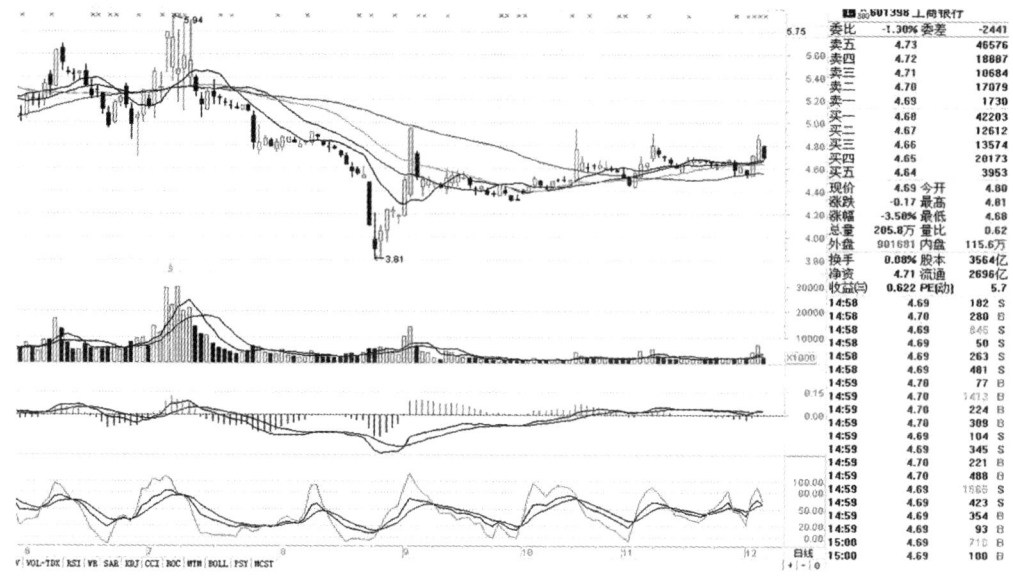

（2）绩优稳定股：这种股票一般在牛市配置，能够在账户里起到稳定市值的作用，而且牛市还能成为局部牛股。

比如上海建工（600170），每轮行情都会走一个像样的波段，业绩优秀。

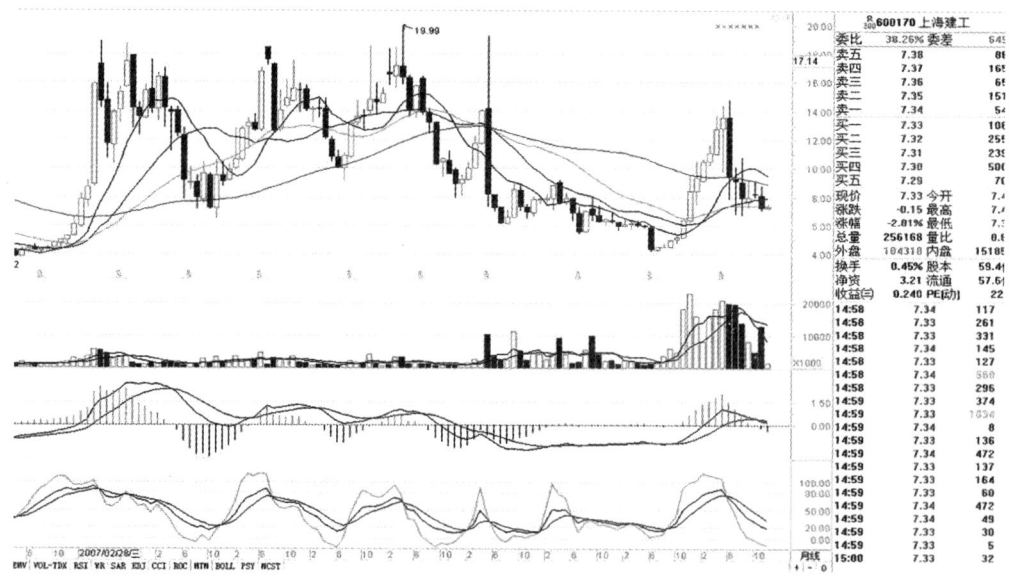

中国中冶（601618），既有波段又是长期走高的绩优大盘股。

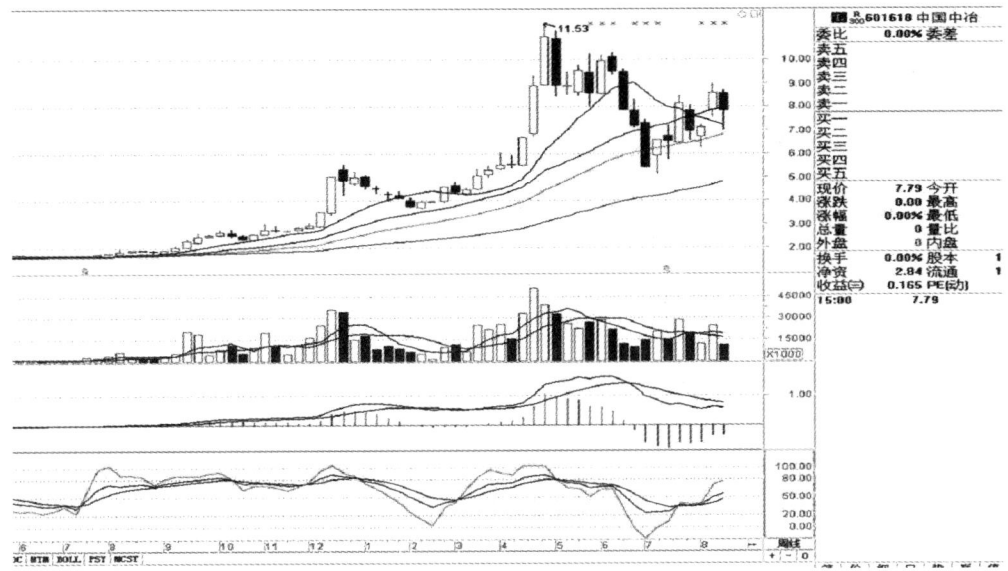

（3）周期股：如煤炭，有时受宏观经济和行业景气周期的双重影响，周期性非常强。要认识到这种大周期，不至于陷入其中无法脱身。

如中煤能源（601898），从 2008 年上市以来长期低迷，偶尔跟随大盘局部走牛很快衰落，业绩亏损。

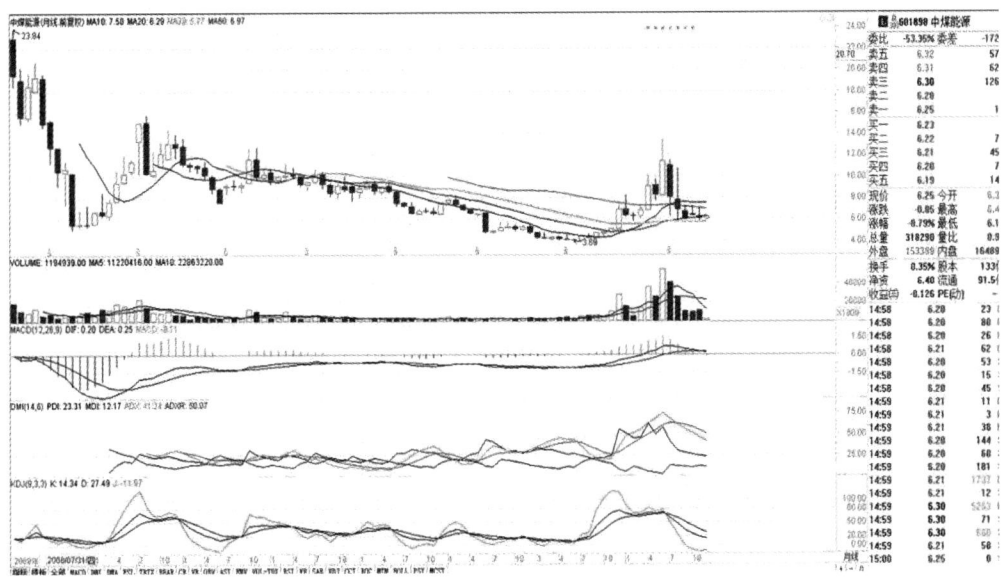

如酒钢宏兴（600307），在 2007 年达到行业景气和牛市共振的高点之后，再也未能恢复，现在业绩亏损。

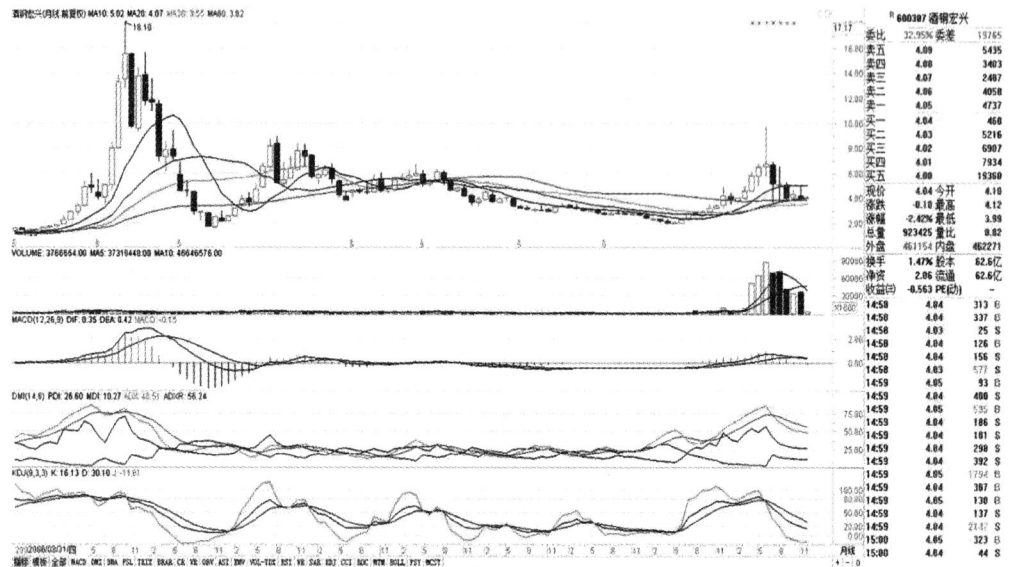

（4）现金牛股：指的是那些因为一次性投入完成，折旧计提周期漫长，现金流充沛，利润连年增长的大盘股。因为前期投资属于一次性投入，所以后期折旧和更新费用很低，而现金流反而增长，形成"收入净增长，成本净降低，利润高速增长"的局面。如长江电力（600900）、大秦铁路（601006）、国投电力（600886）、川投能源（600674）等股票。

长江电力（600900）的周线图，很像一只创业板牛股。

第二章 入牛股：选股

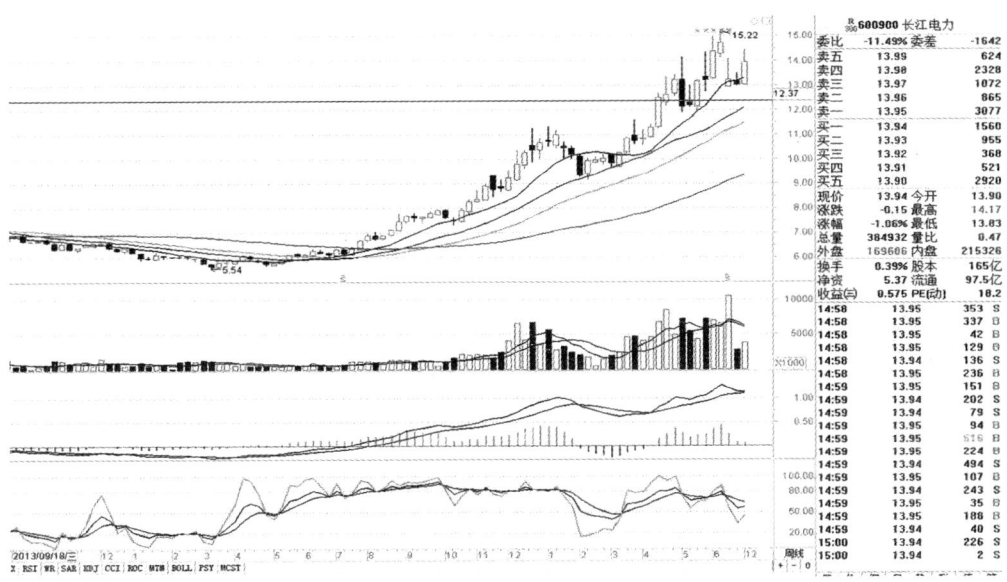

国投电力（600886）的周线图，业绩高成长，股价高增长。

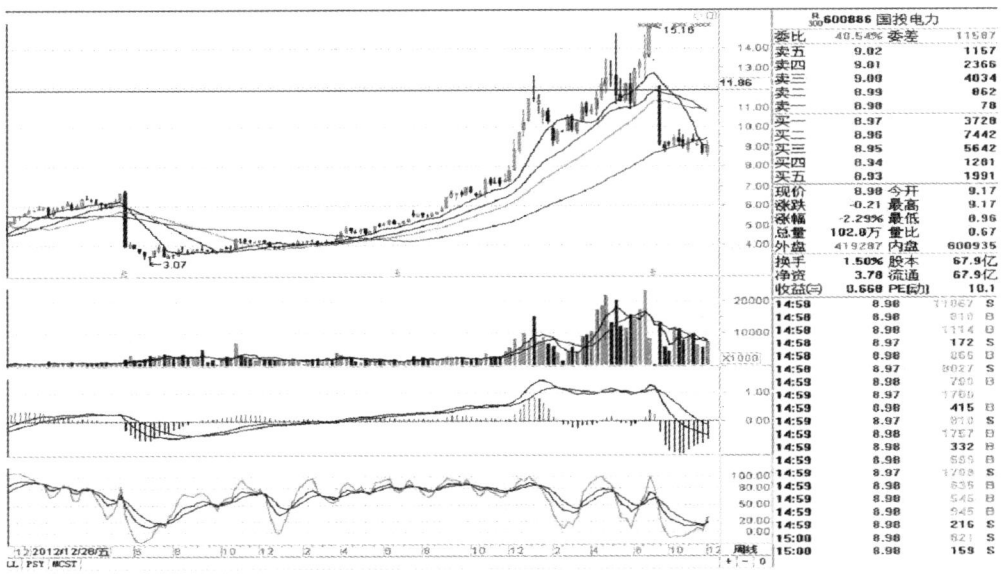

接下来，2016年6月开始就会产生一波大盘股的牛市，银行保险券商、电力、能源、央企股、建筑股、地产股都会大红大紫；2017年上半年，还会是大盘股的超级大牛市，金融股、地产股、建筑股等大盘绩优股连续涨停的年份，我认为未来的市场风格：价值股必然会回归。

## 第八节 如何选中盘股

控盘是说庄家持有一笔资金以短炒的方式进出,其买卖保持平衡,只通过把握买卖节奏影响和控制股价。所以,控盘难度大小取决于留在外面的未锁定筹码的绝对规模,未锁定筹码多,则参与者人数多,人多则想法多,控盘困难,这和任何活动都是人越多越不好组织是一个道理。通过锁定筹码减少外面筹码的规模可以使盘子变得容易控制一些,但大盘股上即使这样做了之后留在外面的股票仍会很多,不好控制。比如,对一只1亿股的盘子,庄家已经锁定了70%的筹码,但外面仍有3000万股未锁定。另一只天生只有1000万股的盘子,即使不锁定筹码,外面的筹码规模也比前者少,控盘难度比前者锁定70%后还低。如果这只股也锁定70%,则外面只剩下300万股,如果按平均每个人10手计算,则只有3000人参与,如果每天有10%的人参与交易,则只有300人,相当好控制了。而前一只股票要达到同样的程度需要锁定97%的筹码,这显然是不可能的。庄家锁定大量筹码,市场上流通筹码变少,中大盘股可以暂时变成小盘股。

中盘股的选股方向只有一个:那就是筹码集中,业绩优秀。绩优股容易被主力看中,本质还是筹码集中,但是中盘股的筹码集中可能不是为了坐庄产生的筹码集中,而是为了短时间建仓产生的筹码集中,或者抢筹引起的集中。因为如果有一只100亿元的新基金刚刚募集完成,行情也起来了一个小波段,此时新基金不会去建仓小盘股给别人的基金净值抬了轿子(这样还容易被别人下套坑一把),而一定会选择先建仓中盘股确立合理水平的安全垫①,再根据市场情况分批出击小盘股和大盘股。

还有一点,提醒大家注意,不要觉得有些中盘股流通盘20亿元、30亿元非常大,要实现筹码集中难度非常大。这是一个误解,因为相当一部分筹码是死筹②,真正在散户手里的活跃交易的流通筹码是很稀缺的,特别是牛市一来,一

---

① 安全垫:100万元资金盈利10万元,这10万元称为安全垫,如果盈利了10万元以后只动用10万元资金,那就是100%安全。

② 死筹:长期的机构法人股东持股,不参与二级市场交易,甚至也不参与一级市场交易。

旦惜售，筹码稀缺度立刻显现出来。"大象起飞"、"恐龙起飞"根本不叫事儿，几百万元把一个中盘股打到涨停板的情况也会出现。

其实大家没有，或者缺乏条件去研究一些持股机构的数据。从中登公司以及相关的专业财经数据库里，我观察到，中国有些持股的机构，的确是100%的死筹。比如有些持股的机构居然是"××经济合作社"、"××供销社"、"××乡××村"、"××镇养老事业"，还有"中国××发展研究中心"、"××代表处"，有些一看就是上个时代的经济组织形态，有些是事业单位，有些持股的法人主体资格早已消失，股份被继承到新的单位，而新的单位是一个巨大的国有系统，有几百个子单位、孙单位，这些股份估计就等着收股息。既没有新的领导来处理遗留问题，也没人愿意出头因为这个事儿惹上经济麻烦。还有些主体原本就不存在，是一个虚拟主体，被某一个红头文件规定持有的而已。这是由好几个原因造成的：原来发行股票的时候没人愿意要，就行政摊派；还有就是以前股份公司，包括现在的一些股份公司，为了满足《公司法》的要求在未上市就改制的时候就会有一些股份流通出来；还有就是原来的股份公司本身的资产来源就是属于集体所有或者地方国有，主体比较混乱就可以理解。

根据经验，中盘股的启动往往为一轮行情的第二波，启动的股票一般是行业绩优股，不排除有传统行业的中坚力量：如化工、特种制造、高端制造、医药、小盘地产股、专用机械、农业、食品旅游、百货、小金属、电子设备等。而这些股票一旦启动后会形成连续的波段，连续性比较好，大盘行情好的情况下可以涨50%甚至100%；大盘只是反弹行情也能涨20%~30%，连续拉几根大阳线是家常便饭。"横盘起涨"、"横盘挖坑后起涨"是常见的形态。

如2015年11月11日，在大盘反弹了一个月之后，浙江永强（002489）启动。

从中国化学（601117）自2014~2015年的周线图我们看到，虽然启动晚，但是涨势迅猛，波段清晰，49亿元的大盘股一点不比小盘股差。

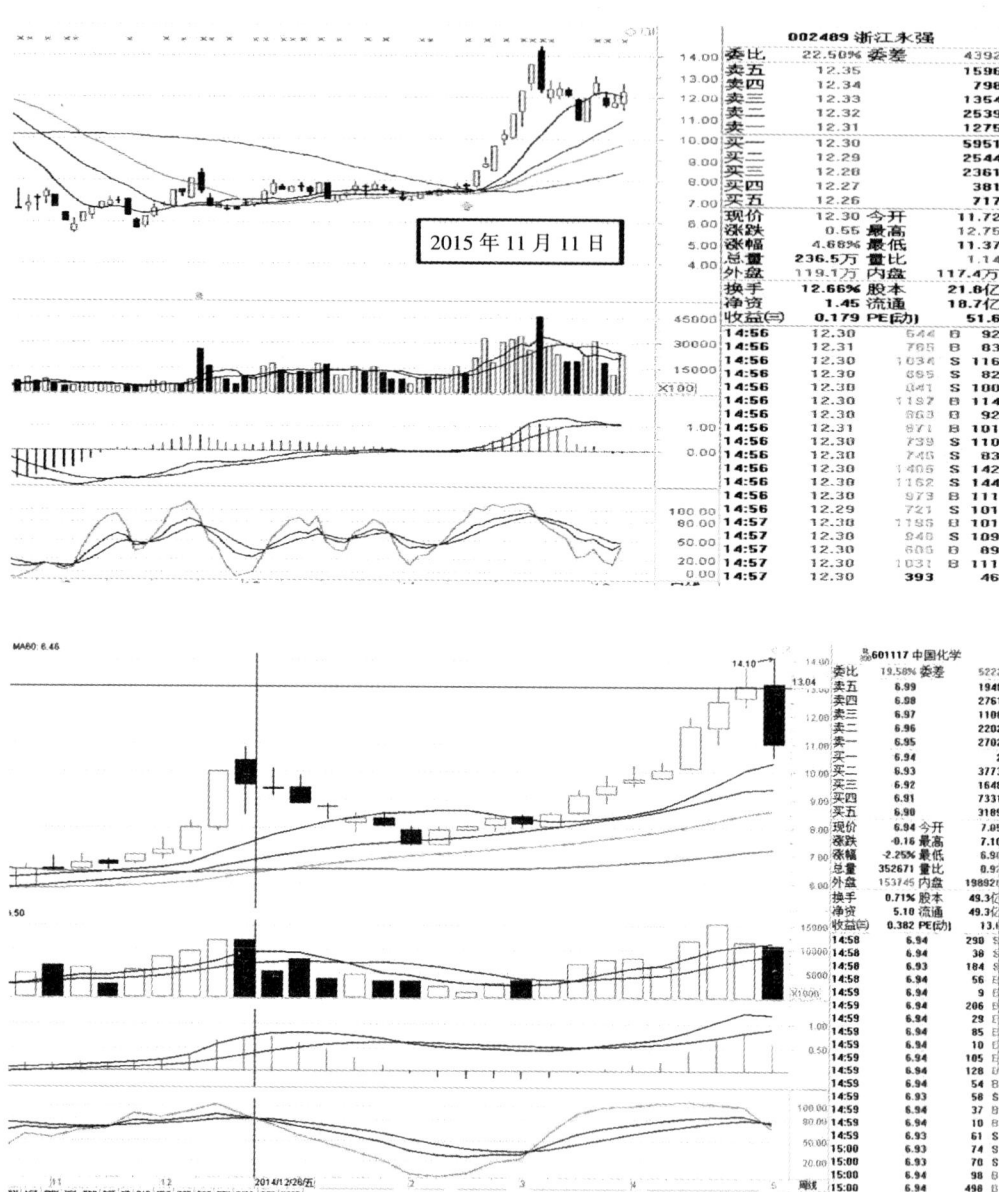

## 第九节　如何选择妖股

**2006 年十大妖股**

No1　洪都航空（600316）　2006 年振幅：429%

No2　中工国际（002051）　2006 年振幅：267%

No3　东盛科技（600771）　2006 年振幅：254%

No4　北辰实业（601588）　2006 年振幅：193%

No5　登海种业（002041）　2006 年振幅：186%

No6　江苏吴中（600200）　2006 年振幅：178%

No7　烟台万华（600309）　2006 年振幅：158%

No8　S*ST 磁卡（600800）　2006 年振幅：144%

No9　太龙药业（600222）　2006 年振幅：92%

No10　S 深发展（000001）　2006 年振幅：77%

**2007 年十大妖股**

No1　*ST 浪莎（600137）

No2　杭萧钢构（600477）

No3　古井贡酒（000596）

No4　拓邦电子（002139）

No5　*ST 宝硕（600155）

No6　S 前锋（600733）

No7　ST 远东（000681）

No8　吉林敖东（000623）

No9　三联商社（600898）

No10　*ST 春兰（600854）

**2008 年十大妖股**

No1　中国石油（601857）3400 人气指数

No2　荣华实业（600311）1680 人气指数

No3　中国船舶（600150）860 人气指数

No4　吉林制药（000545）828 人气指数

No5　熊猫烟花（600599）543 人气指数

No6　ST 金泰（600385）438 人气指数

No7　太行水泥（600553）438 人气指数

No8　宏达股份（600331）373 人气指数

No9　东方雨虹（002271）中小板第一"妖股"201 人气指数

No10　ST 盐湖（000578）169 人气指数

**2009 年十大妖股**

No1　吉峰农机（300022）：拉出 18 根阳线创业板第一牛股

No2　顺发恒业（000631）：年涨 2159%称冠

No3　高淳陶瓷（600562）：连续 11 个涨停 12 天翻番

No4　熊猫烟花（600599）："国庆概念第一股"玩的就是心跳

No5　苏常柴（000570）：一年涨了 10 倍是黑马还是疯牛

No6　双钱股份（600623）：游资击鼓传花半月翻番演绎神话

No7　海王生物（000078）借甲流之名飙升，第一甲流概念股

No8　世联地产（002285）：成为 IPO 重启后第一牛股

No9　新大陆（002285）：游资狂炒新大陆飙升 70%

No10　天业股份（600807）：资产运作"魔术师"

**2010 年十大妖股**

No1　成飞集成（002190）

No2　中航精机（002013）

No3　太原刚玉（000795）

No4　联环药业（600513）

No5　壹桥苗业（002447）

No6　湘潭电化（002125）

No7　*ST 威达（000603）

No8　新希望（000876）

No9　棕榈园林（002431）

No10　恒星科技（002132）

**2011 年十大妖股**

No1　迪康药业（600466）

No2　安纳达（002136）

No3　三爱富（600636）

No4　冠福家用（002102）

No5　ST 黑化（600179）

No6　天舟文化（300148）

No7　西藏发展（000752）

No8　*ST 盛润 A（000030）

No9　雷曼光电（300162）

No10　冠昊生物（300238）

**2012 年十大妖股**

No1　华数传媒（000156）

No2　浙江东日（600113）

No3　国海证券（000750）

No4　东宝生物（300239）

No5　天津磁卡（600800）

No6　川润股份（002272）

No7　广州药业（600332）

No8　秦岭水泥（600217）

No9　金杯汽车（600609）

No10　昌九生化（600228）

**2013 年十大妖股**

No1　潜能恒信（300191）

妖相：18 天飙涨 2.8 倍

全年振幅 475.25%

曾经 18 个交易日飙涨 2.8 倍。

No2　华数传媒（000156）

妖相：年内换手率高达 3147%

全年振幅 211.51%

因借壳上市，华数传媒股价出现大涨，该股股价从1月4日的10.43元涨至9月26日的33.30元最高价，成为全年沪深A股市场的妖股之一。2013年累计涨幅为118.50%，期间累计换手率高达3147%，成为全年换手率最高的个股。

No3　外高桥（600648）

妖相：17个交易日涨3倍

全年振幅626.61%

No4　上海物贸（600822）

妖相：两个月涨354%

全年振幅395.93%

两个多月累计最高涨幅达到354%，自贸区概念妖股。

No5　中创信测（600485），2014年9月更名为"信威集团"

妖相：连续11天一字涨停

全年振幅293.44%

被众多媒体称为"蛇吞象"的中创信测重组案，毫无争议地被列为2013年度A股最大借壳案之一。

No6　百圆裤业（002640），2015年6月更名为"跨境通"

妖相：6个交易日暴跌38%

全年振幅179.77%

自2012年下半年以来，在基本面乏善可陈、毫无利好消息、纺织服装板块整体承压的情况下，百圆裤业股价一路上扬，从最低的7.73元一度上涨到26.79元，让不少投资者感叹摸不着头脑。

No7　上海钢联（300226）

妖相：两月狂飙2倍

全年振幅450%

上海钢联作为电子商务概念股的"领头羊"，仅在2013年7月、8月两个月内狂飙238.8%。这样惊人的涨速无疑给公司赢得了"妖股"的称号。

No8　顺荣股份（002555），2015年2月更名为"顺荣三七"

妖相：两个月涨160%

全年振幅225.46%

2013年10月中旬连拉8个涨停板，11月21日创出行情新高，10月、11月两个月累计涨幅已达160%。

No9　圣莱达（002473）

妖相：连续7个涨停

全年振幅223.22%

No10　北纬通信（002148）

妖相：连涨后持续调整

全年振幅476.21%

**2014年十大妖股**

No1　兰石重装（603169）

2014年以来股价涨幅：727.69%

妖气指数：★★★★★

2014年10月9日，2014年度第一妖股兰石重装在上交所挂牌上市，之后，兰石重装共收获连续24个涨停板，创下A股新的涨停纪录。截至2014年12月22日，兰石重装股价收于20.03元，较其发行价1.68元翻了近12倍，区间涨幅达惊人的727.69%，其年内最高价甚至达28.57元。兰石重装无愧于A股2014年十大妖股之首，也为近几年A股市场上难有的疯狂股票，甚至创出了多项A股历史纪录。兰石重装作为A股市场炒新股的一个典型案例，也许在未来的一段时间，兰石重装的一些A股纪录，仍无法被打破。兰石重装注定在A股妖股历史上留下浓墨重彩的一笔。

No2　中科曙光（603019）

2014年以来股价涨幅：444.49%

妖气指数：★★★★★

前有兰石重装，后有中科曙光，都是A股特有制度下的炒新杰作，甚至不少投资者直接把中科曙光誉为"兰石重装第二"。中科曙光于11月6日上市，发行价格为5.29元，之后中科曙光已连续22个交易日封死涨停板，与兰石重装不同的是，中科曙光的涨停均为"一字涨停"，其疯狂可见一斑。

截至2014年12月22日收盘，中科曙光收盘价为41.49元，上市以来涨幅为444.49%，其上市以来最高涨幅曾接近1000%。中科曙光的连续22个"一字涨停"，后市股票很难望其项背。

No3　抚顺特钢（600399）

2014年以来股价涨幅：387.59%

妖气指数：★★★★★

抚顺特钢不是新股却胜似新股，作为2014年军工股的典型代表，抚顺特钢上演了一出屌丝逆袭的好戏。在2014年6月之前，抚顺特钢一直默默无闻，其军工及核电等属性均未被市场发掘和热捧。随着军工股行情的展开，抚顺特钢一马当先。股价从6元附近启动，虽没有新股的连续多个涨停板，但是其股价走得极其强势，一路最高摸至29.30元的历史新高。截至12月22日，抚顺特钢2014年股价涨幅达387.59%，妖性十足。

No4　营口港（600317）

2014年以来股价涨幅：355.17%

妖气指数：★★★★

一家此前股价和业绩表现平平，市场少有关注的老牌国有港口股，却能在短短数月时间里，缔造出年内涨幅逾300%的神话，营口港走势不可谓不妖。2014年4月末，公司一份"逆天"的高转送预案，成为引爆股价的导火索。10送20的高额转送比例，在二级市场引发了巨大填权炒作预期，不到两个月的时间，公司股价暴涨近150%。更具戏剧性的是，7月以后，宏观层面振兴东北计划、中韩自贸区等多重利好政策释放下，涉及多重概念的营口港遭遇各路资金爆炒，最后上演了二级市场上再拉150%的疯狂行情。截至2014年12月22日，营口港涨幅已达惊人的355.17%。

No5　同花顺（300033）

2014年以来股价涨幅：338.33%

妖气指数：★★★★

同花顺作为A股典型的互联网金融企业，在2014年这个互联网金融元年可谓出尽风头。11月3日同花顺开盘价为23.81元，短短一个月后，12月1日收盘价即为59.09元。仅11月一个月，同花顺涨幅近150%。随着互联网金融概念的风口已经确立，已形成同花顺享受高估值的重要逻辑，而且随着风口的继续吹动，同花顺股价最高涨至70.94元。截至12月22日，同花顺2014年以来涨幅达338.33%，位列A股2014年十大妖股第五位。

No6　雷曼光电（300162），2015年8月更名为"雷曼股份"

2014年以来股价涨幅：332.57%

妖气指数：★★★★

雷曼光电借中超概念2014年卷土重来。其实早在2011年，雷曼光电便与中超签了五年的合作协议，成为中超联赛LED设备制造类唯一的合作伙伴，当时便已经火了一把。时隔三年，当体育概念又成为资金的风口时，雷曼光电短短4个月的时间，股价即从15元涨到了70元，翻了4倍有余。截至12月22日，雷曼光电2014年以来涨幅达332.57%，成为了体育概念的"领头羊"。

No7　华泽钴镍（000693）

2014年以来股价涨幅：320.92%

妖气指数：★★★★

华泽钴镍"前世"是2007年停牌的*ST聚友，2014年1月10日复牌，不仅幸运地躲过七年熊市，而且复牌后第一年连迎三波大涨，成功"乌鸦变凤凰"，成为市场有名的"妖镍"。

说起华泽钴镍的暴涨，其妖性体现在其坐享了镍价格上涨带来的红利，且公司股本够小，受资金偏爱度较高。华泽钴镍在2014年4月至5月也曾短短一个月股价翻倍。截至12月22日，华泽钴镍2014年以来涨幅为320.92%，成为妖股中少有的有色股。

No8　朗玛信息（300288）

2014年以来股价涨幅：294.68%

妖气指数：★★★★

说起朗玛信息，市场应该一点都不陌生，朗玛信息自从上市后一直是市场的妖股。其股票于2012年才上市，短短2年时间，公司股价从30多元一直涨到200多元，复权后公司股价较上市初翻了10多倍。朗玛信息不仅搭上了互联网的顺风车，并在通信行业居于榜首，两大概念助推其一路飙涨至两市第一高价股。截至2014年12月22日，朗玛信息2014年以来涨幅为294.68%，成为市场少有的持续性妖股。

No9　杰赛科技（002544）

2014年以来股价涨幅：294.41%

妖气指数：★★★

从来军工多妖股，与抚顺特钢不一样的是，杰赛科技除了军工概念还有通信和云计算题材。12月，习近平主席在全军装备工作会议上强调了强军目标后，杰赛科技连续涨停，股价从 12 月 1 日 19 元开盘，涨到 12 月 19 日收盘 30.8 元，仅 15 个交易日涨幅 62%。军工股作为不死鸟，一直受到市场反复炒作。截至 12 月 22 日，杰赛科技 2014 年以来涨幅达 294.41%，成为 2014 年市场一大妖股。

No10  旋极信息（300324）

2014 年以来股价涨幅：287.96%

妖气指数：★★★

2014 年 12 月 22 日，旋极信息股价 2014 年以来涨幅为 287.96%，成功跻身于 A 股十大妖股之列。

妖股选择要点：

从以上股票的特点可以看出，妖股大多具备"利好巨大，连续涨停，涨幅巨大"的特点，要么是先停牌后复牌就狂涨；要么是莫名其妙地突然暴涨，然后突然公布重大利好。但是有一点我们可以确定：如果不是提前获得信息布局，主力是无法完成建仓的，也不知道目标位。

鉴于此，妖股的选择只有采取如下思路：搜集历史上所有的妖股集合；仔细研究它们的走势图。江山易改，本性难移；"妖"的种子一旦种下，便会生根发芽，一旦遇到风吹草动，便会再次发妖，妖到极点。

妖王之王要从已经修炼成的妖中去选，而不能从好股中去选。把好股短时间变成妖股是极难实现的。

# 第十节 选股流程

选股标准：

每天按照日线选股：盘小筹码集中，基本面优质，有题材，是一个日线和 60F 线共振的买点。

每周按照周线选股：盘小筹码集中，基本面优质，有题材，是一个周线和日线共振的买点。

每月按照月线选股：盘小筹码集中，基本面优质，有题材，是一个月线和周线共振的买点。

每季按照季线选股：盘小筹码集中，基本面优质，有题材，是一个季线和月线共振的买点。

此处所指"买点"定义为：双中枢，三中枢，四中枢，单中枢背驰见底的一买。一买上去之后回抽中枢产生的二买（这个买卖点的定义在《股票投资要义》第五章，以及本书第五章有明确的定义，是一个买卖点体系）以及本书定义的图形定式买点。

在重要性上，买点最重要，入选的股票必须是在买点上的股票。

此处所指的"盘小"，分两种情况：一种是绝对的"盘小"，流通盘不超过5亿股，最大不超过10亿股。另一种是相对的"盘小"，指的是大板块里面的小股票，比如券商股里面，流通100亿、50亿的有，我们就选一个流通盘只有几个亿的。

此处所指的周线、月线、季线，可以不按照自然月、自然季、自然周。因为股市的运行并不是严格按照自然月、自然季、自然周运行的。理论上，你每月15日按照月线选一遍股也没问题，这取决于你的习惯，以及与行情的契合度。我一般是一年或者半年调整一次。看看上一个重要的高点或者低点是哪日，从上一个起点开始算周线、月线、季线。

选股数量：

两个池子，"短线进攻买入池"、"中线波段翻倍池"，各30只。

深市主板：5只。

深市中小板：5只。

深市创业板：5只。

沪市大盘股：5只。

沪市小盘股：5只。

特殊股票：5只。

此处所指特殊股票，指的是：你看好但是害怕不敢买的股票，能对趋势有影响的超级指标股，极度控盘的妖股，跌到你都害怕不敢看的股票，创新高你不敢看的股票，各一只。

选股管理：

每天每周选出的股票混合在一起一共30只，放到一个自选股股票池里。严格限定进一只就必须出一只，是主要盯盘的对象，称为"短线进攻买入池"。每天盯着。池子里的股票原则上买两极，也就是按涨幅排序，买入涨得最好的，或者跌得最狠的。因为这些股票都是选好的，所以无须二次判断，直接买即可。这个池子的目标位至少是50%空间，任何没有50%空间的股票都不应该进入这个池子。因为根据长期的交易史，一段50%的涨幅，一个人能到手的收益长期平均来看是一半，大约25%。能超过这个数的都算高手。

短线买入进攻池，每日小更新一次，每周大更新一次。注意是无论大盘涨跌都要选，按时开工。

每月、每季选出的股票混合在一起一共30只，放到一个自选股股票池里。严格限定进一只就必须出一只。中线股、波段股原则上只从这个池子里面选，称为"中线波段翻倍池"。盘中可以不必盯着这个池子，盘后翻一遍这个池子，选择合适的标的买入中线股。原则上买入最优质，可能的跌幅最小的（安全边际最大的），这个池子的目标位都是翻倍，任何没有翻倍潜力的股票都不应该进入这个池子。因为根据长期的交易史，一段100%的涨幅，一个人能到手的收益长期平均来看是一半，大约50%。能超过这个数的都算高手。

中线波段翻倍池，每月小更新一次，每季大更新一次。注意是无论大盘涨跌都要选，按时开工。

看盘就只看池子里的票，别的股涨得再好也不看，因为你根本没有选出来，那不是你的菜。你不应该眼红，应该退而结网，认真学习《股票投资要义》、《股票操盘宝典》，把大牛股选出来，放到你的池子里。

选股操作：

根据"判大势，定思维，入牛股"的操盘方法，那么只要大势确定向好，操作思维定好，这两个池子里面的股票理论上可以毫无顾忌地买。涨幅到顶背离就卖出。周线选的，日线顶背离卖；月线选的，周线顶背离就卖；日线选的，60F线顶背离就卖。

卖了之后看大盘，大盘可以，就接着操作；大盘也顶背离了，等大盘调整完再操作。

# 第三章 定思维：操作策略

文字有时候是苍白无力的，何况在我的另外一本书《股票投资要义》里面已经详细介绍了股市的操作逻辑，所以本章的内容将以图片为主；也许图形定式能迅速激发你的条件反射，让你以后本能化操作。关于本章的"操作策略"，我也会以最简洁的语言让你明白"该怎么干"。

择时能力是判断干不干的问题，负责风控。择股能力是操作哪只，操作多少的问题。做收益80%靠择股，有时需要一些运气。做风控80%靠择时，有时需要极大的忍耐力。牛市靠择股，熊市靠择时。为什么风控靠择时呢？因为择时解决"干不干"的问题，是一个开关。

这一章内容其实是"择时"，和上一章"选股"是相对应的。择时解决"干不干"的问题，操作策略解决"怎么干"的问题；择股解决操作哪只的问题，买点卖点解决进出场时机的问题，这一切的有机组合就是一套操作系统。

## 第一节 牛市的操作策略：大牛市应该牢记的图形定式

大牛市的操作策略：满仓持股。

大牛市的持股策略：捂股不动。

大牛市的波段滚动策略：日线卖点忽视掉，周线卖点卖出，周线以上的卖点也要卖出，周线或者以上级别的调整结束后再进。

大牛市的动态管理策略就是：一次满仓持股，收益达到预期（30%，50%，

100%）之后再换股操作；顺次，顺次的意思就是一个一个来，做完了一个再做下一个。如果做完了一个刚好赶上周线或者以上级别卖点，那就等调整结束；如果做完一个之后没有赶上周线或者以上级别的卖点，那么就抓紧换股做下一只。

大牛市有哪些股票可能翻 10 倍以上：券商股，使股市交易量大增会提升券商的业绩，形成正反馈，牛市越牛，钱越多，券商股业绩越好，正循环，历来如此。业绩提升往往是跃进式的，一年暴涨 500%~1000% 是常态，连续两三年。互联网移动、互联网股：这是新兴题材，引领时代潮流。摒除"操作"、"交易"、"买卖"，踏踏实实选股，不操作，只做 A 点到 B 点的行情。券商、券商服务、互联网券商将会是牛市最大的受益者，也是资金追捧的对象。

大牛市的板块轮动策略：板块轮动不好把握，容易演变成追涨杀跌。交易经验证明，在牛市里，无休止地追逐市场热点一年下来的收益经常不如死捂一两只牛股的收益。历史无数次证明了这条真理，但是市场每年的波动都很大，这是因为新进来的人太多了，他们有新鲜感，胆子大，全仓猛买猛卖加剧了市场波动。每轮"牛熊周期"下来除了把牛市新进场的人挣的钱还回去之外，还会给更多人教训。人们渐渐明白了"牛市捂股"的"大道至简"的"至真至纯"的道理之后，新一轮的"熊牛"周期又展开了。板块轮动的波段策略不是追逐市场热点和行业板块，而是在大盘股和中小盘股之间进行切换。一般牛市第一波，中间一波，最后一波都是蓝筹股的大行情，一波翻一倍。在蓝筹股大行情时，资金朝着大股票集中，中小股票就调整或者吸筹，拉升力度不大。在大蓝筹股进行调整的时候，中小盘股，特别是小盘绩优股、题材股、庄股会爆发出强有力的大行情，一倍都是最少的，三倍五倍十倍的都会有。因此，最大的轮动是大小股票的切换，而不是大股票之间的切换和中小股票之间的切换，这一点一定要注意。而中盘股往往在反弹中，在波段中起到绝对主力的作用。特别是中盘的绩优股、行业龙头股。

牛市行情一般都是三年。大小切换也就最多三四次。太多就会不灵光。第一波做大股票蓝筹大行情，第二波做中下盘大牛股行情，第三波继续做蓝筹大行情（主升浪），第四波就做绩优股、题材股，切换也就是这么几次。一次持续半年至一年。换股最主要的方法是大小股票之间的切换，而不是热点之间的切换。大盘股猛涨持有大盘股，中小盘股猛涨就持有小盘股，大盘股内部和中小盘股内部不宜做过多切换。

能把握准这个节奏，就算是一顶一的高手了，别人翻 10 倍，你就能翻二三十倍。

大牛市的节奏把握策略就是：周线级别的卖点会使得市场风格产生变化，月线级别的调整就是全市场的重新洗牌了。

利润＝重仓投入＋持有时间。再大的行情，拿不住单子就赚不到钱，拿个三天两天走了，永远不入流。大家往往重视"重仓投入"，而忽视了"持有时间"。重仓频繁进出最不可取。

如果你确认是大牛市，假设你 2017 年看到 16000 点，那最好的操作策略是什么？顺便透露一下：我 2017 年确实看到了 12000~16000 点。

操作简单，有 12000 点的利润空间，买进股指，或者等同于股指的东西，抱紧直到达到 12000 点。可惜很多人不是这么做的，他认为自己够聪明，可以赚到每一个波段，抓住每一只牛股，可以高抛每一个顶点，低吸在每一个涨停前夜。历史无数次地证明，玩短线的是入不了门的选手，我们做一只股票，就做从 A 点到 B 点的行情，如从 10 元到 30 元，从 50 元到 100 元的这一段，中间的过程是复杂曲折的，我们不去管它，注重目标位管理而不是根据图表随机地追涨杀跌。

从中信证券（600030）2007~2008 年月线图我们可以看出：有效的操作其实只有两次，一次买进持有，一次卖出清仓。

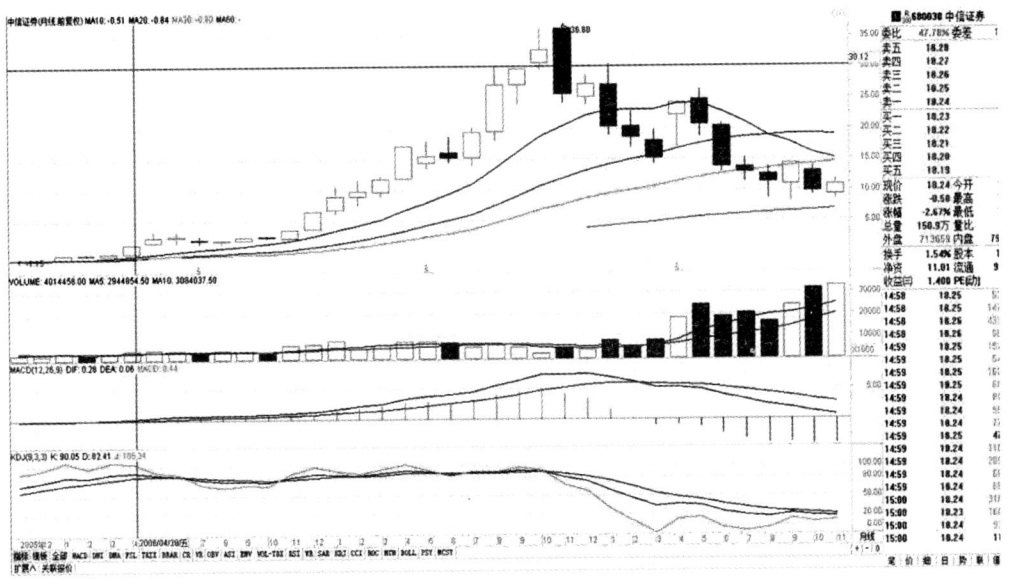

从江西铜业（600362）2007~2008 年月线图我们可以看出：有效的操作其实只有两次，一次买进持有，一次卖出清仓。

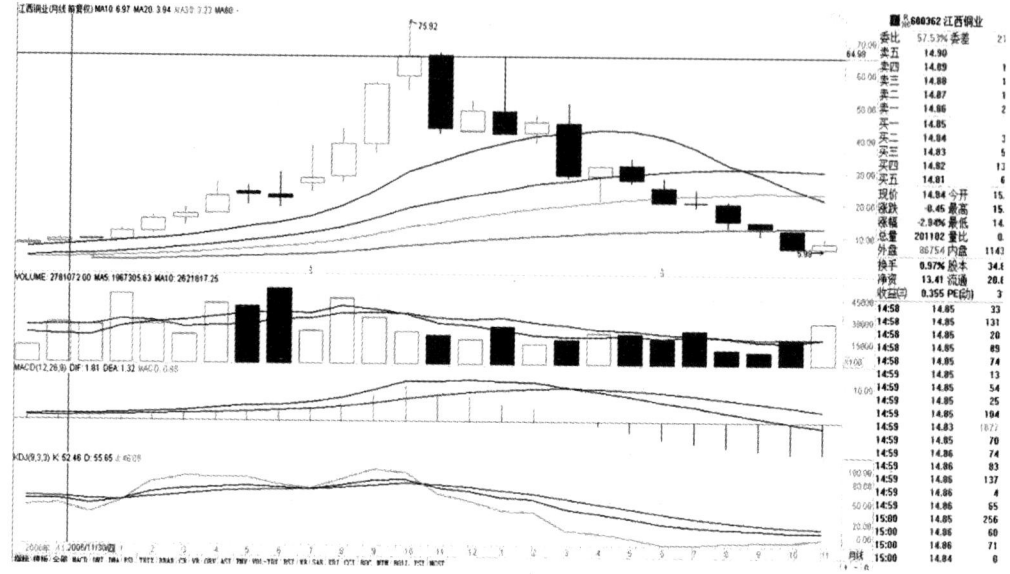

**牛市图形定式之一：60 买点；回调到 60 日均线买进。**

图为美克家居（600337）2015 年 5 月 8 日产生"60 买点"。

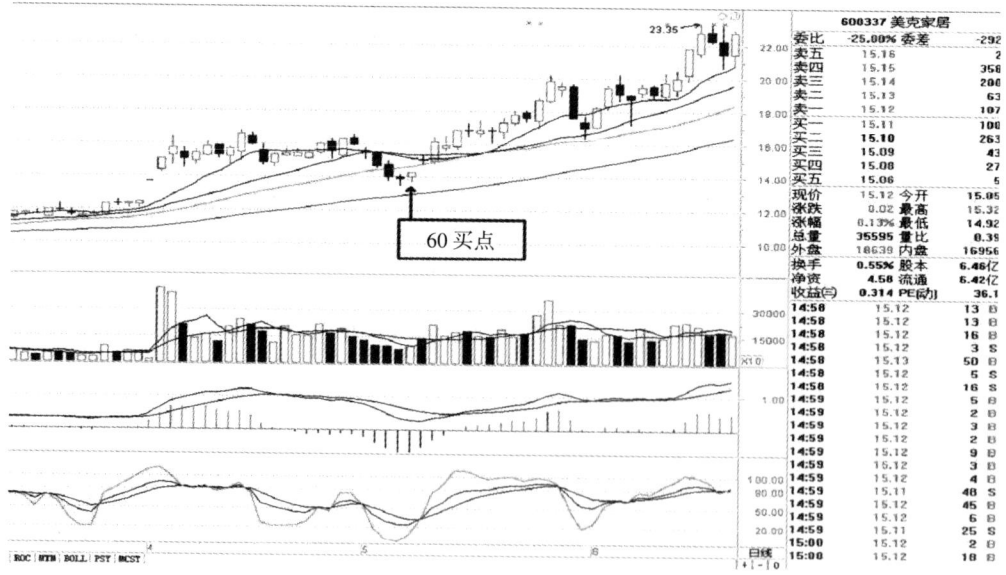

图为瑞贝卡（600439）2015年5月8日产生"60买点"。

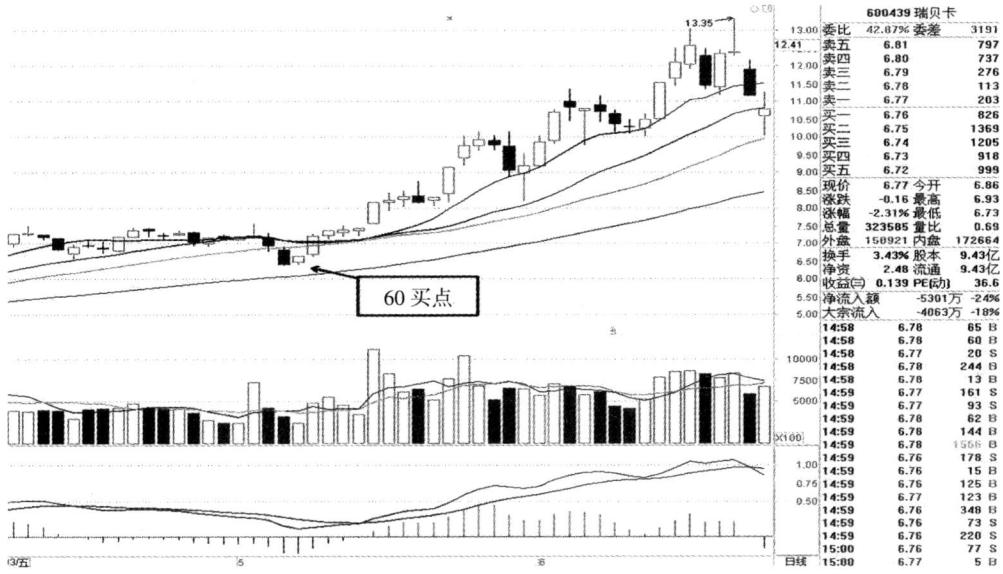

图为天玑科技（300245）2015年5月8日已经连续三次回踩60日均线产生"60买点"。

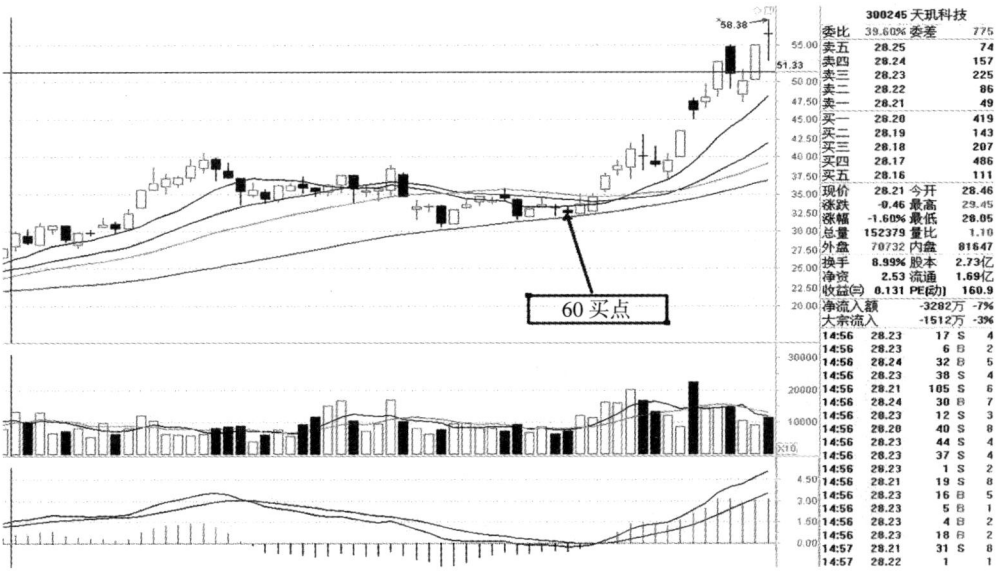

**牛市图形定式之二：30 买点；回调到 30 日均线买进。**

图为万科 A（000002）在 2014 年 12 月 24 日已经回踩 30 日均线产生"30 买点"。

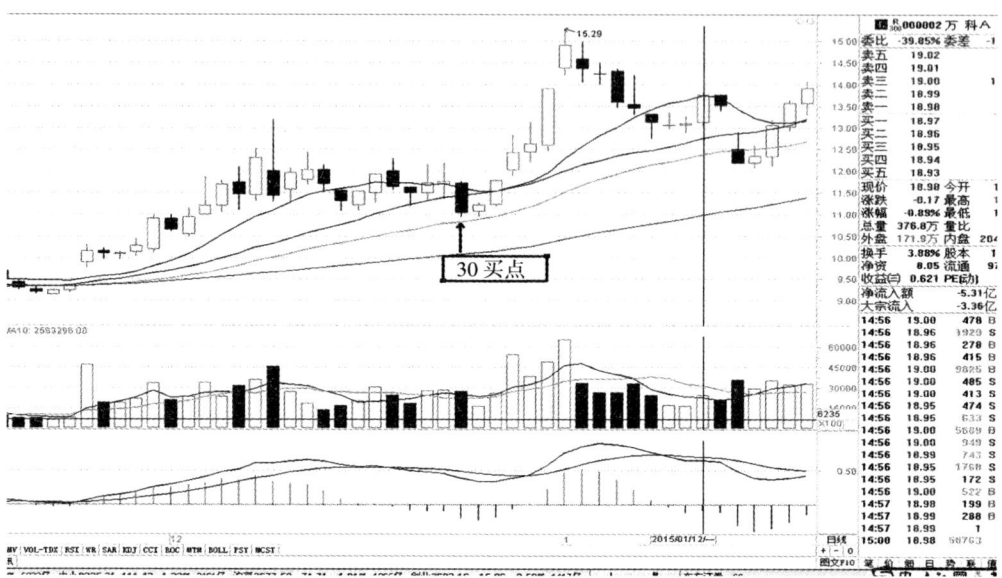

图为交大昂立（600530）在 2015 年 5 月 7 日已经回踩 30 日均线产生"30 买点"。

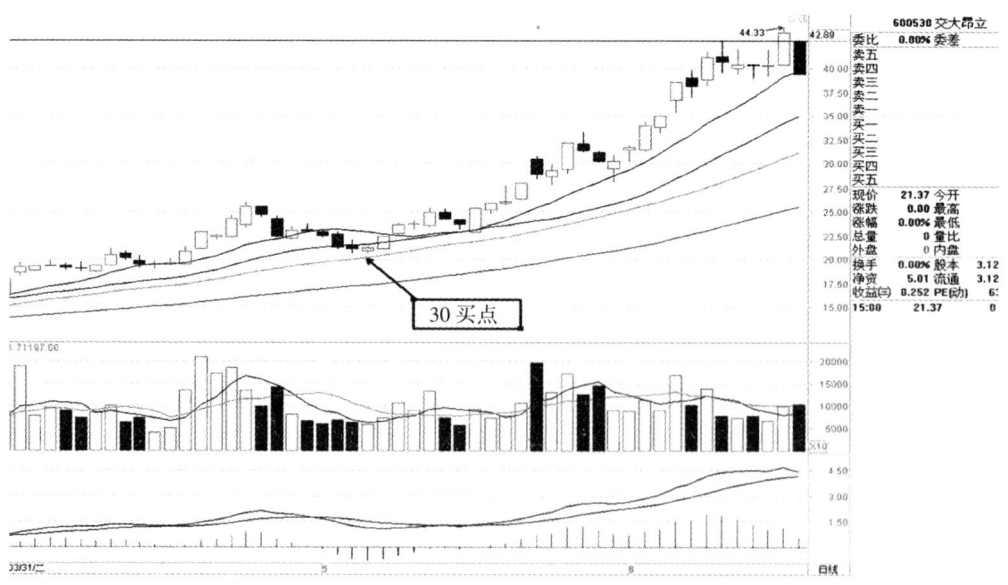

**牛市图形定式之三：锤子下影挖坑买点；股价突然挖坑，出现锤子下影。**

图为梅泰诺（300038）在 2015 年 2 月 9 日产生"锤子下影挖坑买点"。

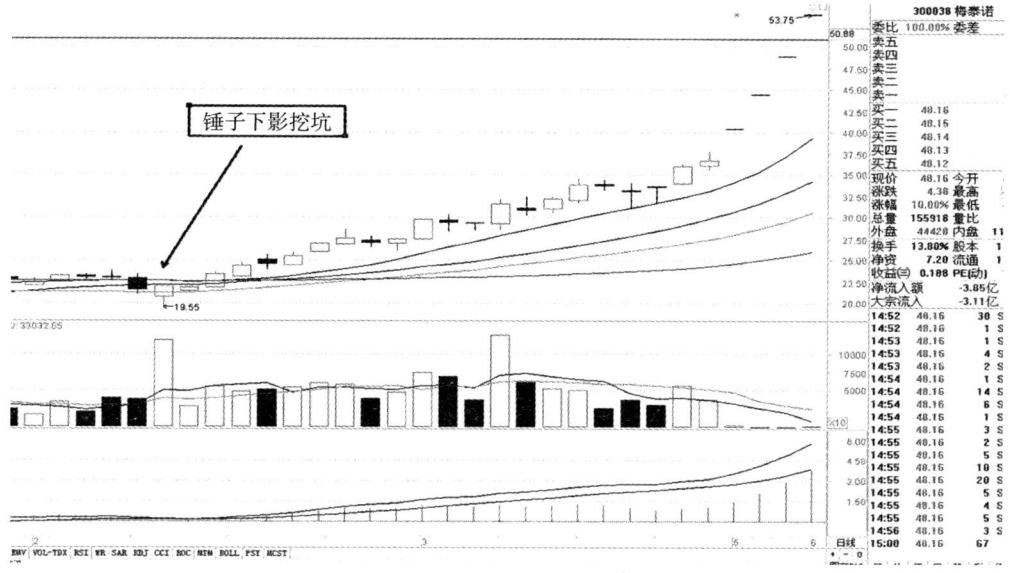

图为漫步者（002351）在 2015 年 5 月 15 日产生"锤子下影挖坑买点"。

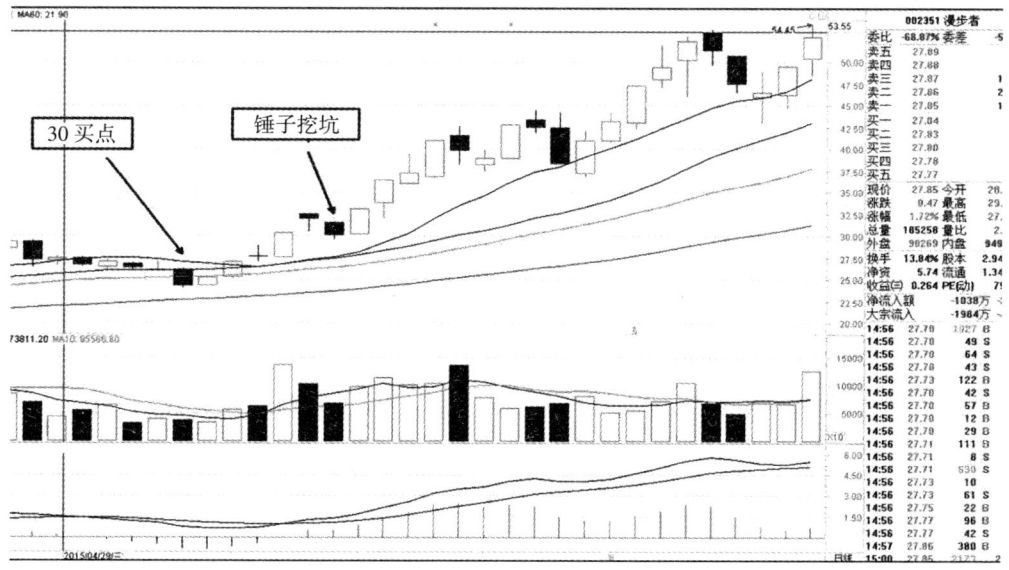

图为顾地科技（002694）在 2015 年 5 月 22 日产生"锤子下影挖坑买点"。

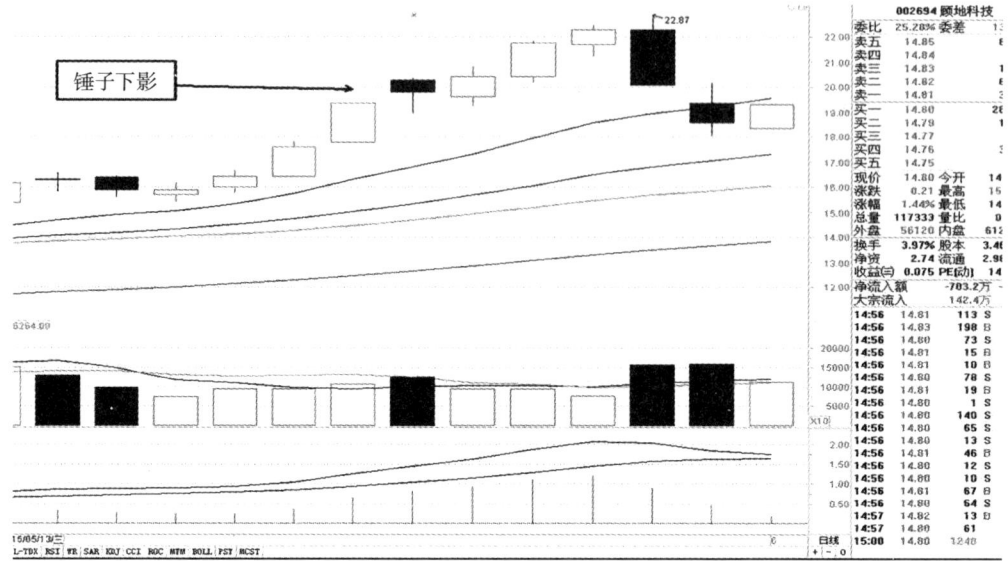

图为上海电气（601727）在 2015 年 4 月 21 日产生"锤子下影挖坑买点"。

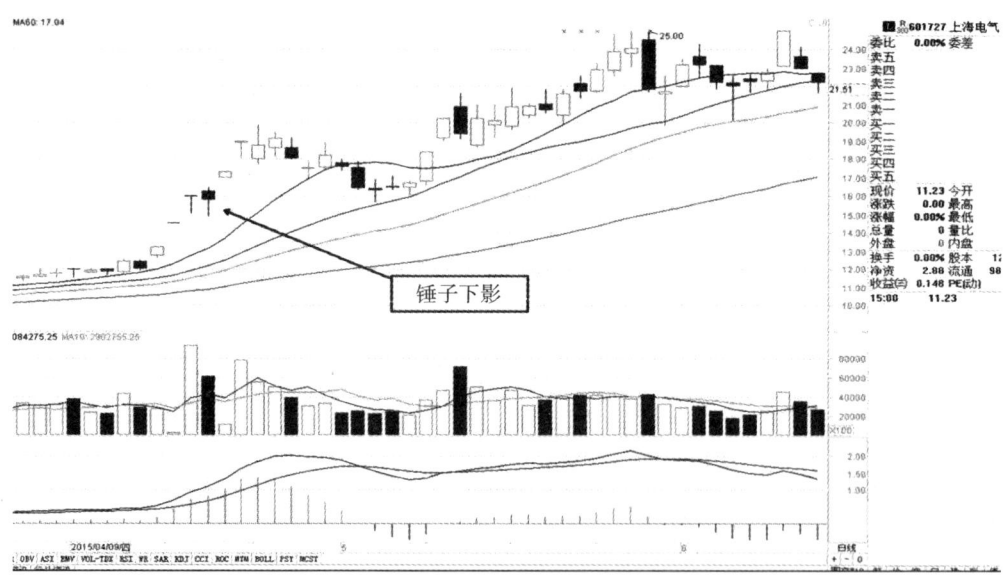

**牛市图形定式之四：MACD 第一次上 0 轴买点。**

图为天瑞仪器（300165）在 2015 年 3 月 17 日产生"MACD 第一次上 0 轴买点"。

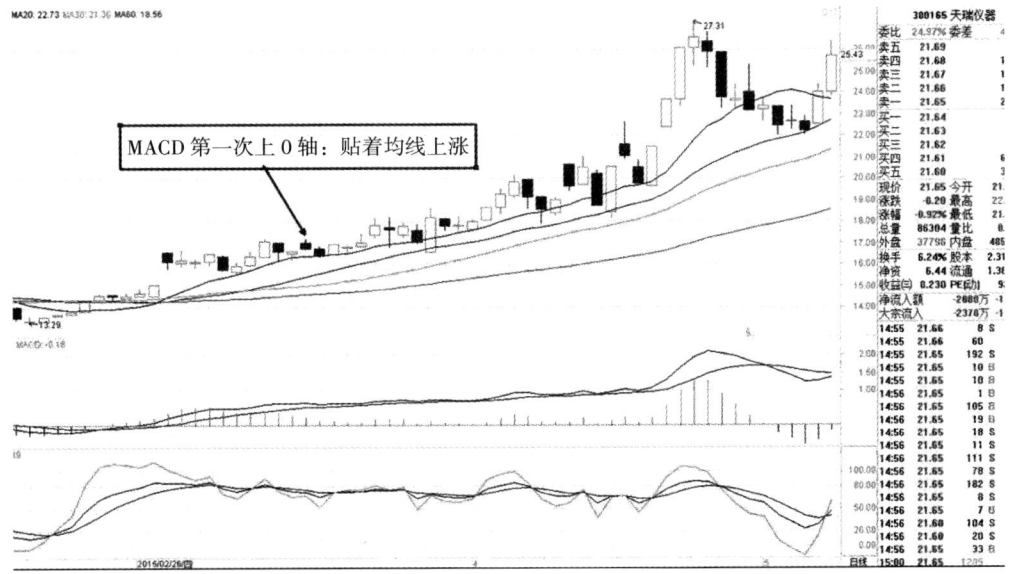

图为广聚能源（000096）在 2015 年 4 月 2 日产生"MACD 第一次上 0 轴买点"。

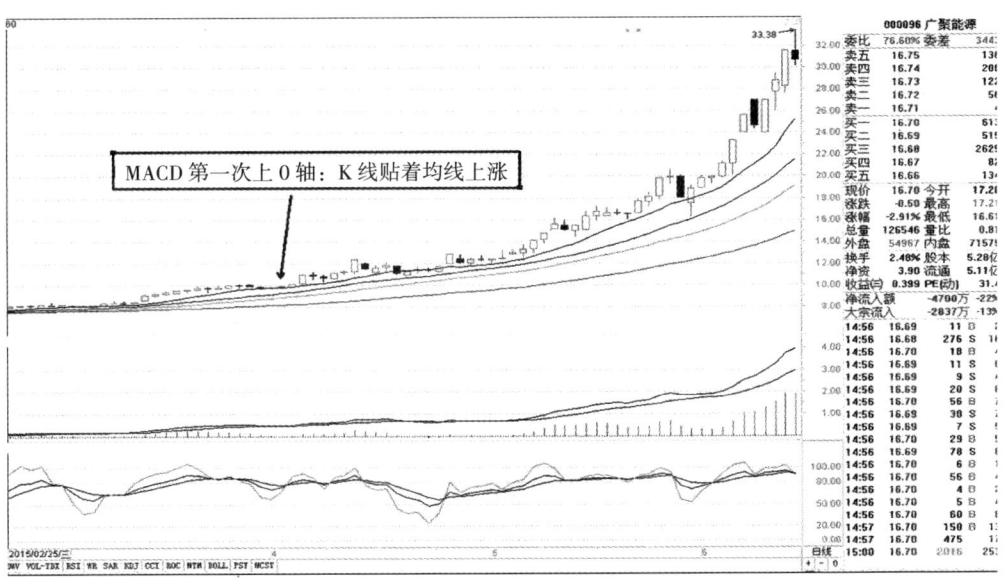

**牛市图形定式之五：均线小 K 买点。**多条均线支撑，股价呈现连续缩量的小 K 线。

图为罗莱家纺（002293）在 2015 年 3 月 18 日产生"均线小 K 买点"。

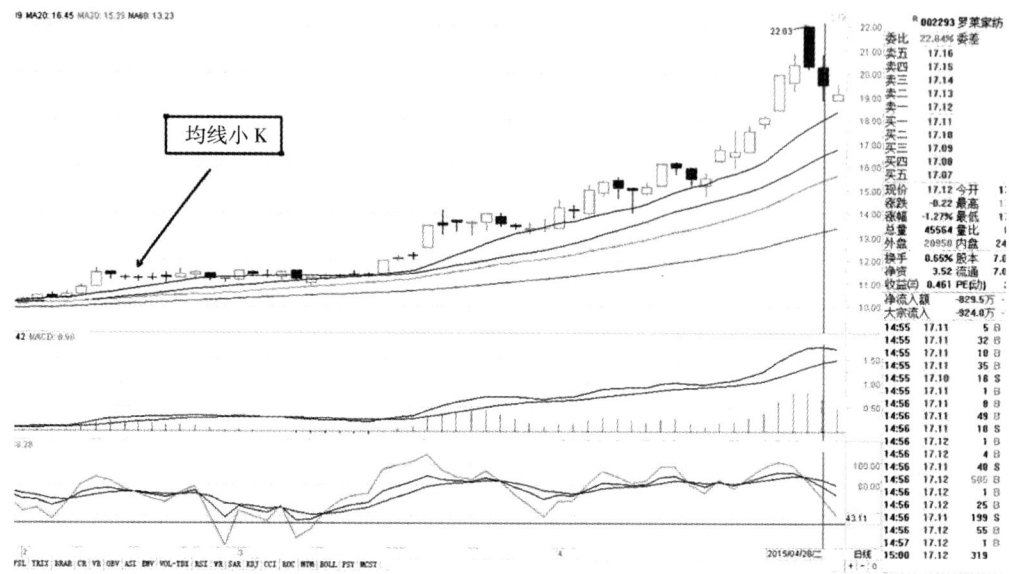

图为奥康国际（603001）在 2015 年 5 月 15 日产生"均线小 K 买点"。

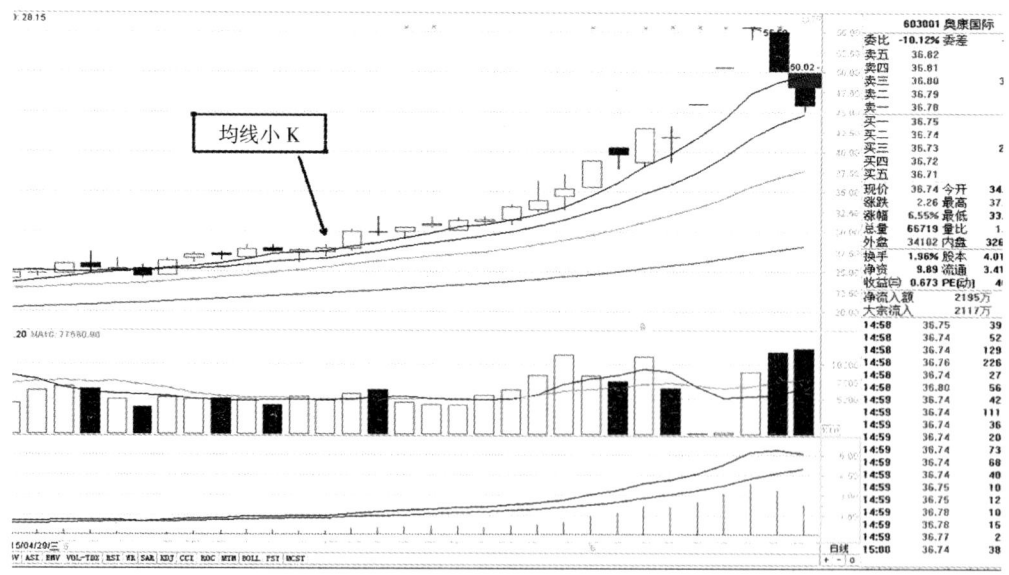

图为文山电力（600995）在 2015 年 5 月 18 日产生"均线小 K 买点"。

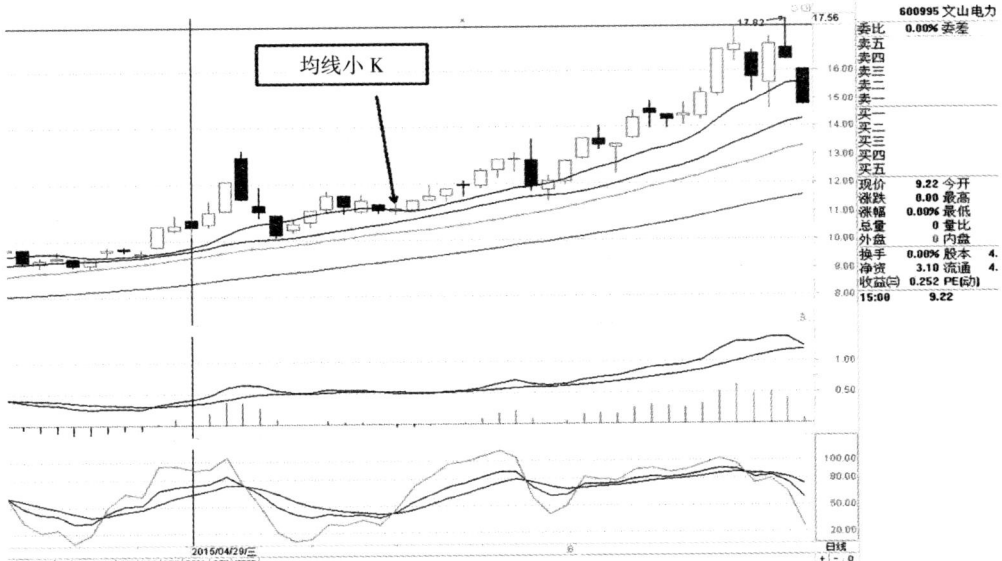

**牛市图形定式之六：120 度角老鸭喝水**；先形成一个 120 度角，然后 K 线低头喝水。

图为皖通科技（002331）在 2015 年 4 月 3 日产生 120 度角，4 月 20 日产生"老鸭喝水"。

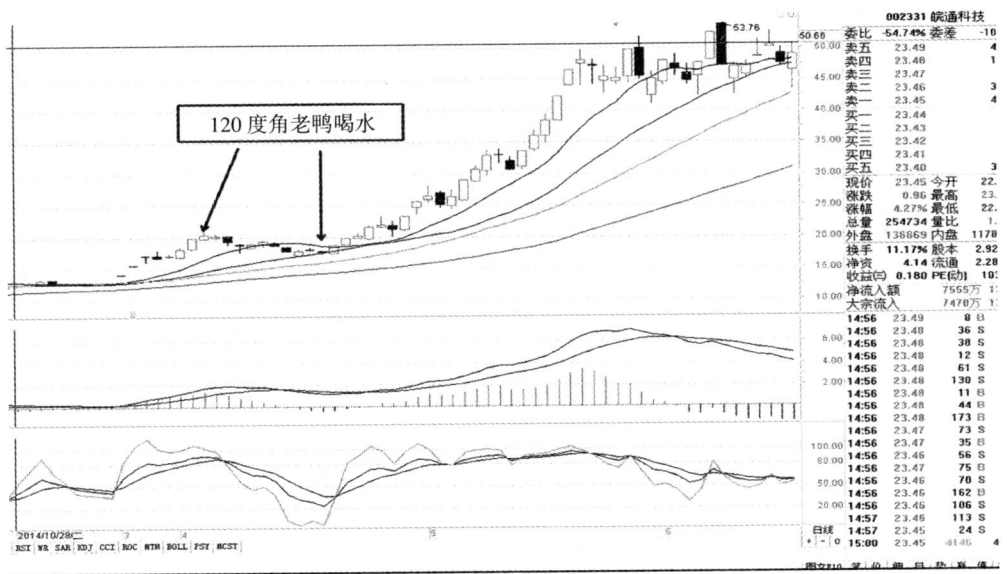

图为罗莱家纺（002293）在 2015 年 4 月 27 日产生 120 度角，5 月 8 日产生"老鸭喝水"。

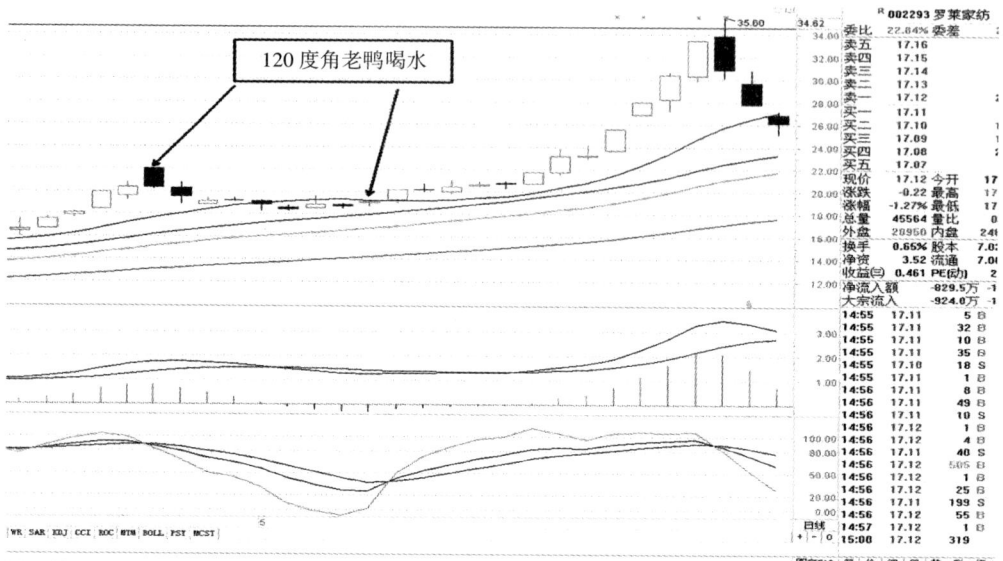

图为天瑞仪器（300165）在 2015 年 4 月 24 日产生 120 度角，5 月 7 日产生"老鸭喝水"。

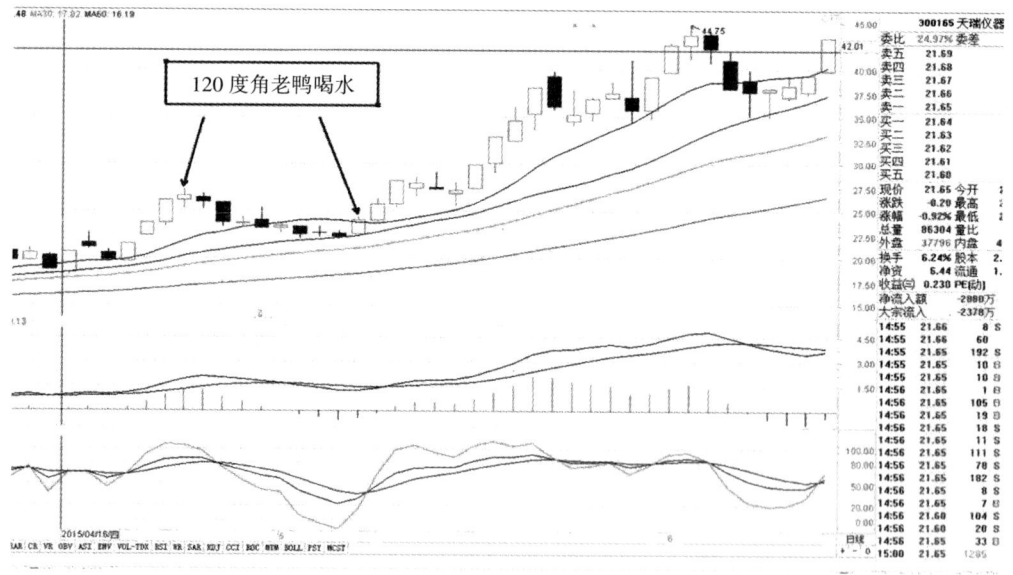

图为北纬通信（002148）2013 年 7 月 15 日形成 120 度角，8 月 21 日形成

"老鸭喝水"。

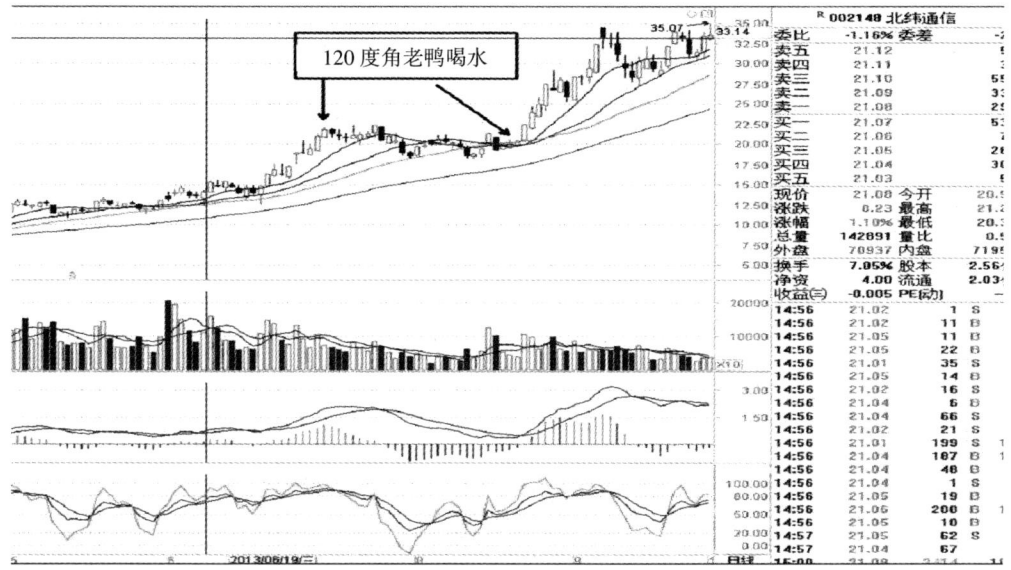

**牛市图形定式之七：超级支撑。**

超级支撑含有三个条件：均线多头排列；均线发散向上且均线之间的间歇很大；均线越多越好，至少不能低于（10，20，30，60）4根，一般是指（5，10，20，30，60，120）6根均线。

图为天赐材料（002709）在2015年10月开始的反弹中形成的"超级支撑"。

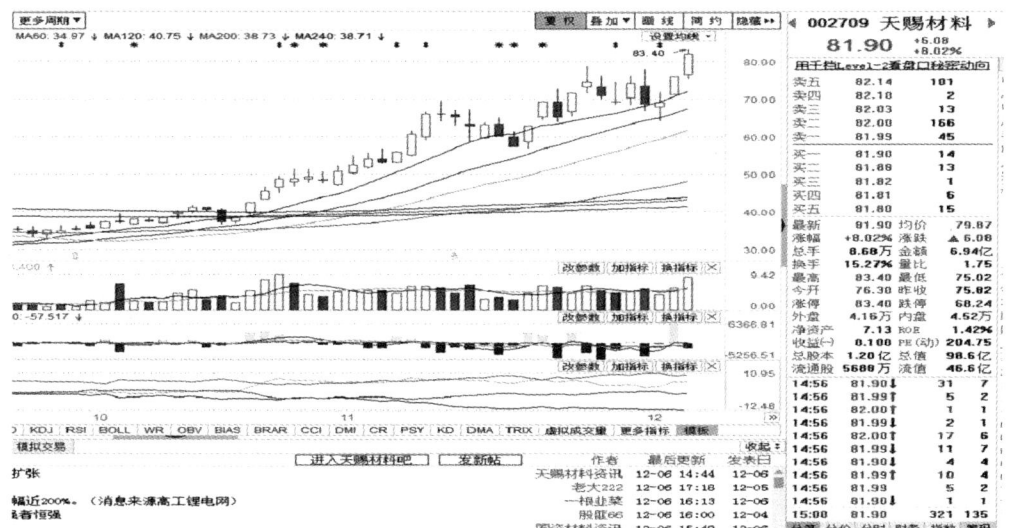

图为思美传媒（002712）在2015年10月开始的反弹中形成的"超级支撑"。

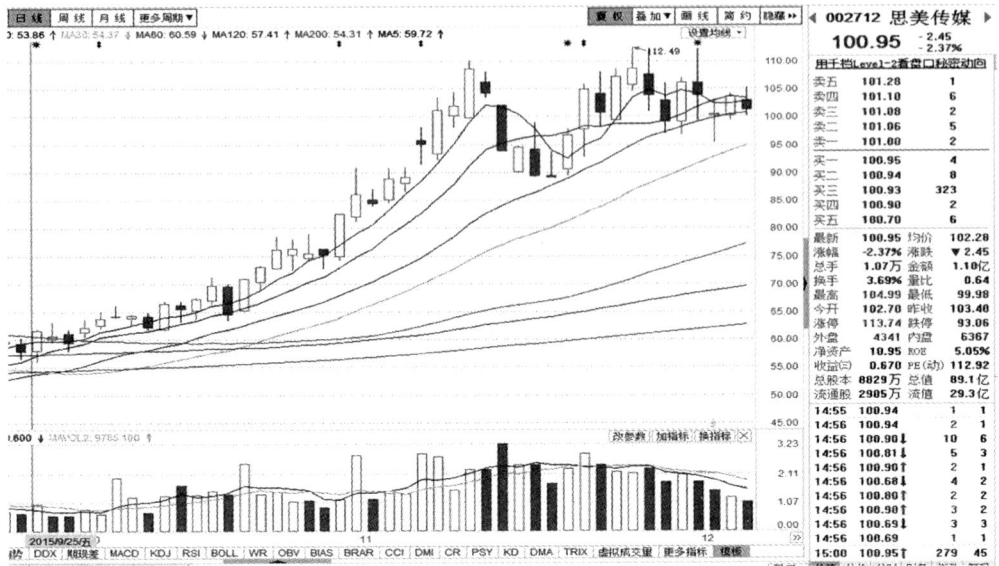

图为沃华医药（002107）在2014年10月至2015年6月形成的"超级支撑"，多达7条均线形成标准的"超级支撑"。

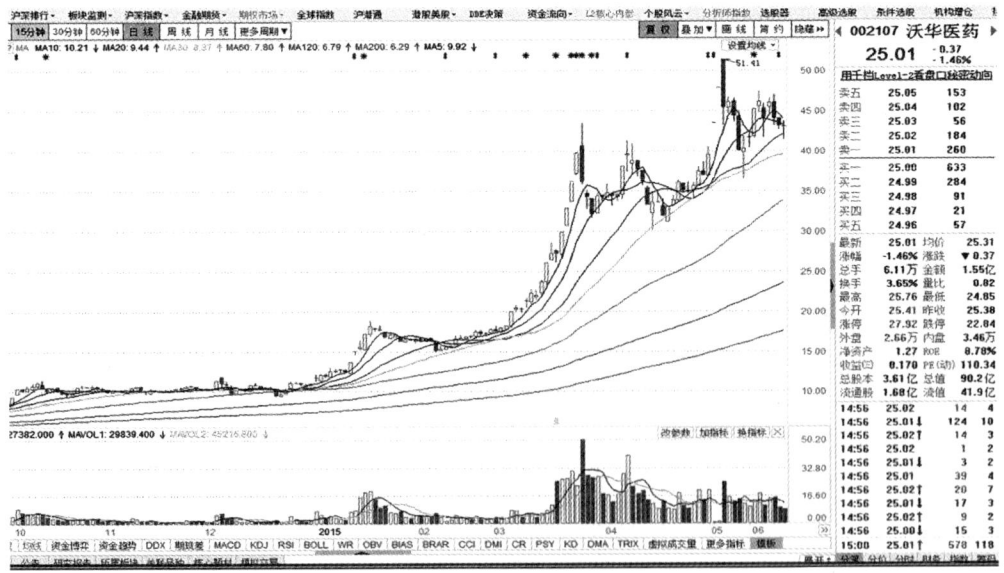

### 第三章 定思维：操作策略

图为川投能源（600674）在 2007 年 8 月至 2008 年 4 月形成的"超级支撑"，多达 7 条均线形成标准的"超级支撑"。

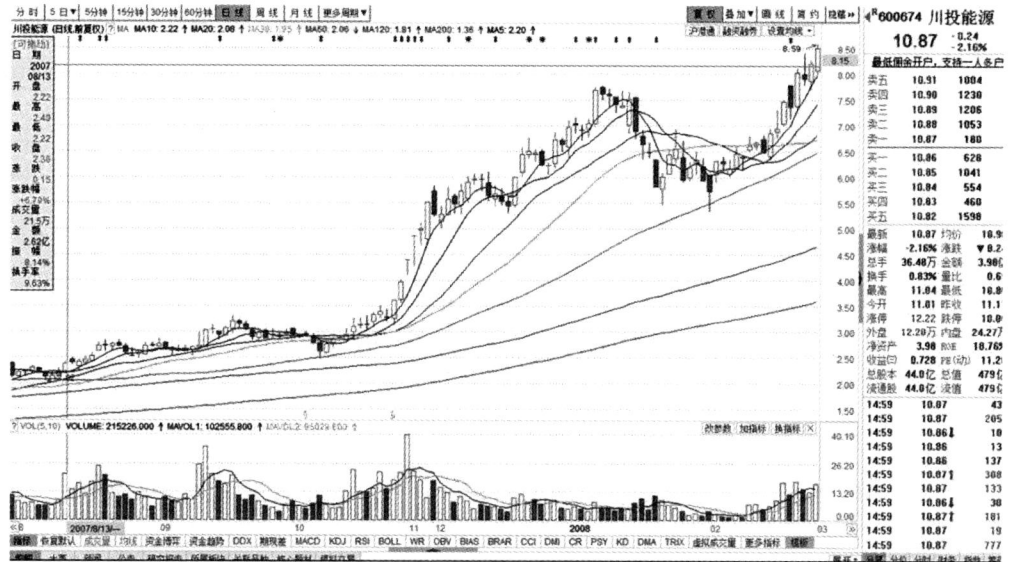

**牛市图形定式之八：火箭加速。**

火箭加速：股价连续三个涨停板，或者连续三天涨幅大于 9%，在第 4 到第 8 个交易日内，形成十字星，锤头下影，或者单针探底，即可买入。

图为天津磁卡（600800）2012 年 9 月 6 日、9 月 17 日连续形成"火箭加速"。

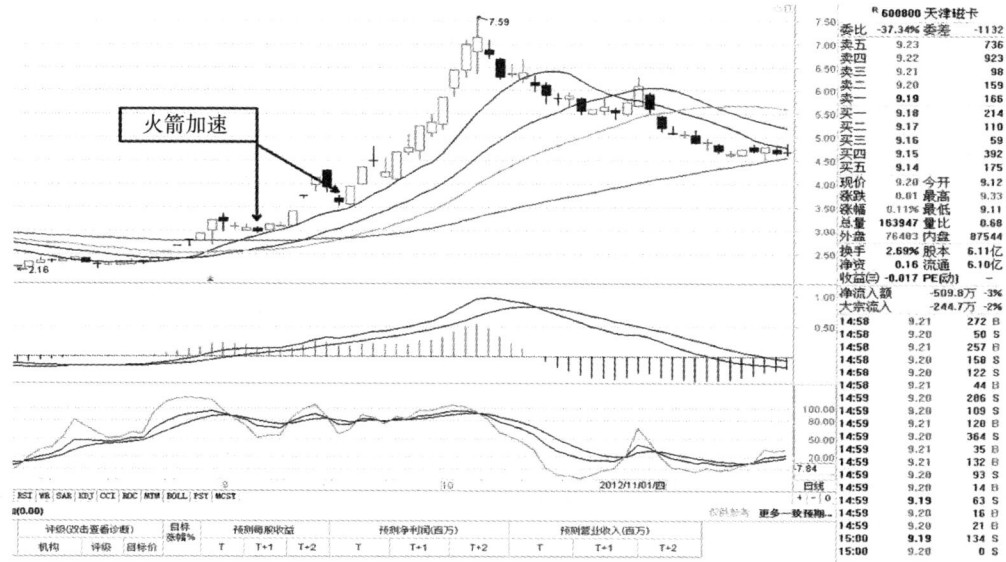

图为中国中车（601766）（当时叫南车）2015年4月10日形成"火箭加速"。

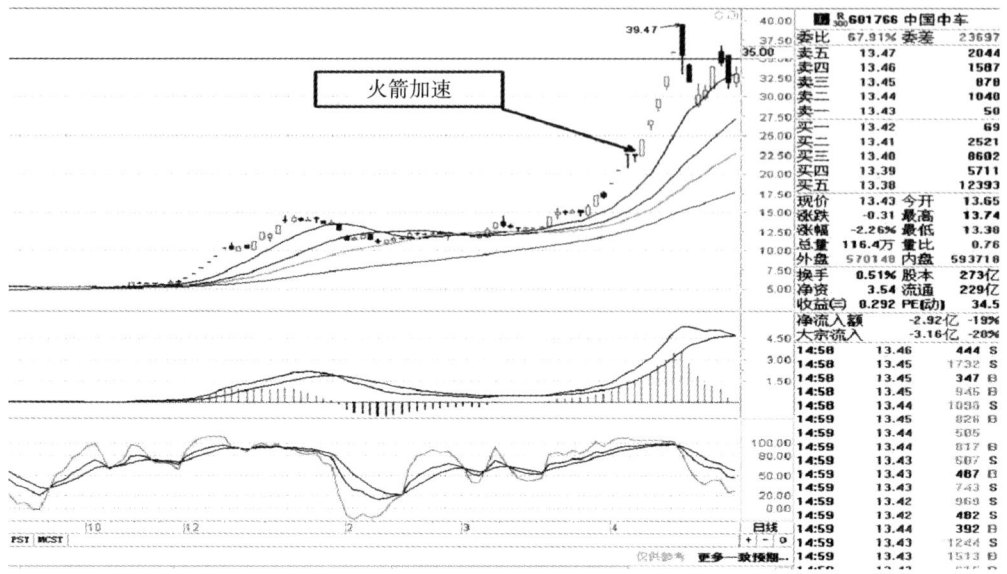

图为巴安水务（300262）2012年5月8日形成"火箭加速"。

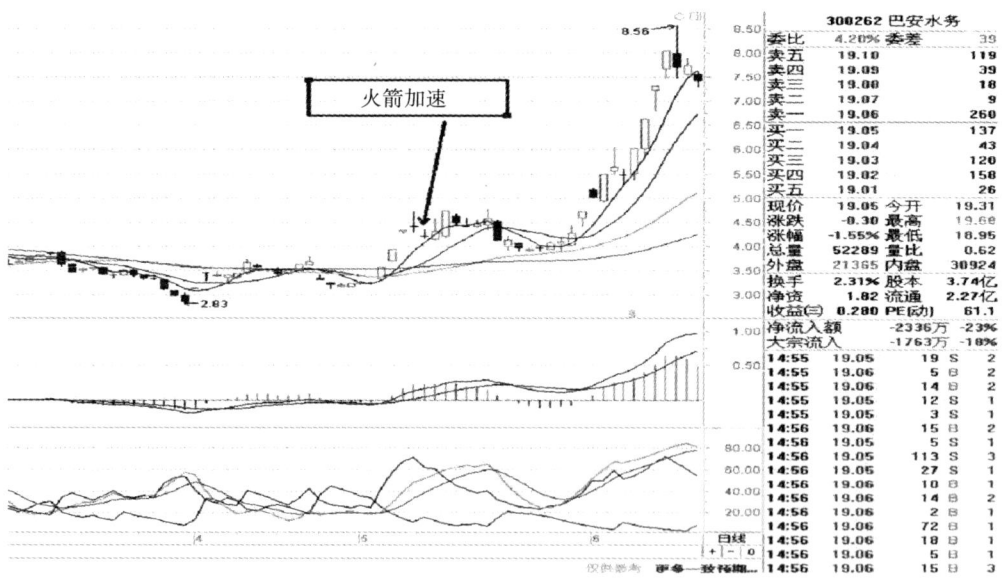

**牛市图形定式之九：三线金叉。**

三线金叉指的是KDJ、MACD、5日均线、10日均线于同一天形成金叉。

图为铁汉生态（300197）2015年4月20日形成"三线金叉"。

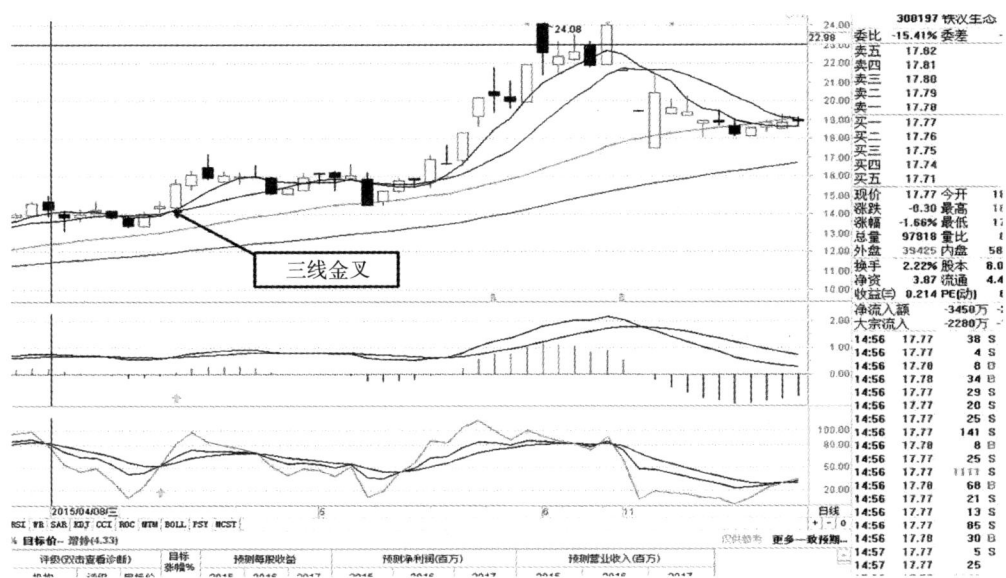

**牛市图形定式之十：三周期共振。**

三周期共振指的是周线、日线、60分钟线共同形成技术买点。

图为翰宇药业（300199）2015年3月13日形成"三周期共振"。

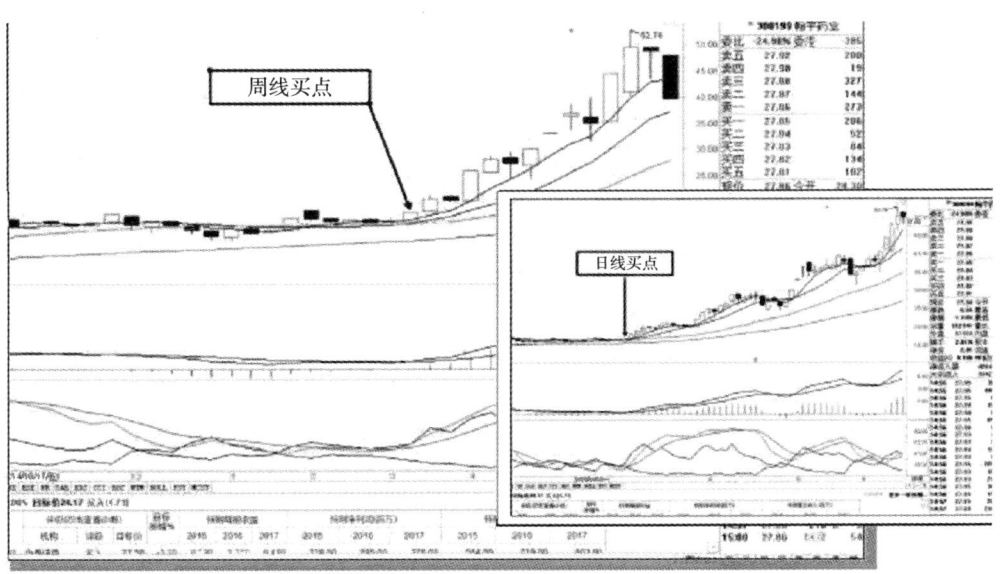

**牛市图形定式之十一：步步登高。**

股价在多根均线之上，连续走出 4 根或者以上振幅小于 3%的小 K 线，然后收出一根涨幅大于 5%的中阳线。

图为青海明胶（000606）2015 年 4 月 1 日形成"步步登高"。

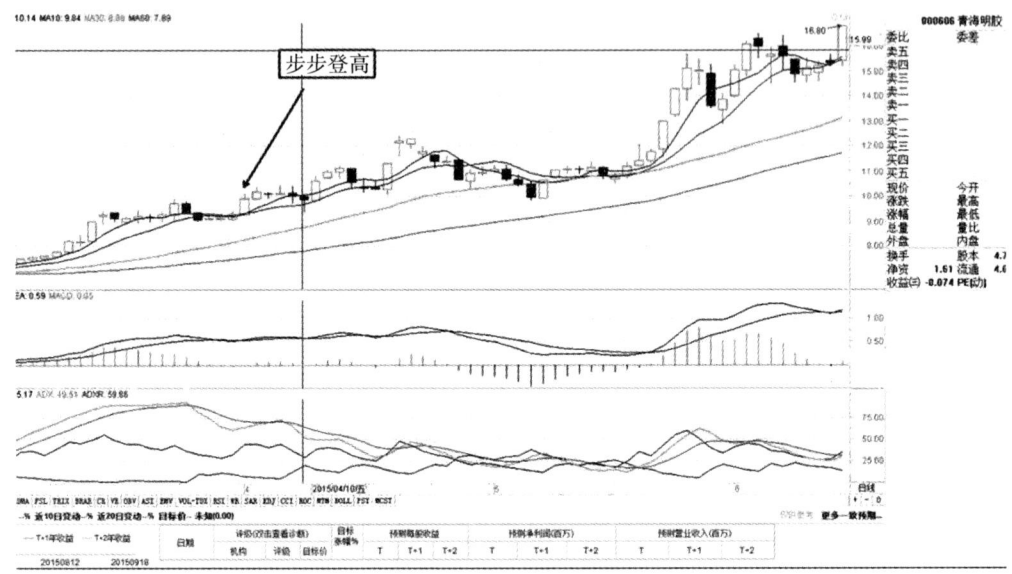

**牛市图形定式之十二：跳空不补。**

股价在多头趋势下，跳空上涨不补缺口。

图为史丹利（002588）2015 年 10 月 8 日形成"跳空不补"。

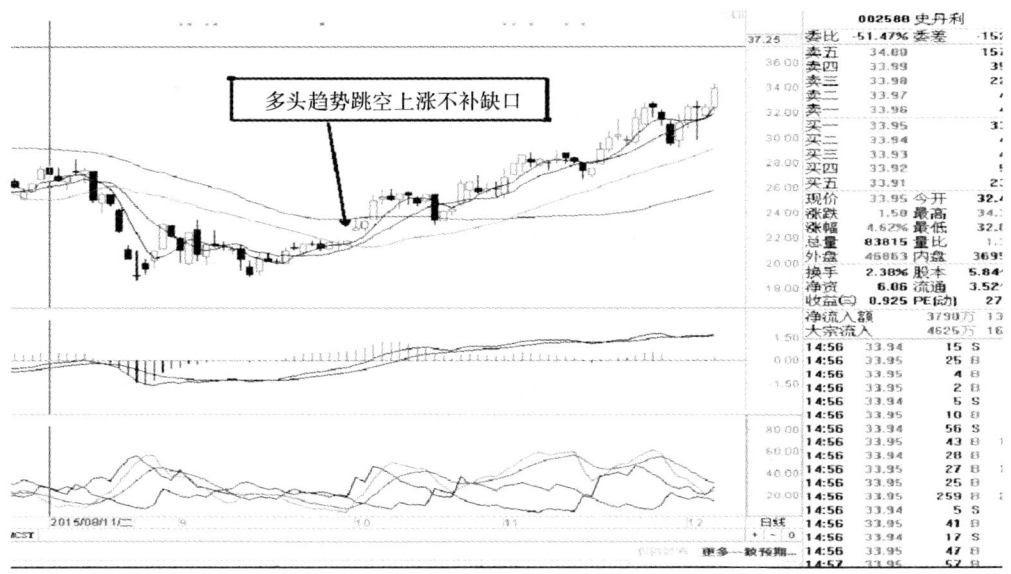

**牛市图形定式之十三：周 KDJ 金叉。**

股价在多头趋势下，周 KDJ 形成金叉。

图为史丹利（002588）2014 年 6 月 27 日形成"周 KDJ 金叉"。

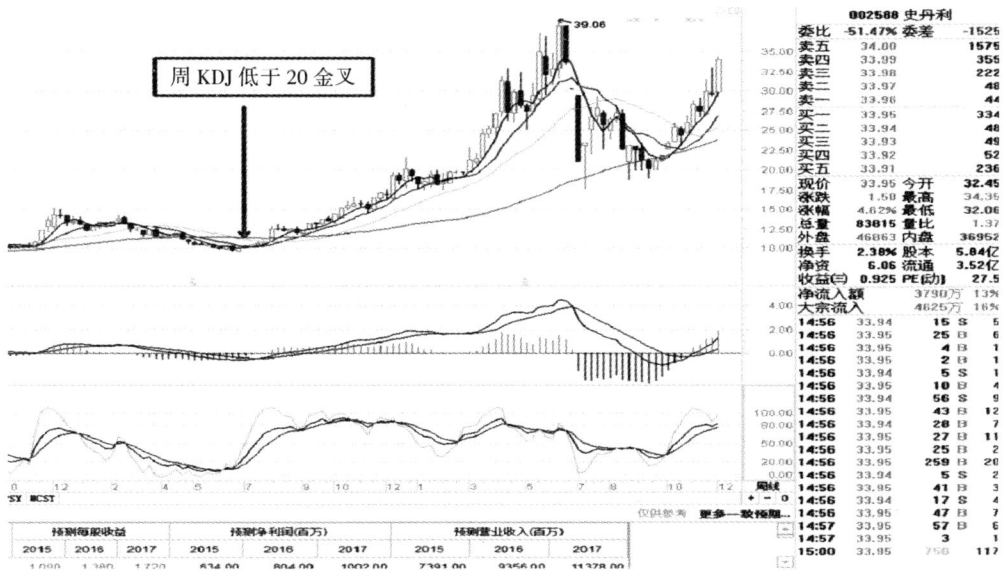

**牛市图形定式之十四：小阳堆涨**。

股价在多头趋势下连续小阳线上涨，然后出现小K线整理。

图为如意集团（000626）2015年2月26日形成"小阳堆涨"。

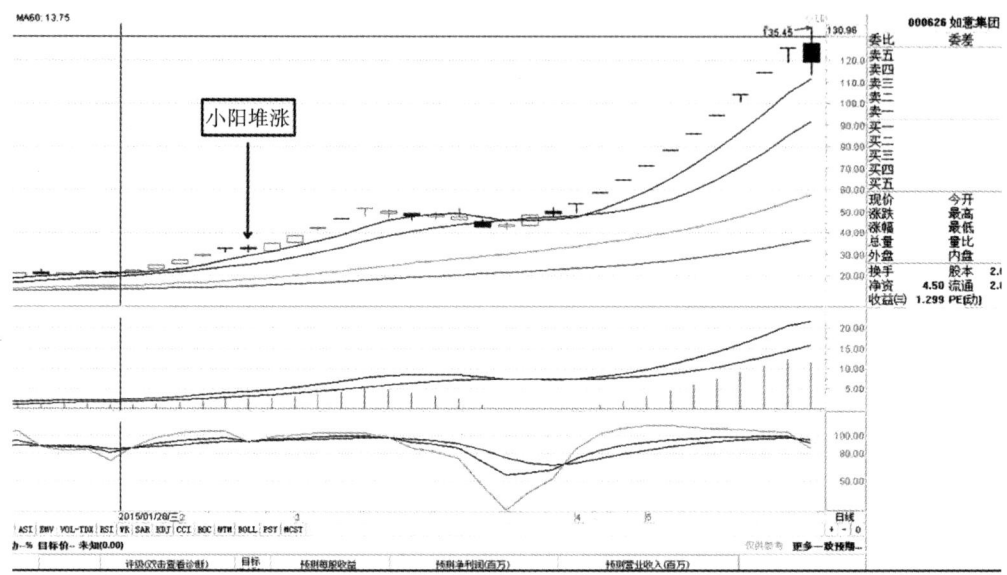

**牛市图形定式之十五：老鸭头**。

有句话叫"千金难买老鸭头"，这种技术形态往往预示着庄家经过拉高洗盘后第二波行情的到来。老鸭头是庄家建仓、洗盘、拉高等一系列行为所形成的经典形态。前期的上涨过程叫形成鸭颈，前期的头部叫鸭头，而后的下跌过程叫形成鸭鼻，最后启动前的地量过程叫形成鸭嘴，最后鸭嘴一张，嘎嘎嘎，股价坐上飞机！老鸭头是目前很多庄家在拉升吸酬，震仓洗盘等一系列过程中必然在K线图中出现的信号。一旦老鸭头形成，威力是很强大的，极具攻击性，在启动过程中如果出现一根大阳线直接穿过短、中、长均线，可靠性更高，行话叫"青龙出海"，在拉升过程中出现两阳夹一阴的K线组合，阴线往往是十字线最可靠，行话叫"多头大炮"，后势仍将上涨。

老鸭头图解 1：

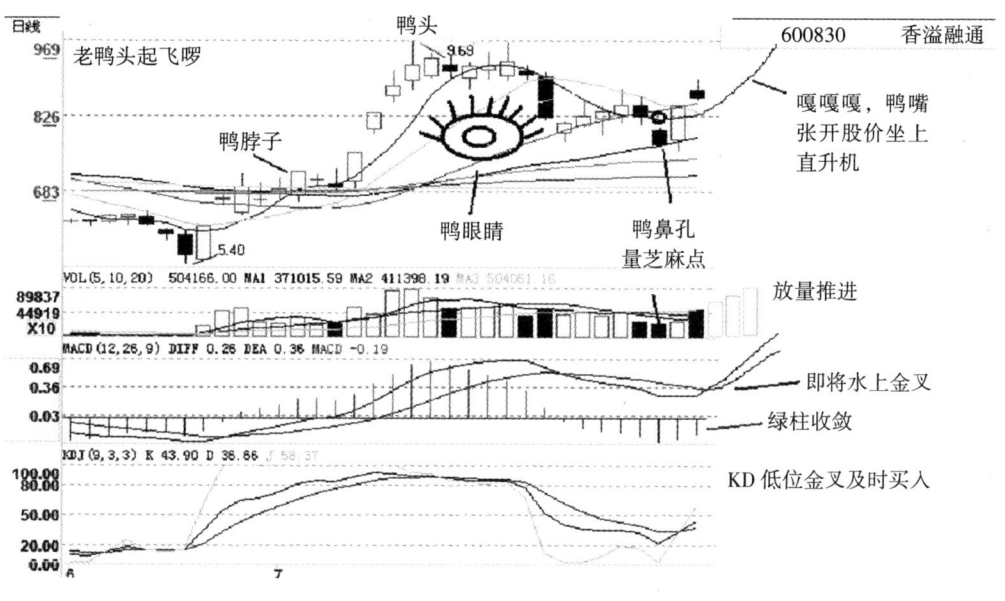

老鸭头图解 2：

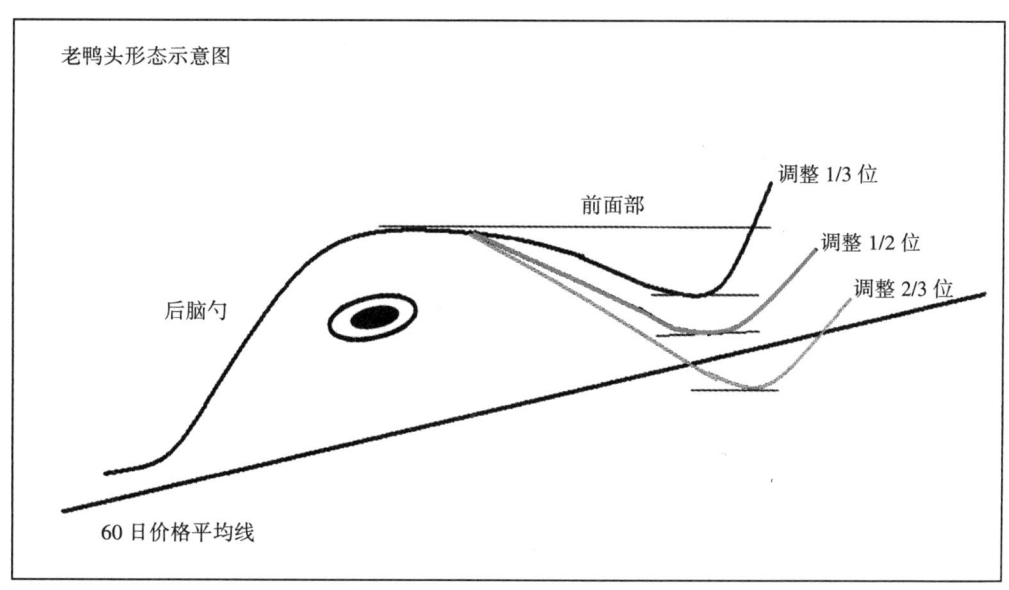

老鸭头图解3：

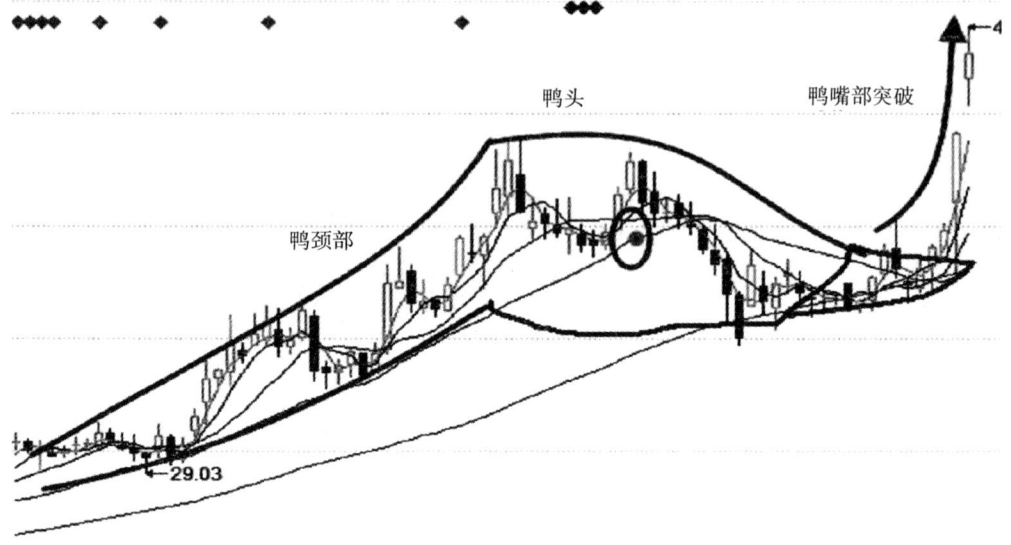

图为*ST中富（000659）2015年2月10日形成"老鸭头"。

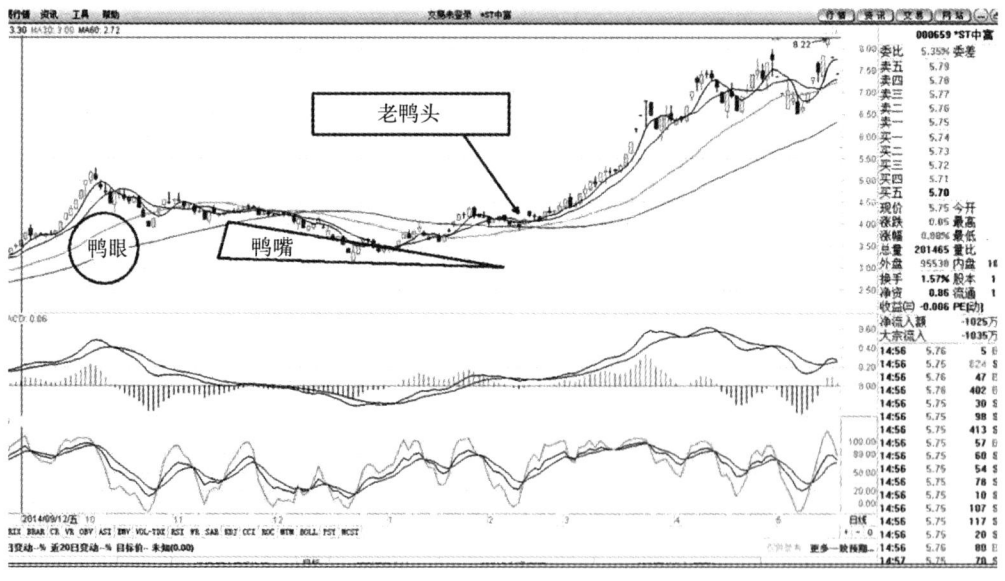

图为山推股份（000680）2010年12月6日形成"老鸭头"。

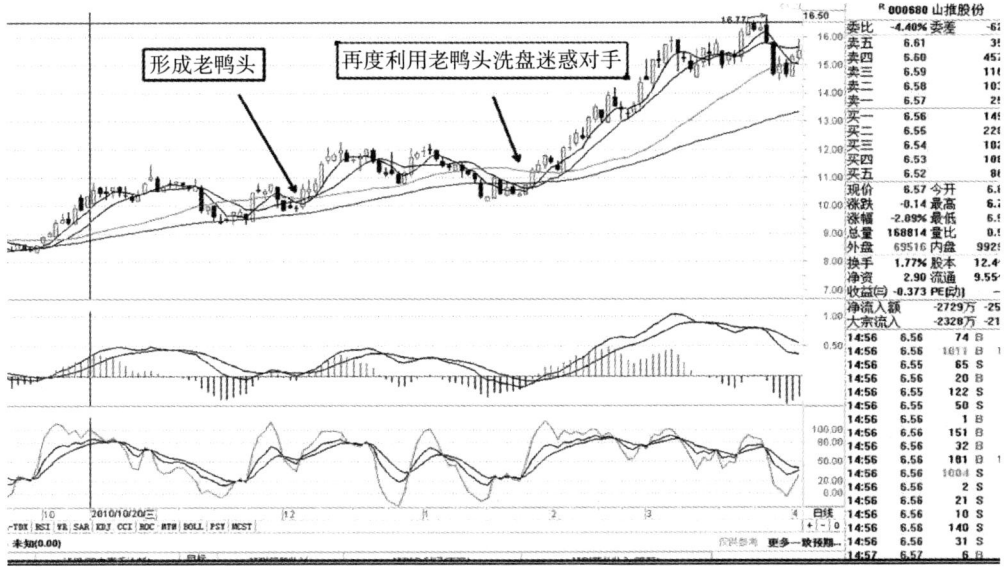

图为山鹰纸业（600567）2015年5月20日形成"老鸭头"。

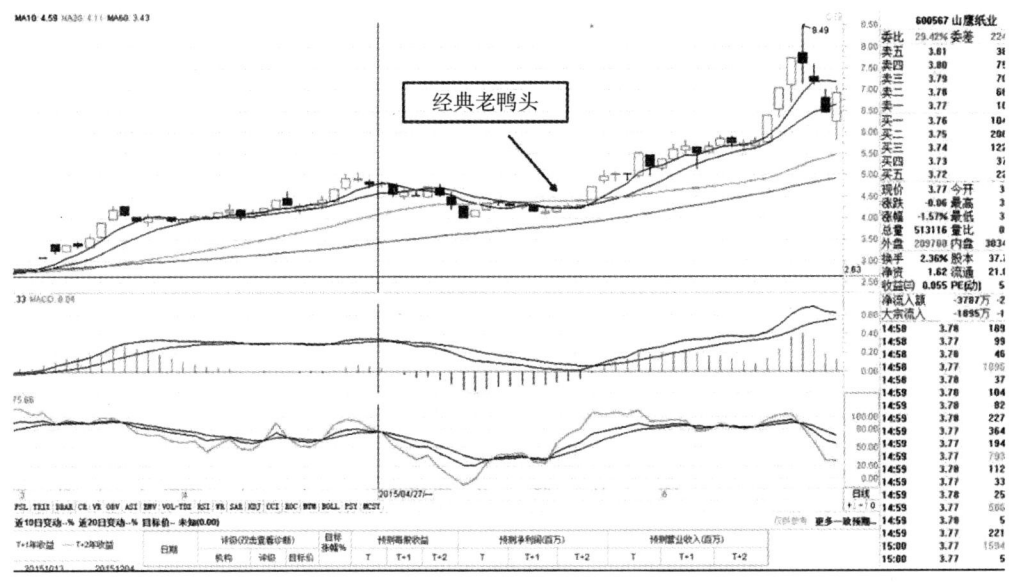

**牛市图形定式之十六：旗形整理。**

旗形是股价走势的一种重要整理形态，它显示某段时间股价在一个平行四边形中变动。当股价运动过于猛烈时，往往会出现近乎直线式的上涨或下跌，在这种走势中，市场也需要作短暂的休息，越是活跃的走势，旗形的走势越是常见。旗形是一种最可靠的持续形态，极少在头部或底部见到它们。

旗形是由两条相互平行的压力线和支撑线构成的，其压力线与支撑线的方向与原趋势方向相反。在上升趋势中，旗形的压力线与支撑线是向下倾斜的，这种旗形称为下飘旗形；而在下降的趋势中，旗形的压力线与支撑线是向上倾斜的，这种旗形称为上飘旗形。

旗形的形成过程中，成交量会逐渐萎缩，但在形态突破后，成交量会增加。在向上突破的过程中，尤其需要成交量来验证其突破的有效性。

旗形一般出现在股价运动的中间位置。在一个直线式的拉升走势中，旗形或三角旗形出现的高度代表了股价上升目标的一半距离，即股价经过旗形整理向上突破后，其上升高度相当于前一波的上升高度。同理，在下降趋势中，股价经过旗形整理突破后，其下跌幅度相当于前一波的下跌幅度。

旗形整理图解：

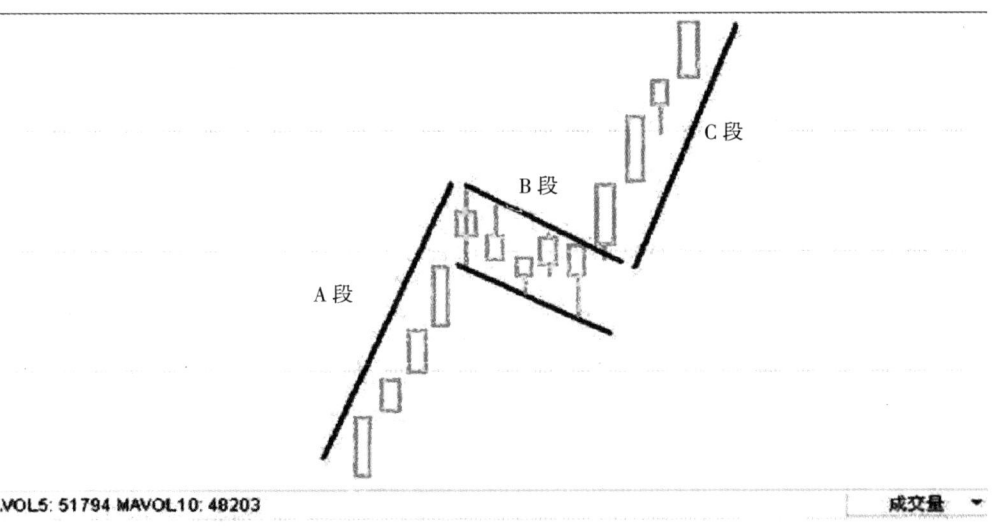

旗形整理示意图：

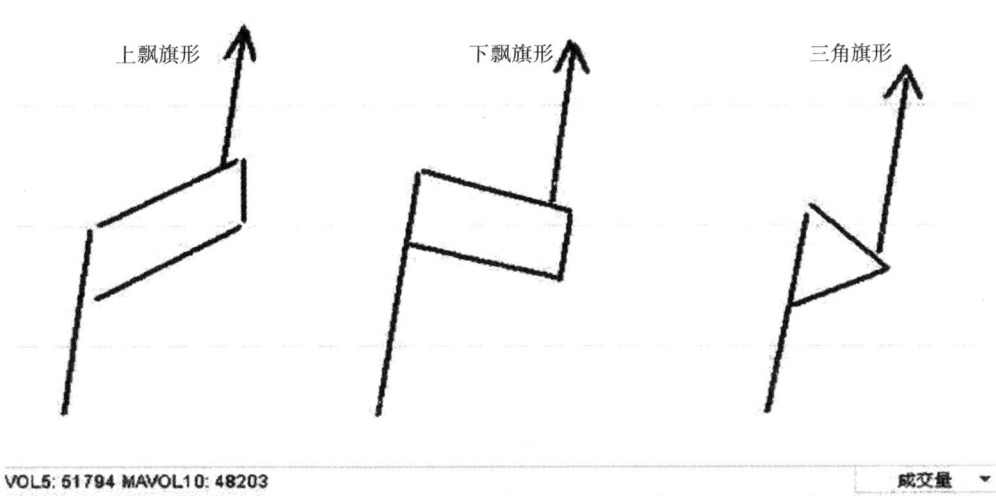

图为中国远洋（601919）2007 年 9 月 27 日出现标准的"旗形整理"，随后股价再上一个台阶。

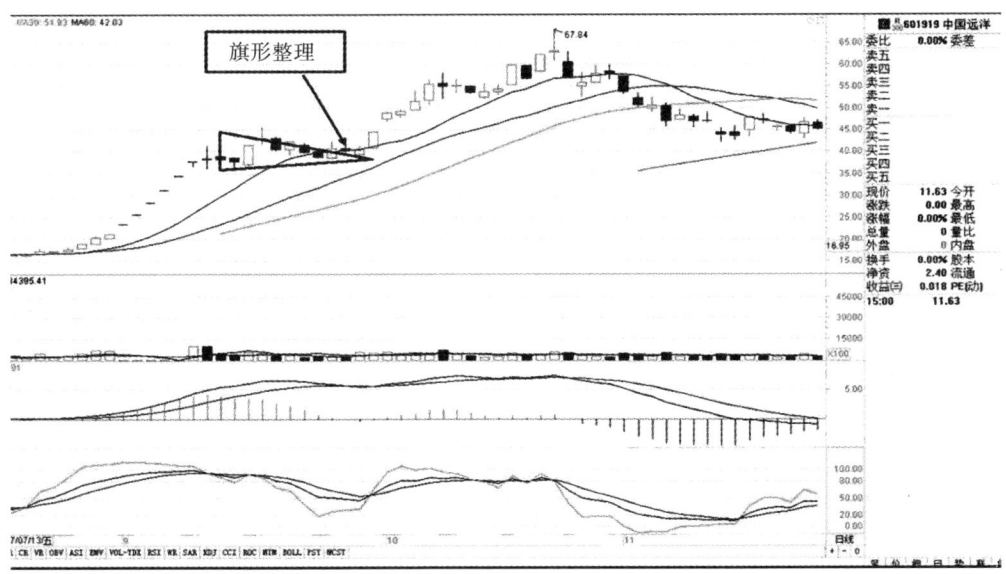

图为国脉科技（002093）2015 年 4 月 13 日出现标准的"旗形整理"，随后股价涨了和之前一波差不多等量的涨幅。

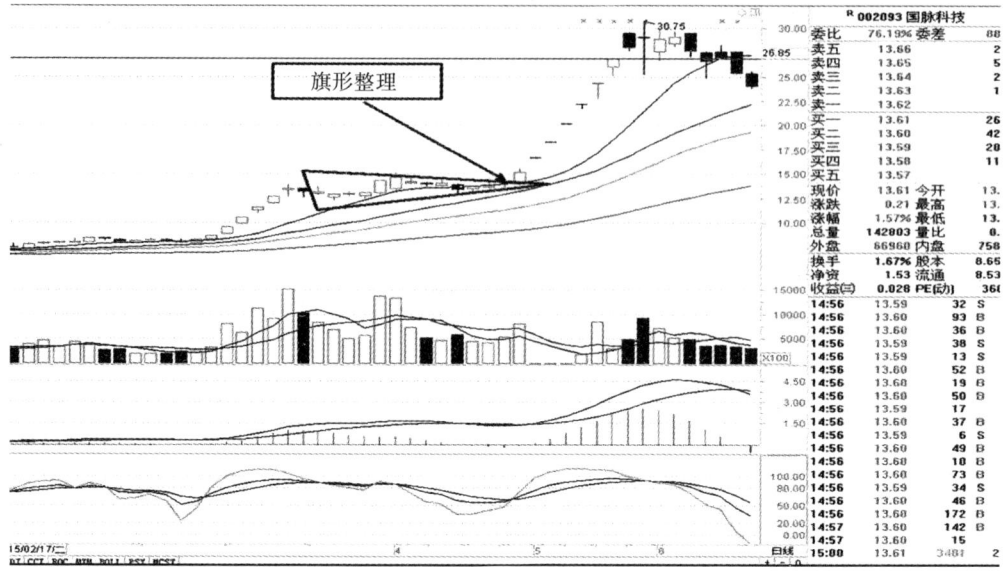

**牛市图形定式之十七**：牛市三买，三买是上升趋势中，离开第一个"上涨中枢"之后的以次一个级别回试，不破中枢高点，形成三买。三买在中枢之上。

三买过后必然是主升浪。三买是牛市里最重要的买点。一般而言，牛市里没有日线级别的一买，也很少有日线级别的二买，把握日线级别的三买，是牛市的最重要课题。

图为北斗星通（002151）的周线图：三买之后才是主升浪。

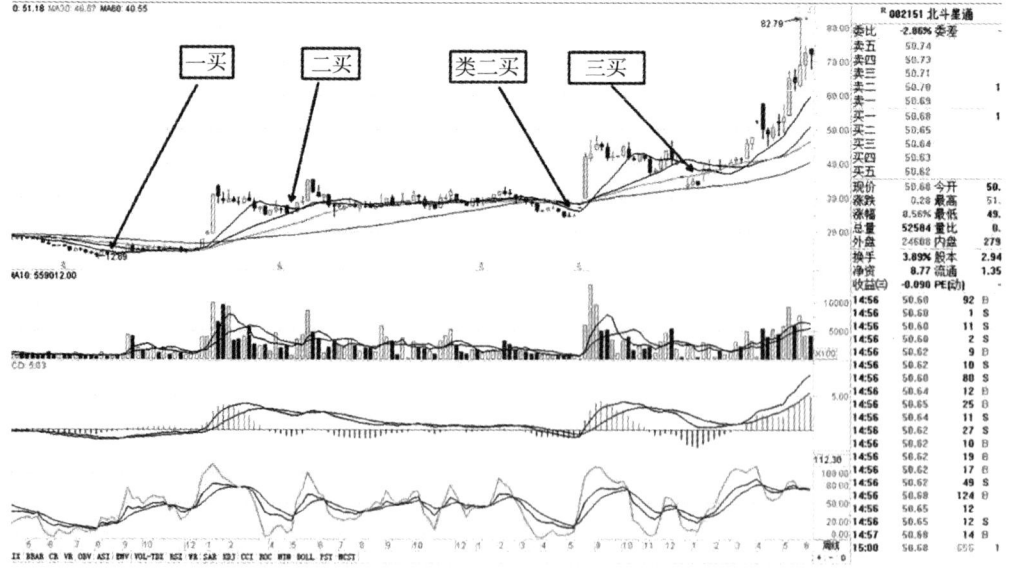

图为中信证券（600030）2014年11月28日三买形成之后开始主升浪。

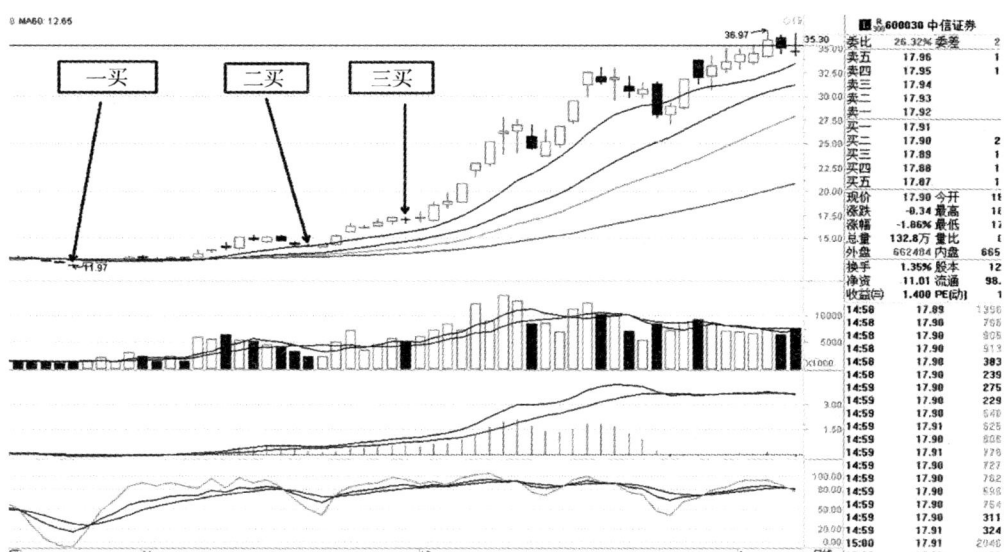

创业板指数月线图：自从创业板开设以来，直到2014年12月出现三买才出现主升浪。

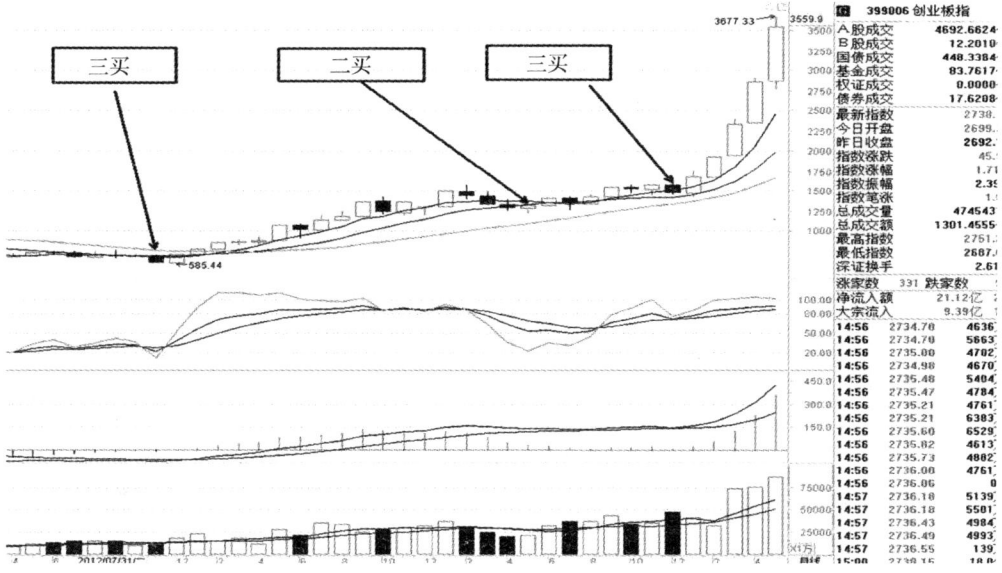

图为工商银行（601398）2006年12月14日形成三买，紧接着就是主升浪。

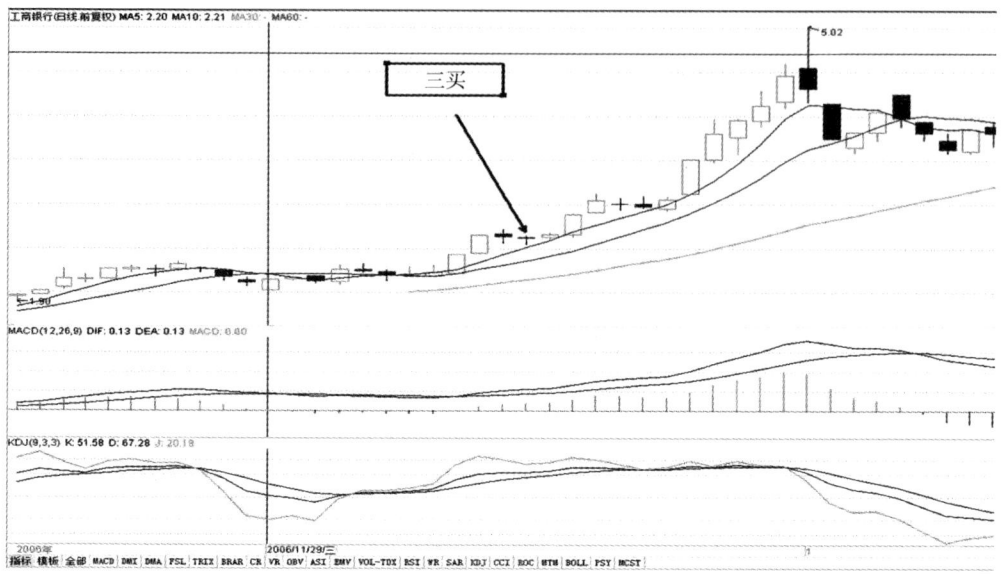

图为万科A（000002）分别在2007年3月23日和2009年5月27日形成周线三买。

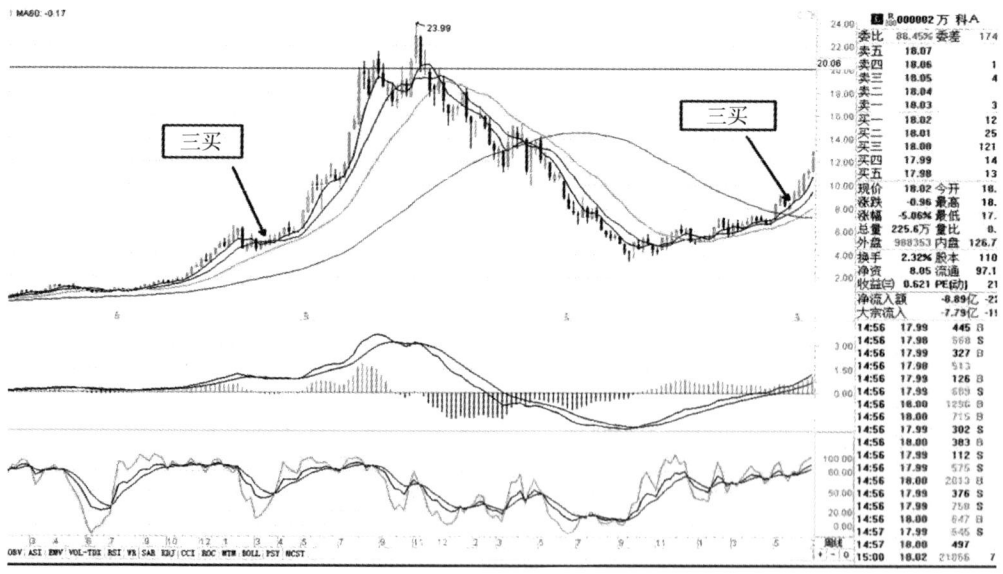

## 第二节 熊市的操作策略：大熊市应该牢记的图形定式

严格、正确地区分熊市和牛市需要确定三个独立的因素：第一，年度之内的周期波动规律；第二，年度之间的周期波动规律；第三，大级别的买点和卖点，至少是周线级，一般是月线级别的买点和卖点才能区分牛市和熊市。

如果三个因素都指向牛市，那么发生牛市的概率就会高达85%以上；如果三者共同指向熊市，那么发生熊市的概率就会高达85%以上。

我们都知道熊市不可能卖在最高点，那么确认熊市的时点是在哪里呢？是在右肩，即二卖。因此所有的熊市操作策略都建立在"卖出清仓"这一个操作上，如果没有清仓，以后的什么操作策略都等于0，因为钱亏没了。

因此，熊市的操作策略是"卖出清仓"+"暴跌反弹"+"抄底"。

大熊市应该牢记的图形定式：

熊市图形定式之一："右肩卖出清仓"，2008年熊市，我是在1月底5600点左右清仓的。

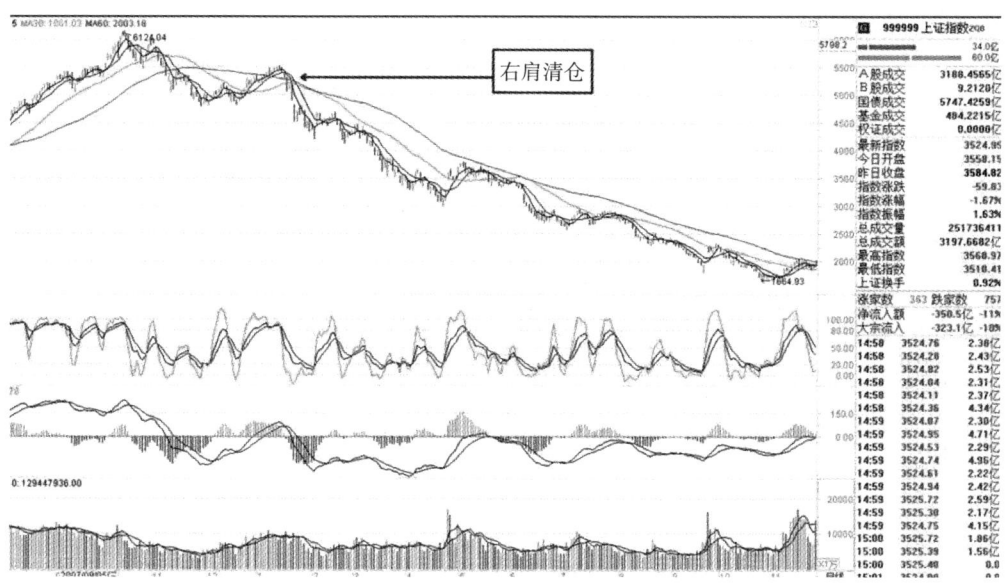

2001~2004年熊市,我是在2001年7月底2100点左右清仓的。

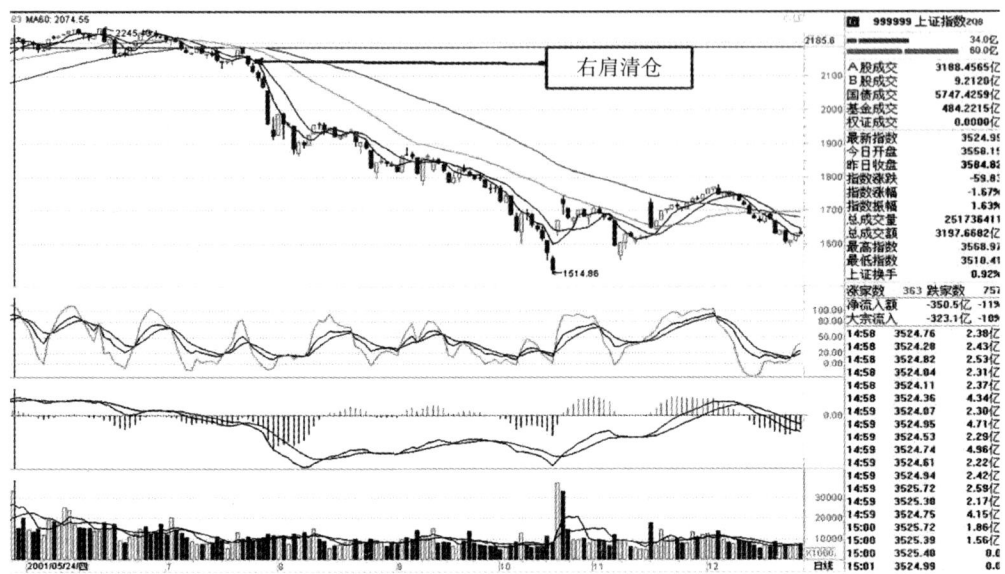

熊市图形定式之二:"暴跌抢反弹发股灾财",股市连续下跌,K线远离10日均线乖离,60分钟K线和日K线共振底背离。如果此时出现"长下影十字星、锤头阳线、十字星、重锤入地、低开长阳、单针双针探底"等K线征兆,势必激起反弹,应进场抢反弹,发股灾财。

图为2008年4月22日,MACD、KDJ金叉且底背离,且60分钟与日线共振,日K线收出锤头下影阳线,果断杀入。

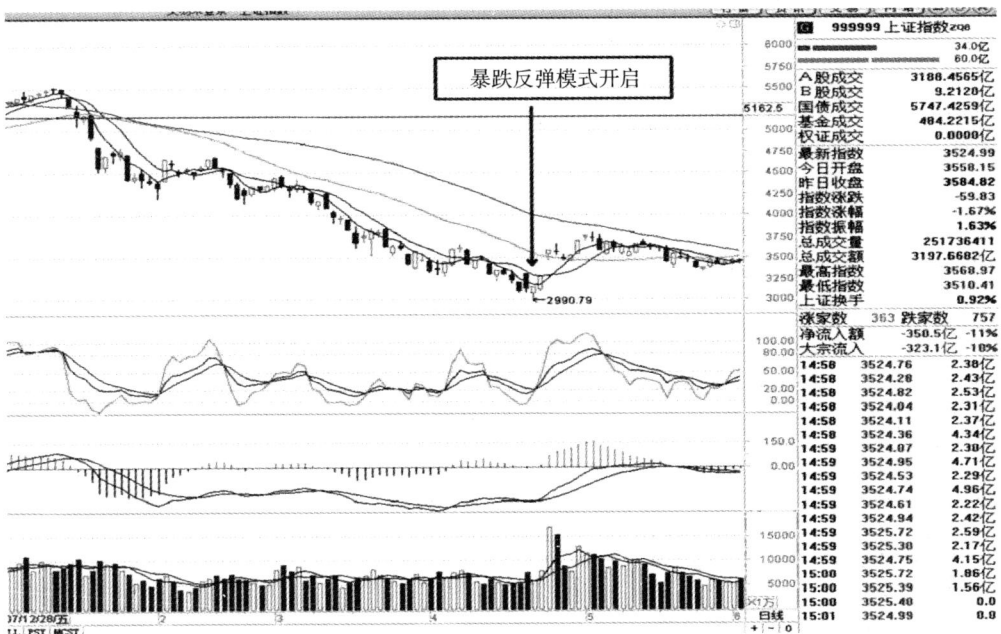

图为 2010 年 7 月 8 日，MACD、KDJ 金叉且底背离，且 60 分钟线与日线和周线三周期共振，日 K 线先收两根下影十字星，接着收中阳线。

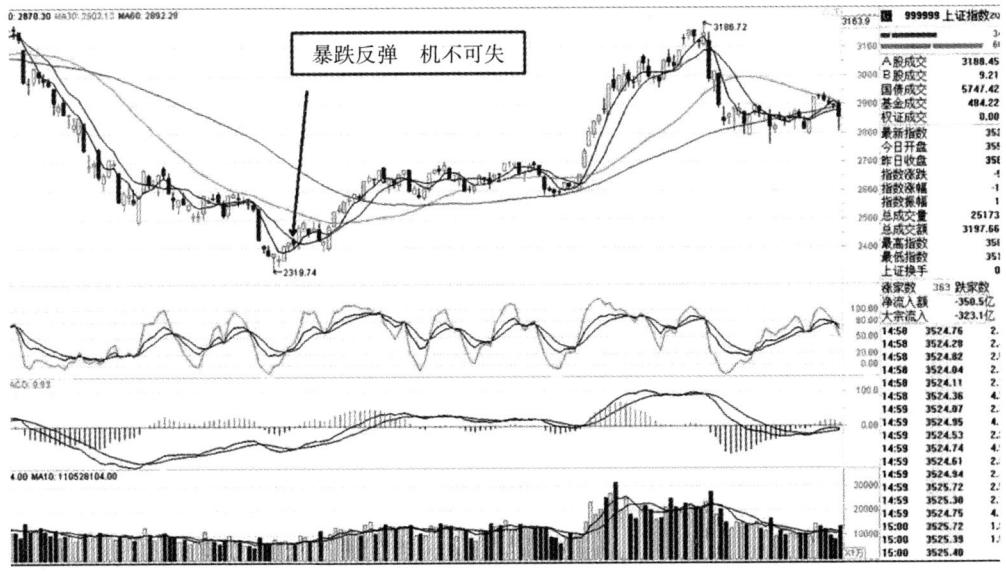

图为 2013 年 6 月 25 日，大盘单针探底，MACD 先是 60 分钟金叉底背离+KDJ 日线金叉，紧接着 MACD 日线金叉，暴跌变暴涨。

图为 2015 年 7 月 9 日，大盘低开入地，MACD 先是 60 分钟金叉底背离+KDJ 日线金叉，紧接着 MACD 日线金叉，暴跌变暴涨，许多股票连续上涨五六根大阳线。

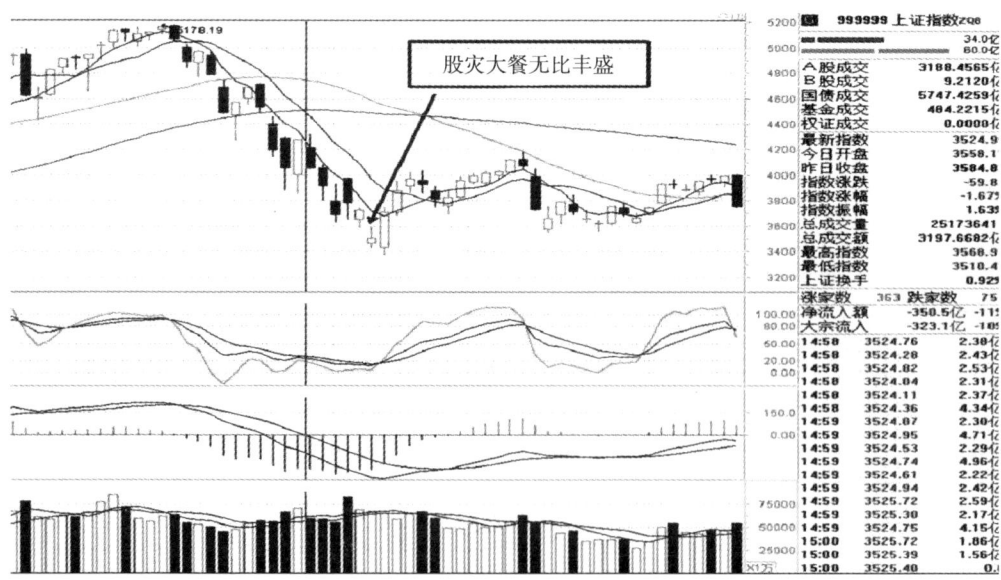

2007年5月30日发生530暴跌，许多股票连续跌停，6月5日空头动能衰竭见底。川投能源（600674）等一大批类似K线形态的股票几天暴涨40%。

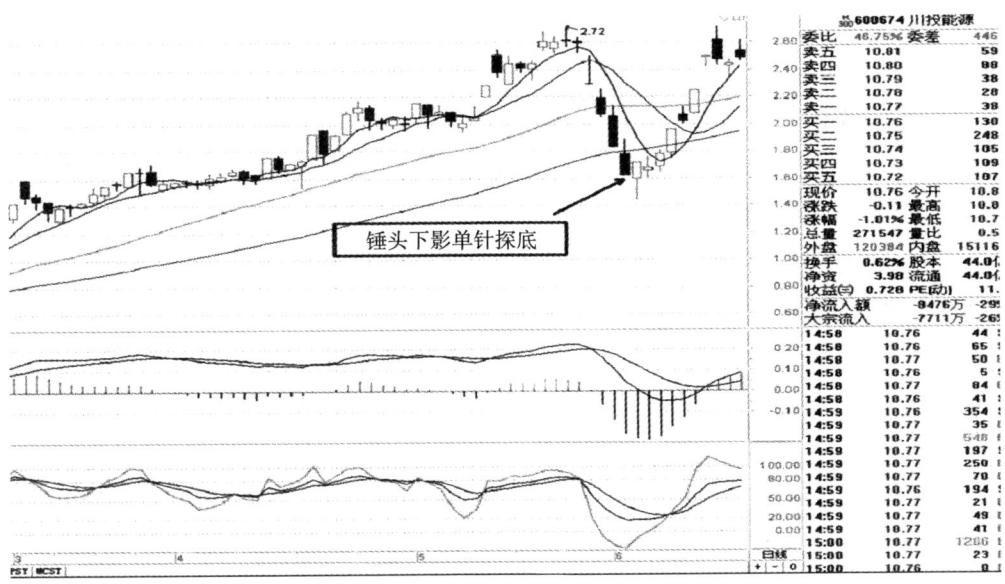

2015年7月暴跌，许多股票连续跌停，7月8日空头动能衰竭见底。太阳电缆（002300）等一大批类似K线形态的股票几天暴涨40%。

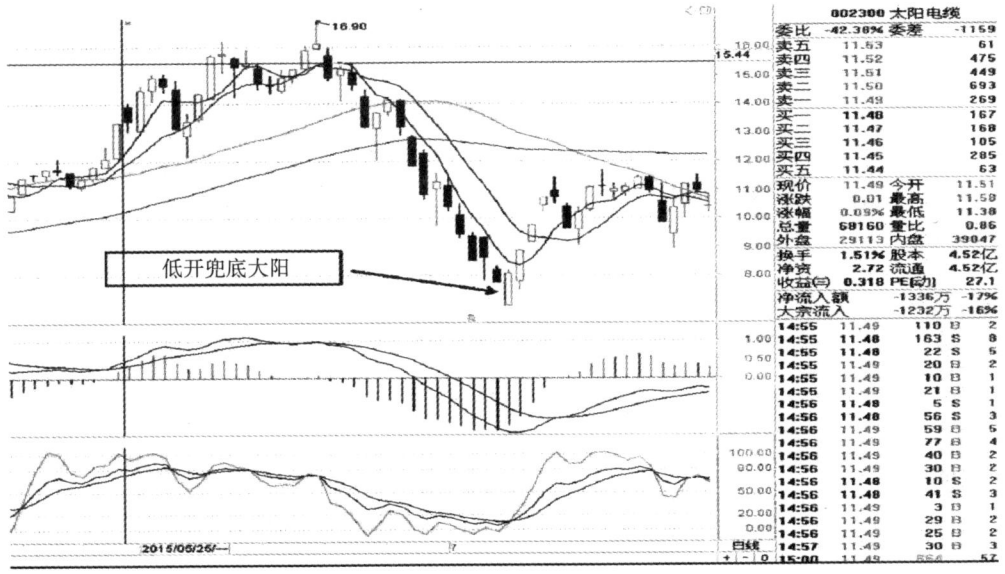

2015年8月18日第二次股灾暴跌，许多股票连续跌停。8月31日空头动能衰竭见底。9月2日天玑科技（300245）走出经典倒T重锤入地，一大批类似K线形态的股票如梅泰诺（300038）几天暴涨30%。

依米康（300249）在2015年股灾前停牌，8月17日复牌后连续补跌，一路暴跌到9月2日，形成"倒T重锤入地"，走出一波大反弹的行情。

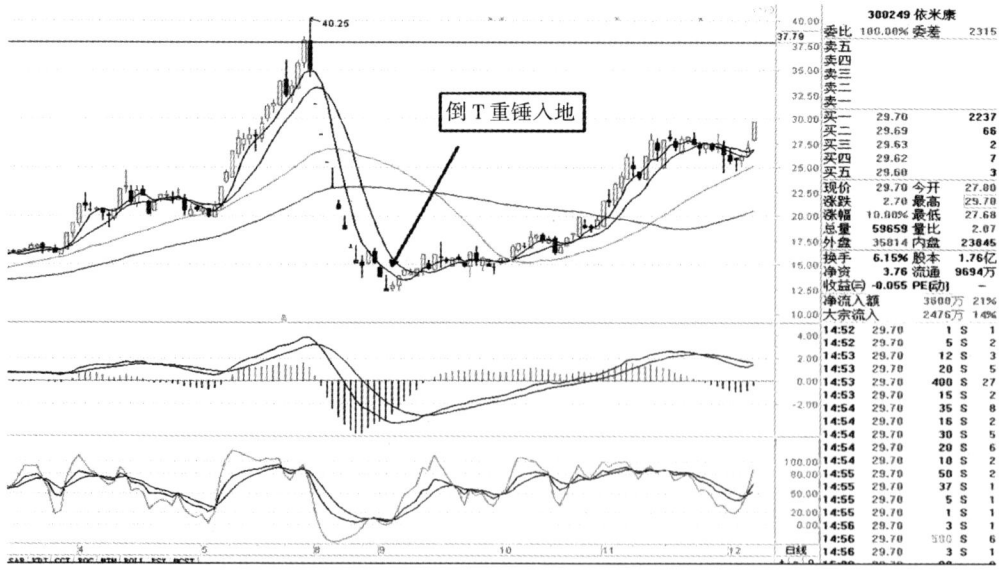

熊市图形定式之三:"单中枢或双中枢见底",形成趋势的逆转。

熊市里面的见底,一般都是多中枢见底,两中枢见底和三中枢见底比较可靠。三中枢以上见底基本上都能形成本周期趋势的逆转,比如三中枢日线见底,基本上可以判断日线级别的大跌结束,开始大涨。

图为2003年11月28日上证指数形成周线一中枢见底一买,走了一波反弹行情。

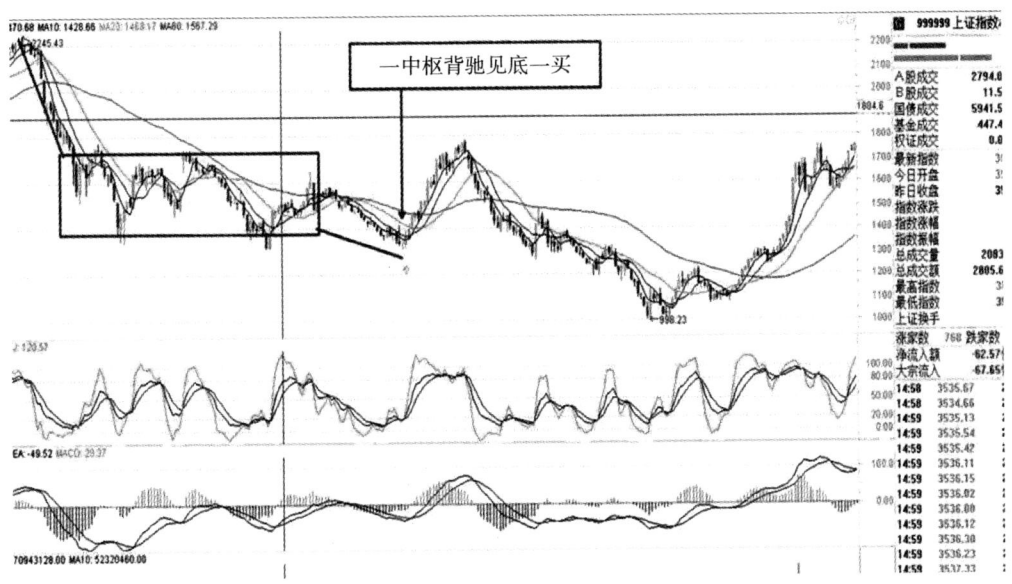

图为2005年7月15日上证指数形成周线两中枢见底一买,形成趋势的大逆转;随后在2006年8月18日形成了不破第一个上涨中枢的"牛市三买"。

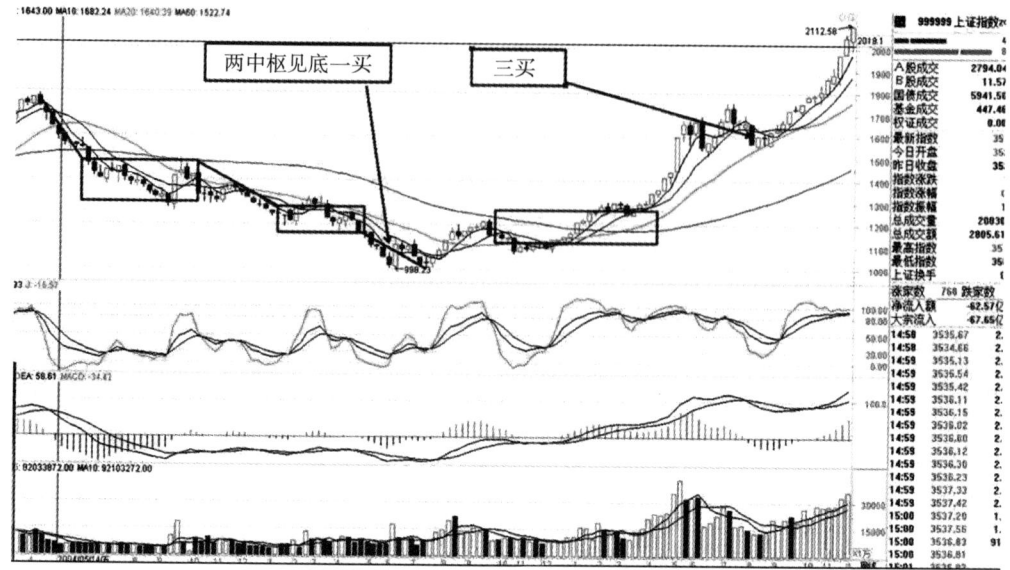

图为 2015 年 9 月 27 日我在微博的付费阅读里面发布的行情分析图片，提前认定当时或者即将形成两中枢日线见底一买，随后的 10 月、11 月走势完全证明是正确精准的（注：当时刚经历两次股灾，我发布这篇分析的口号就叫作"who dares win?"）。

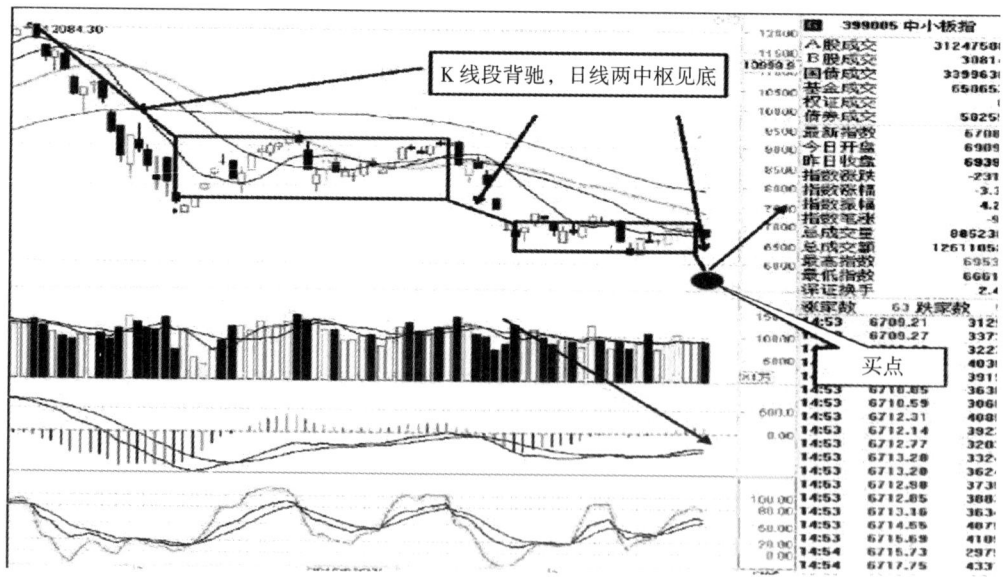

图为中国联通（600050）的月线图，可以看出在 2014 年 3 月 31 日形成月线级别的两中枢见底一买，随后开展月线级别的行情。

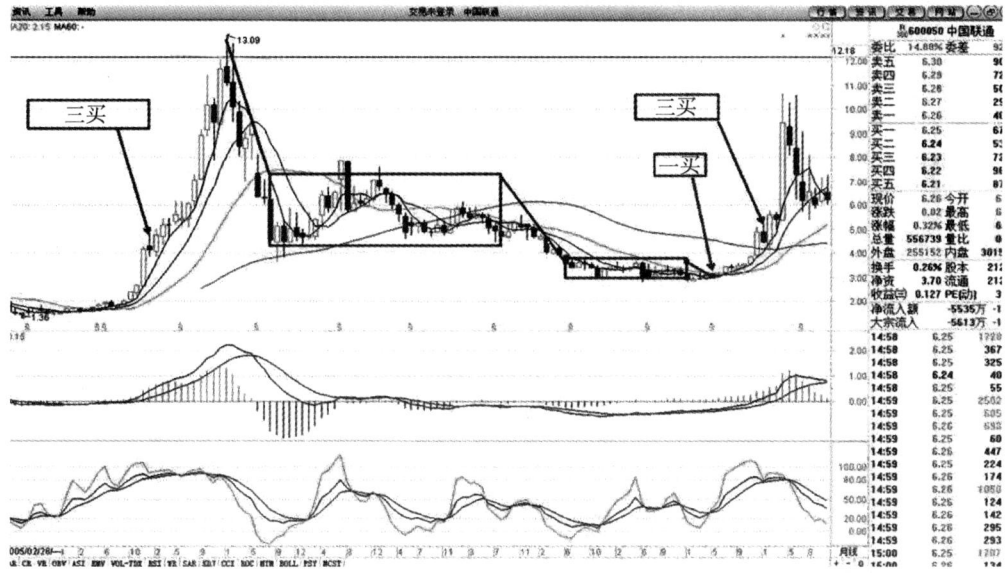

图为古越龙山（600059）2014 年 6 月 12 日形成三中枢见底一买，股价见到大底。

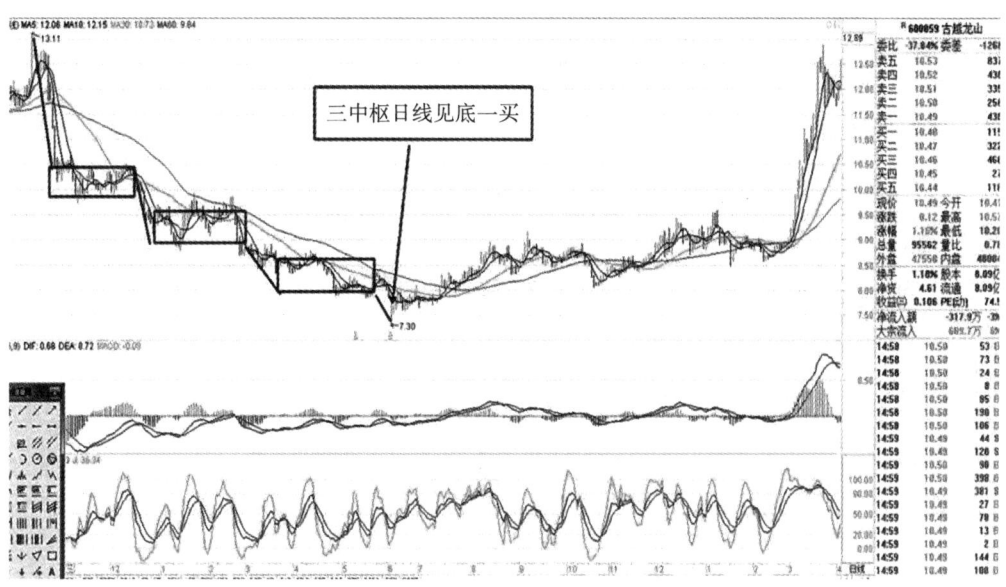

## 第三节 震荡市的操作策略：震荡市应该牢记的图形定式

除了熊市和牛市之外，所有的市场状况都可以定义为震荡市。震荡市的操作容易追涨杀跌，容易获利回吐，容易犯各种交易错误，这是由行情的不规则引起的。我认为在震荡市略显稳健但是非常有效的操作策略是：大盘发出买点，买进股票；大盘发出卖点，卖出股票；用大盘的买卖点控制个股的买卖点。既可以获得稳健收益，还可以规避风险。

震荡市应该牢记的图形定式：

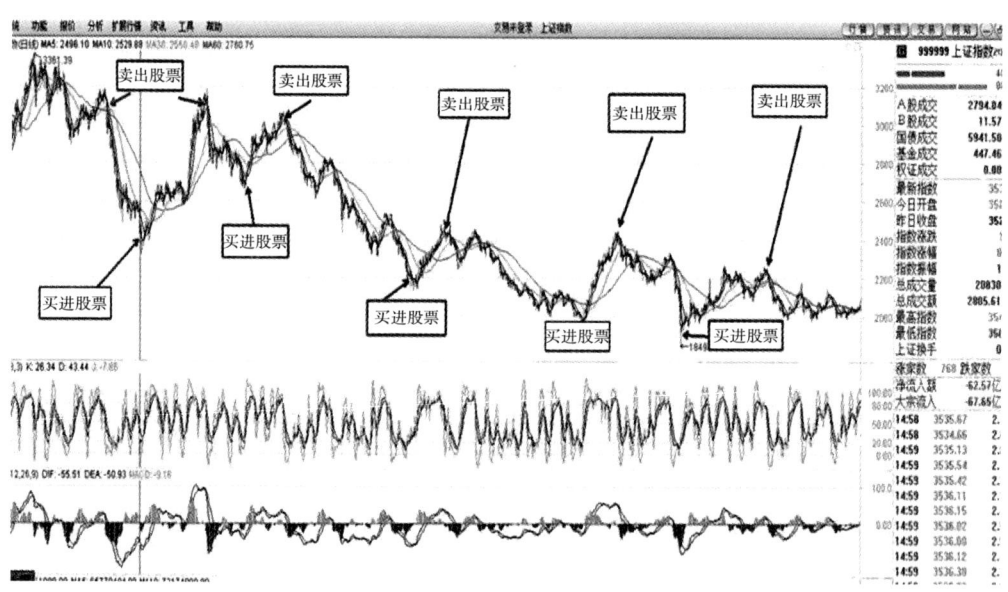

对大盘买卖点的判断，要运用三个彼此独立不相关的因素判断：大盘的跨年度周期波动规律；大盘的年内波动规律；我的买点、卖点体系。

震荡市买的股票：可以是当时的题材热点股、筹码集中爆发股。

## 第四节 短线与超短线的操作策略：短线与超短线应该牢记的图形定式

分时买入图形定式：

分时图买点之"双平底买入"。

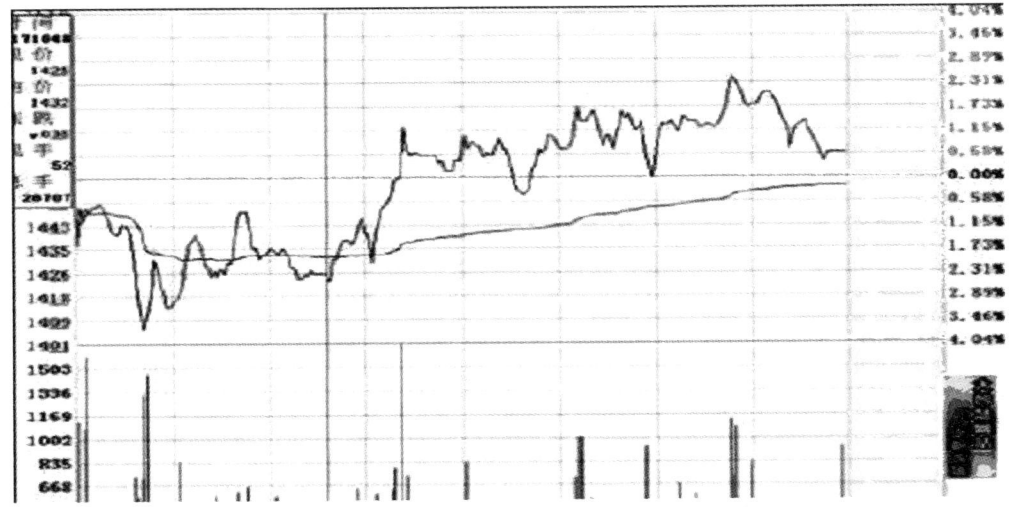

分时图买点之"急跌踩稳"。

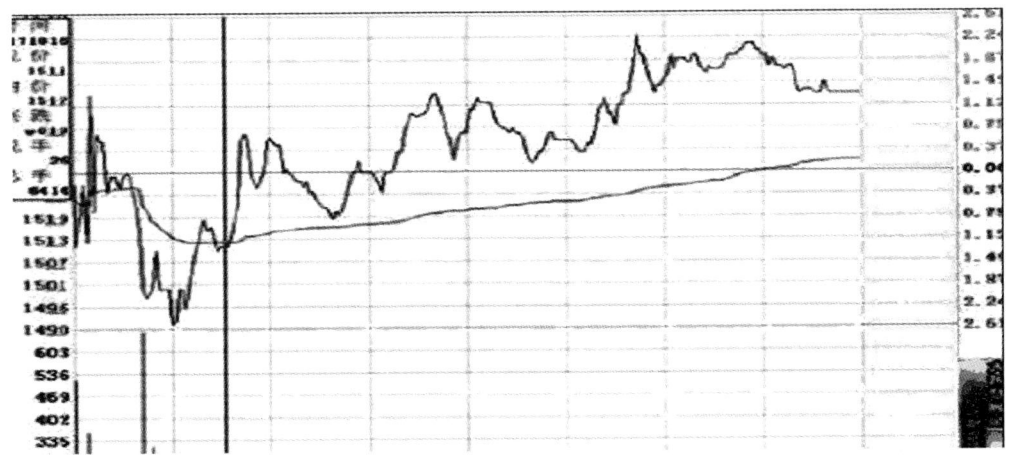

分时图买点之"均线支撑",第二次回踩黄线是买点,这种图形在牛市很常见。

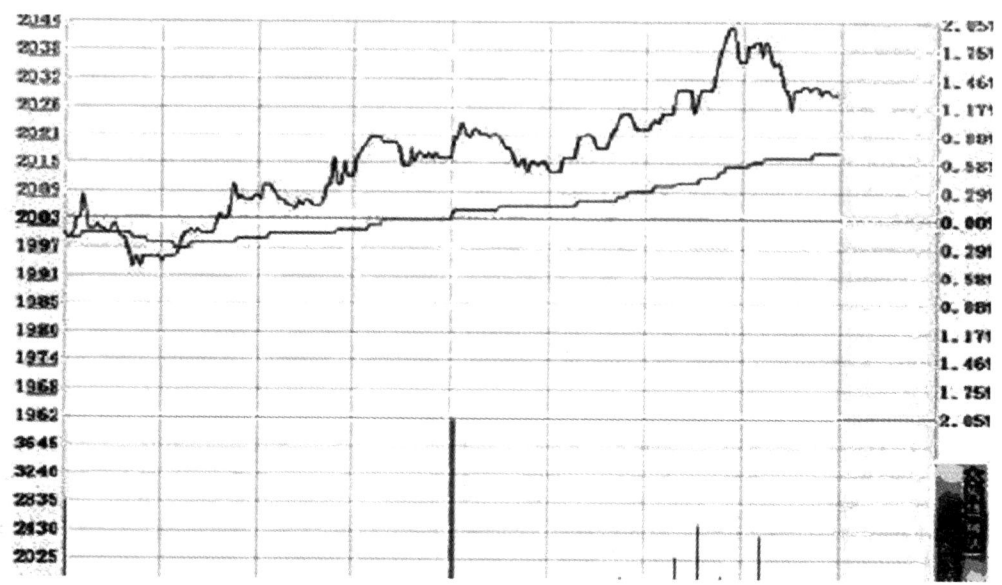

分时图买点之"确认双底",之前有一个双底,第三次回踩黄线确认。

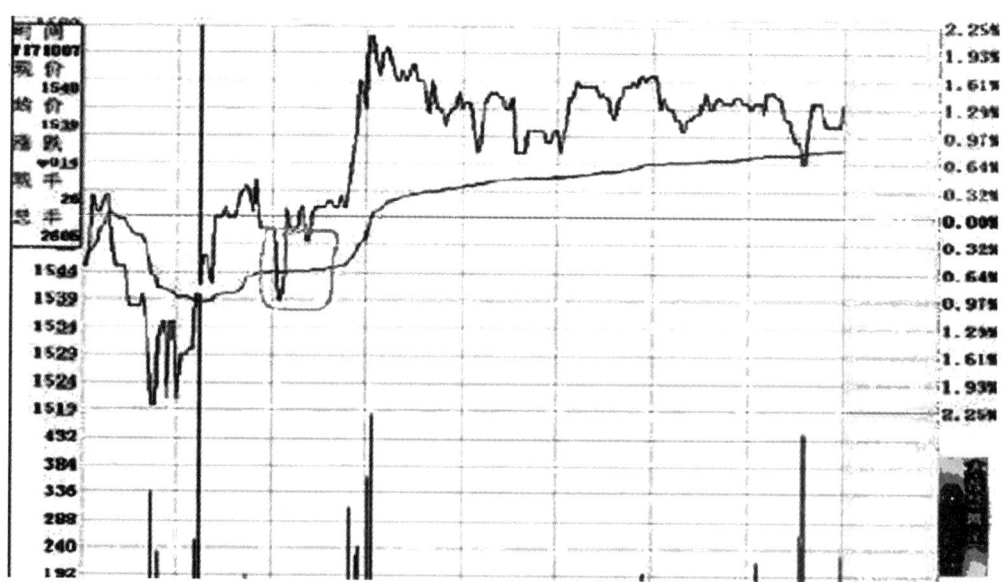

分时图买点之"对称顶底"买入，股价涨2%，又跌2%站稳，如果再次回踩黄线确认站稳。

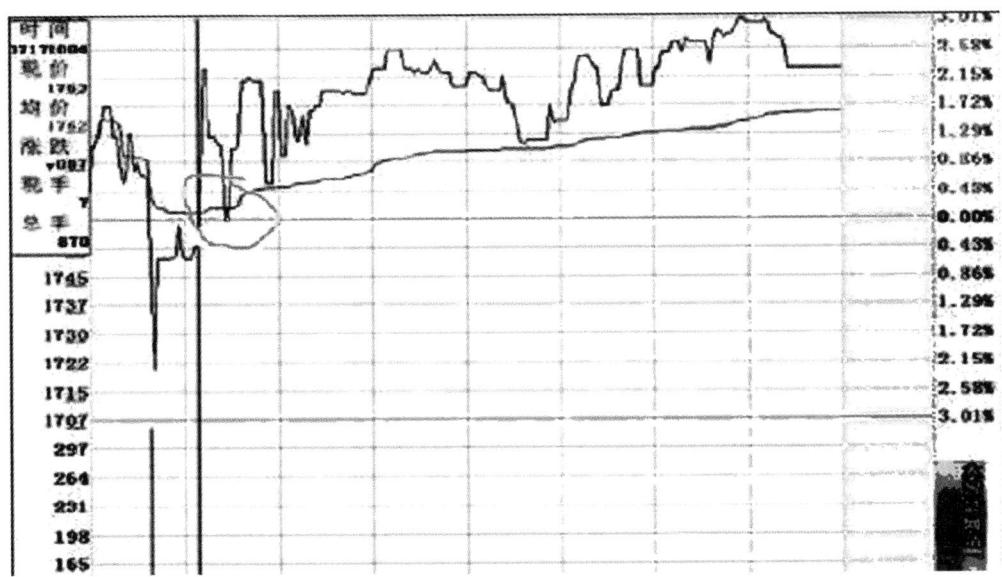

分时图买点之"突破前高"，白线始终在黄线处徘徊，终于随着量能累积，突破前高，涨势如虹。

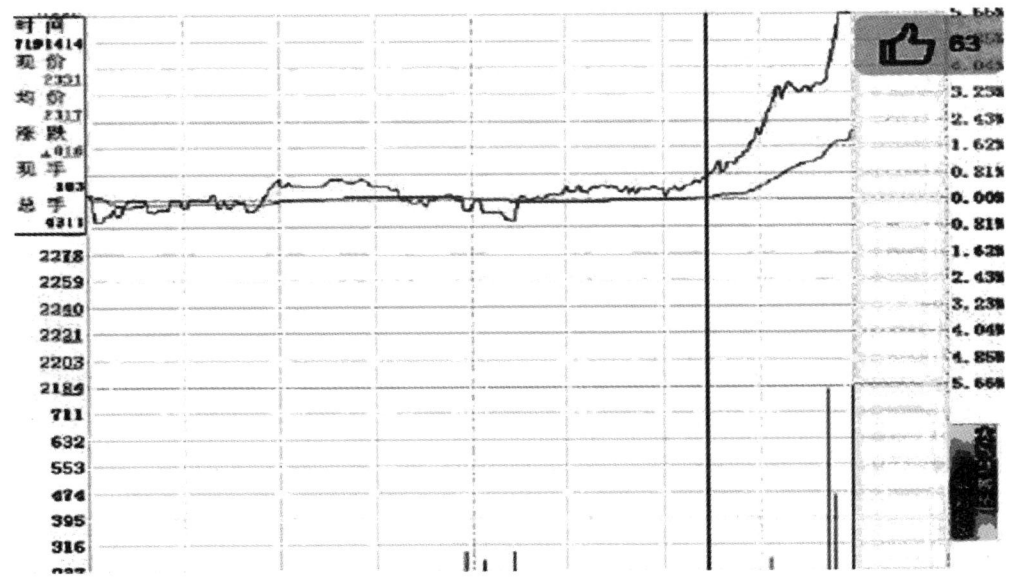

分时图买点之"量比同步新高买入"。

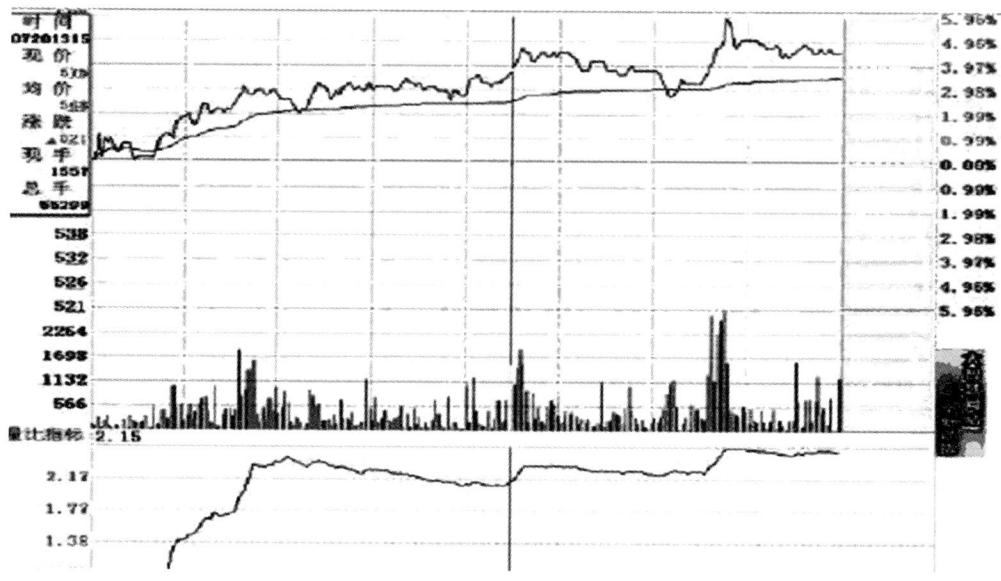

分时图买点之"分时头肩底"。

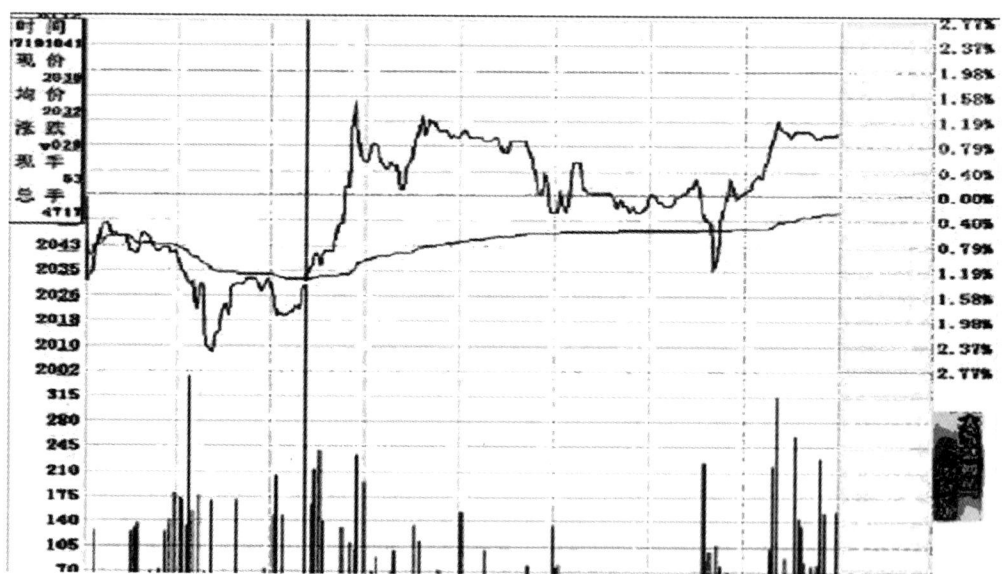

分时卖出图形定式：
分时图卖点之"斜率乖离"。

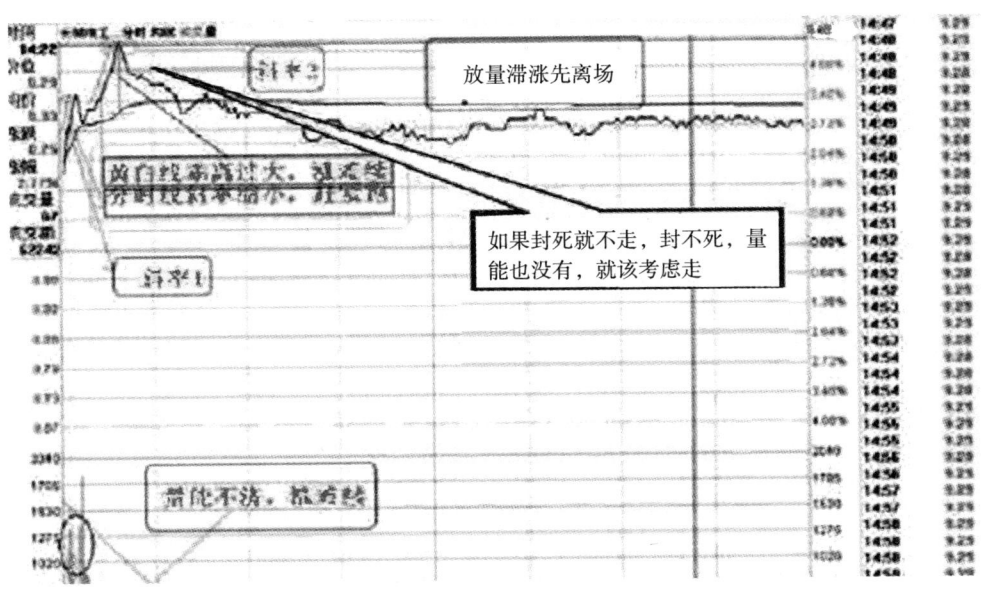

分时图卖点之"双头"。

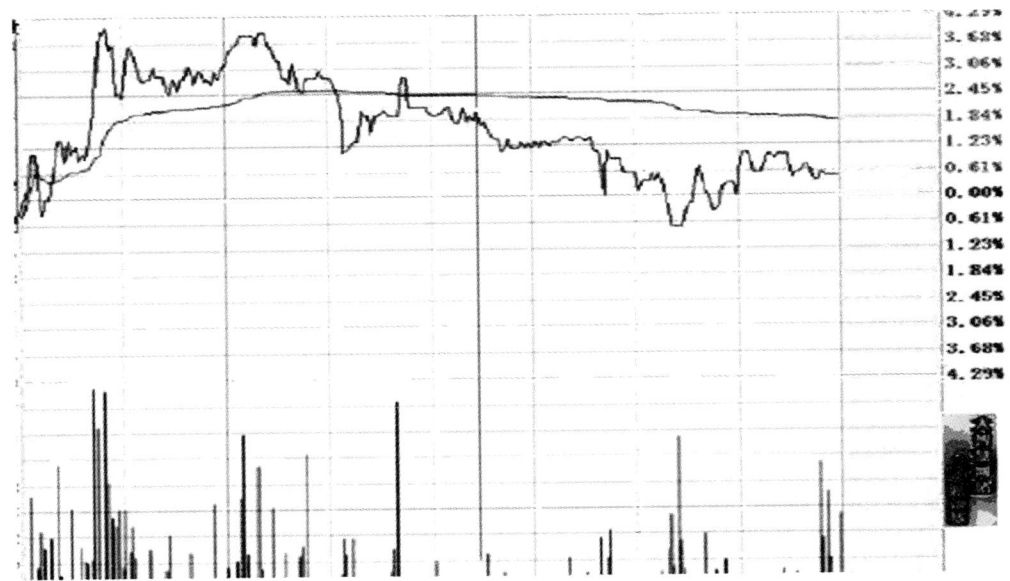

分时图卖点之"高开低走黄线压制"。

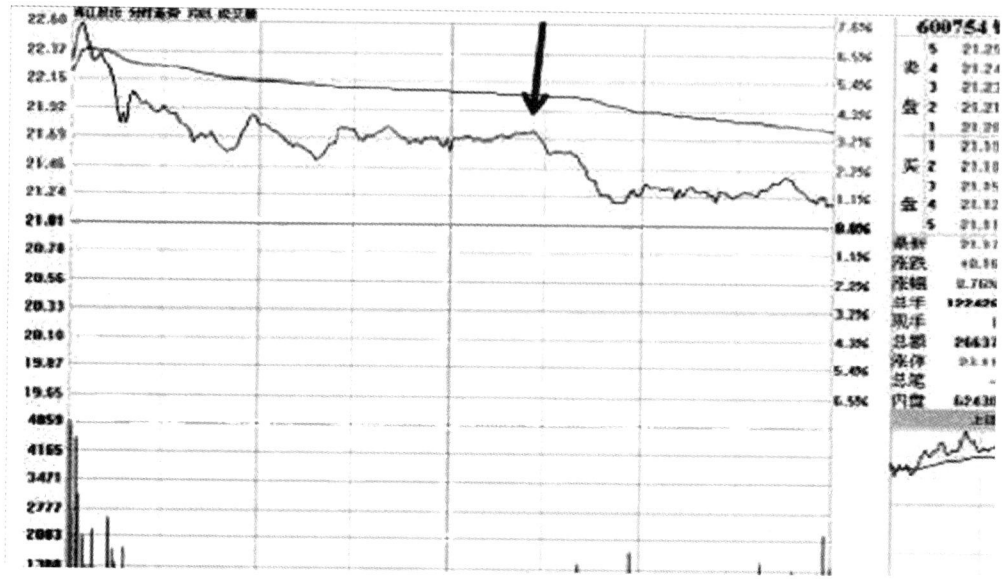

分时图卖点之"双头",第三次跌破黄线,反攻受到黄线压制。

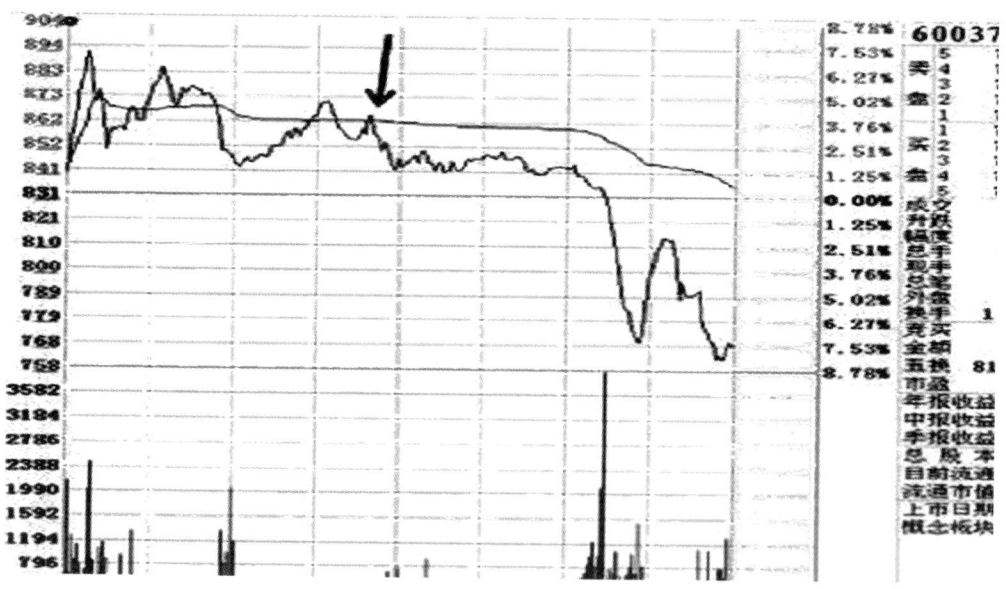

分时图卖点之"急拉尖顶"。

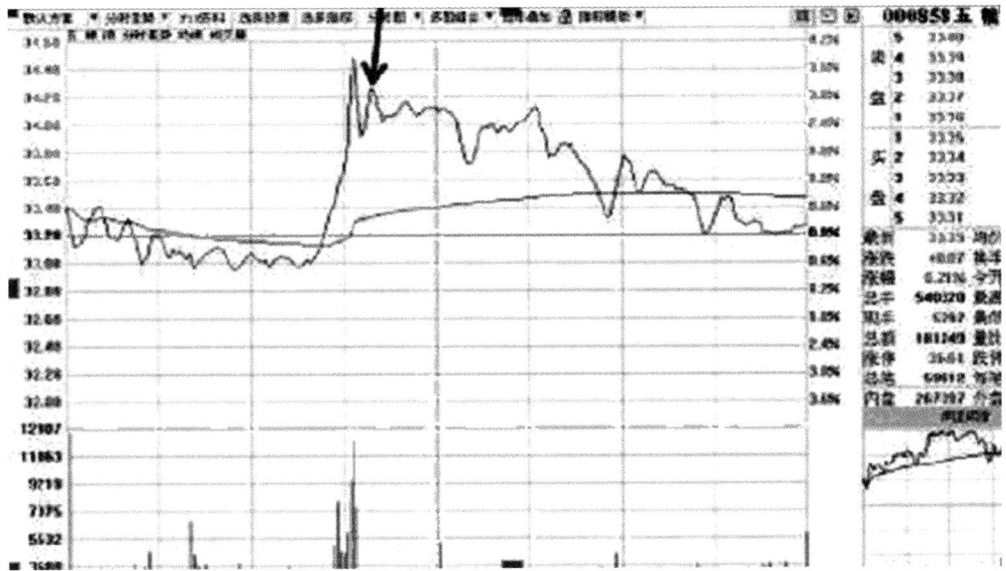

分时图卖点之"二次缩量拉升尖头"。

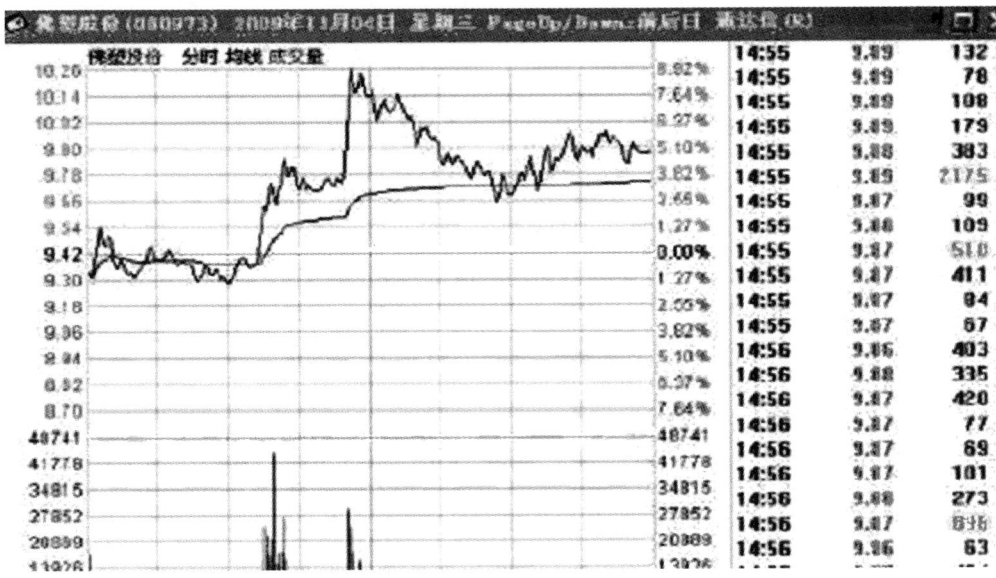

分时图卖点之"连续受制于前一日收盘线的压制"。

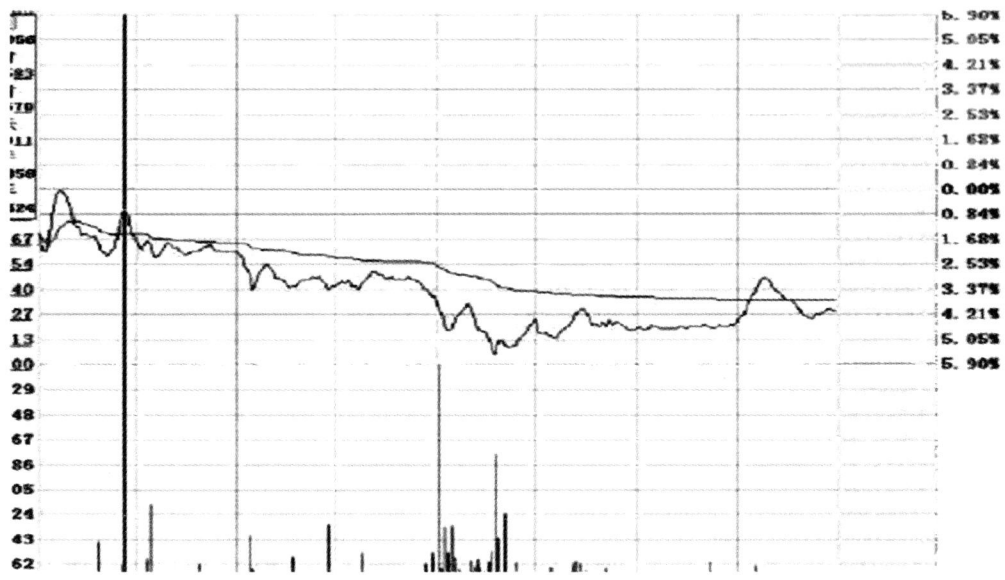

分时图卖点之"连续上攻黄线不成,一顶低过一顶"。

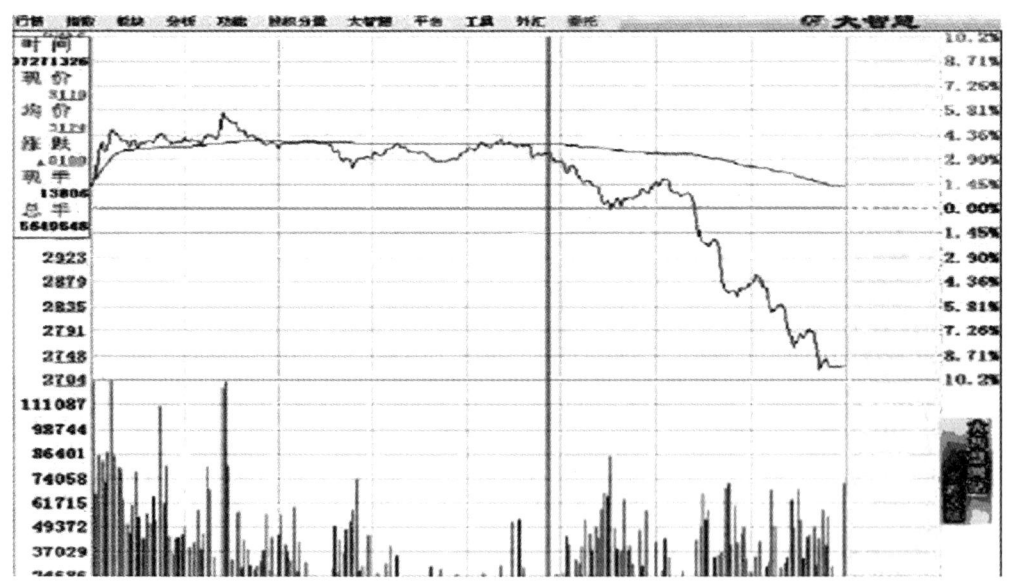

分时图卖点之"开盘急涨反受收盘线压制"。

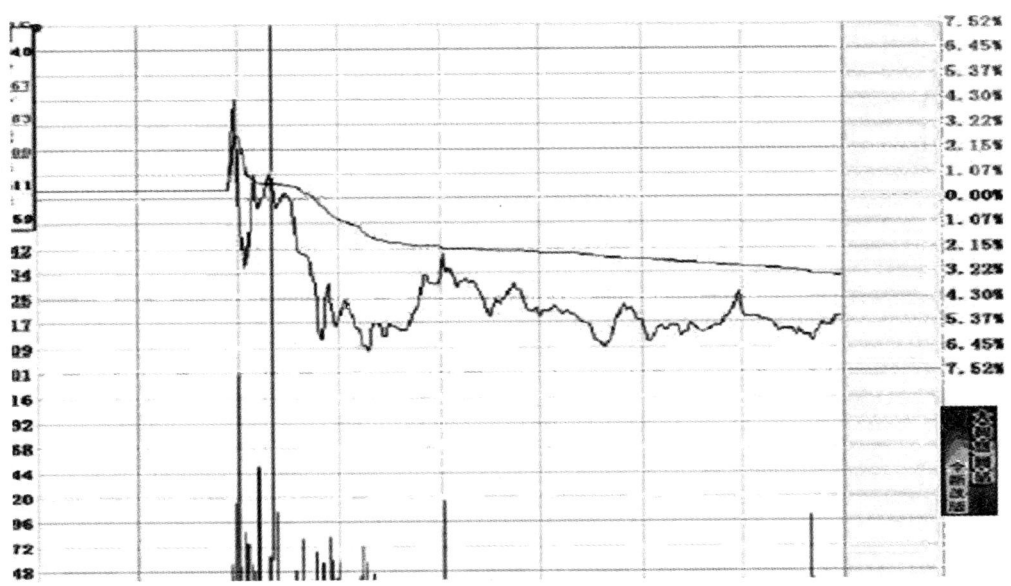

## 第五节 确定操作思维

影响收益放大的除了择时、择股、判断大盘之外,还有最重要的一点就是"操作思维"要正确,就是在不同的市况应用不同的操作策略。

在长期的操盘过程中,有时择时、择股都很准了,但是没有获得满意的超额收益,为什么呢?经过很多次的复盘总结,我发现,即使是在大盘看对,择时入场点准确,择股也对的情况下,如果操作思维搞错了,一样无法取得令人满意的超额收益。

简言之,操作思维就是"短线、中线、长线"、"轻仓、中仓、重仓"的九种组合外加"多翻空"、"空翻多"。其九种组合分别是"短线、轻仓";"短线、中仓";"短线、重仓";"中线、轻仓";"中线、中仓";"中线、重仓";"长线、轻仓";"长线、中仓";"长线、重仓"。

对应十一种不同的市场情况分别为"牛市"、"波段牛市"、"熊市"、"波段熊市"、"牛震荡1"、"牛震荡2"、"熊震荡1"、"熊震荡2"、"牛熊难判"、"熊极"、"牛极"。

| 市况 | 判定条件 | 操作思维 |
|---|---|---|
| 牛市 | 月线级别上涨 | 长线重仓 |
| 波段牛市 | 周线级别上涨 | 中线重仓 |
| 熊市 | 月线级别下跌 | 空仓或者短线轻仓＋短线重仓（抢反弹） |
| 波段熊市 | 周线级别下跌 | 空仓或者短线轻仓＋短线轻仓（抢反弹） |
| 牛熊难判 | K线与均线纠缠不清 | 空仓 |
| 牛震荡1 | 30日线上，10日线上；但无法判定为牛市 | 短线重仓，随时变为中线重仓 |
| 牛震荡2 | 30日线上，10日线下；但无法判定为牛市 | 短线中仓，或者中线中仓 |
| 熊震荡1 | 30日线下，10日线上；但无法判定为熊市 | 短线轻仓 |
| 熊震荡2 | 30日线下，10日线下；但无法判定为熊市 | 短线轻仓 |
| 牛极 | 多中枢大级别顶背驰 | 空仓 |
| 熊极 | 多中枢大级别底背驰 | 中线重仓或长线重仓 |

注：

| 操作思维 | 买卖点应用具体要领 |
|---|---|
| 短线 | 以大盘的买卖点作为进出场依据，作为个股买卖的依据 |
| 中线长线 | 忽略大盘，以个股的买卖点作为进出场依据 |

大家一般情况下都会非常注意选股，也非常注意择时，同时也非常注意判定大盘；甚至有些人在某方面有突出的能力，如选股、看大盘。但是这些因素的"连接因子"就是"操盘思维"。有时，进攻就是最好的防守，在大盘可能的情况下，迅速把收益放大到翻倍，安全垫很高，既有助于提高操盘自信，又会使本金得到最大限度的保护。而在收益的迅速放大过程中，在已经确定进场操作的情况下，"择股"占20%，"择时"占20%，"操盘思维"占60%。

如牛市应该长线重仓思维，而如果你短线轻仓，就肯定挣不到钱。熊市应该空仓或者短线轻仓，暴力反弹的时候短线重仓操作一把，如果你一直长线重仓，本金会很快输光。如一轮大熊过后，一个波段牛市起来了，应该中线重仓，如果你还是短线轻仓，仍然无法迅速放大收益。再比如股市突然连续暴跌，极度乖离，日线和60分钟线共振极度背驰的买点出现，此时应该短线重仓进场，股市一旦暴力上涨就降低大部分仓位，留少部分仓，股市企稳上涨再加仓，若股市继续下跌，则将剩余的仓位清仓。

"操作思维"实际上是要求我们在进场之前，对整个战局做出一个整体性的判断，否则就会打仗没有计划，像无头苍蝇。最重要的因素有三个：市场状况，就是前面的分类；对上涨目标位，所选目标股票的目标位一定要有一个预判；对本次上涨持续的时间一定要有一个判断。不能边走边看，盘面随时在变，边走边看，容易来回改变计划，容易跟随盘面波动改变操作思维，容易将大的行情误判为小，或者将小的行情误判为大。

我认为两周之内算短线；两周至3个月之内算中线；3个月以上算长线。如果预估上涨周期在两周之内，就用短线思维，或轻仓或重仓。如果判断上涨周期超过两周，就直接用中线波段思维，或轻仓或重仓。如果判断是大趋势的拐点，是上一轮跌势的终结，涨势周期会超过3个月，就直接用长线思维操作，重仓、中仓均可。

我们常说某个人是"一根筋"，怎么才算是"一根筋"呢？有没有方法判定他是"一根筋"呢？那些永远用一种操盘思维操作的人就是。有些人选股能力、择时能力都不错，但是操作思维永远都是长线，或者永远都是短线，抑或永远都是"中线波段"，但是他的中线经常做高抛低吸，实际上却很难做好，要么股票太牛，高抛了就丢掉筹码，没有低吸的机会；要么就低买了，长时间被套或者调整，一开始解套就卖了。还有高抛低吸做成高吸低抛的，成本不断增加。这实际上都是操作思维没有搞正确，操作思维和市场情况对不上，不是能力问题。

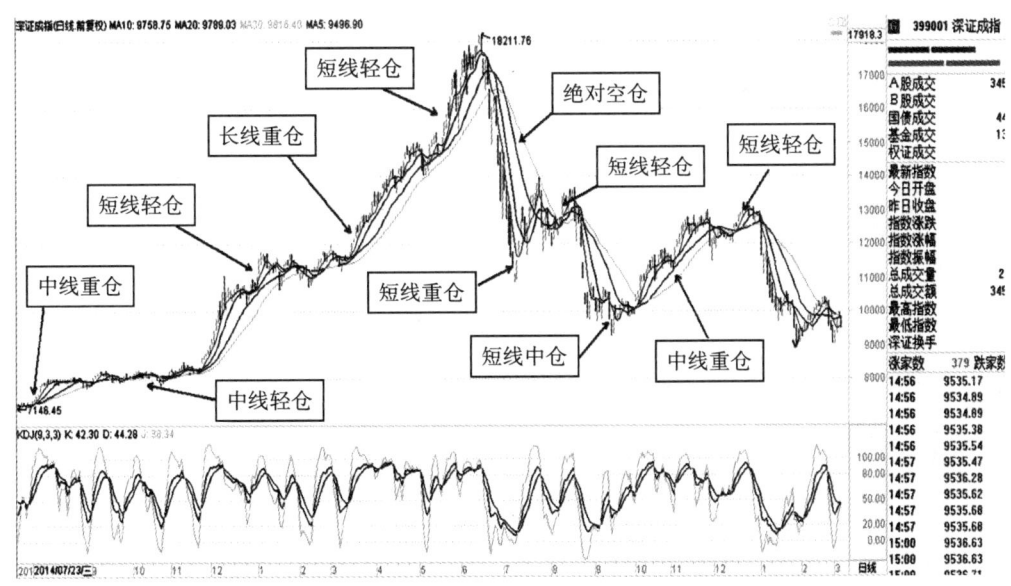

深成指 2014~2016 年指数运行不同阶段的操作思维示意图

## 关于操作思维分类的另一种分类表述方法

操作思维：

牛市思维：预计涨势超过一个季度就改为牛市思维，长线死拿，一只一只顺次做；不顾大盘只顾个股，目标位为50%或翻倍。

波段牛市思维：预计涨势超过一个月就改为波段牛市思维，中线死拿，留一部分底仓高抛低吸，不顾大盘只顾个股或者根据大盘做高抛低吸，目标位为30%~50%。

短线思维1：指数跌破10日均线和30日均线，并且远乖离或者遇支撑；开始暴跌，连续多根大阴线暴跌，满仓抢第一个暴力反弹。

短线思维2：指数在10日均线和30日均线多头排列之上，但是预计涨势不超过1个月，以大盘的买卖点作为个股的进出场依据，应重仓，同时要注意涨势能否超过1个月，随时变为波段牛市思维。

短线思维3：指数在10日均线之上，30日均线之下，预计涨势不超过1个月，以大盘的买卖点作为个股的进出场依据，应轻仓，同时要注意涨势能否超过1个月，随时变为波段熊市思维。

短线思维4：指数在10日均线之下，30日均线之上，预计涨势不超过1个月，以大盘的买卖点作为个股的买卖点，应中仓，遇到30日支撑低吸，涨过10日线加仓。

熊市思维（绝对空仓，双次暴跌抢反弹），目标盈利10%。

波段熊市思维（轻仓游击战，以题材股跟风短炒），目标盈利20%~30%。

空翻多思维：在月线周线级别的买点，空翻多，季线更要翻多。

多翻空思维：在月线周线级别的卖点，多翻空，季线更要翻空。

具体动作：

具体的买卖动作之前一定要先定好"操作思维"，再制定"买卖动作"。操作思维就是上述的几种思维。

操作思维实际上就是一套预设的动作组合："长线、短线、中线"，"重仓、中仓、轻仓"；操作思维共分为九类：

短线、轻仓，短线思维1；

短线、中仓，短线思维3、短线思维4；

短线、重仓，短线思维1、短线思维2；

中线、轻仓，波段牛市；

中线、中仓，波段牛市；

中线、重仓，牛市；

长线、轻仓，波段牛市；

长线、中仓，波段牛市；

长线、重仓，牛市。

其实也没那么复杂，如果觉得自己不适合短线，那就直接删除短线，只剩6种；如果你觉得自己不适合长线，直接删除长线，也剩6种。

具体动作：

中长线：建仓、加仓、减仓、清仓

短线：建仓、清仓

正向动作：买了后，拿住不怕；卖了后，忍住不贪。

正向动作纠正：买错了，继续买，大概率是对的；卖错了，继续卖，大概率是对的（发生在一般市况）。

反向动作：买错了，立即止损；卖错了，立即反追（发生在大熊市，大牛市）。

反向动作纠正：买错了，止损，又错了，应该休息，等待大盘下一个买点；卖错了，反追，又错了，应该休息，等待大盘下一个买点。

资金管理：零回撤。先积累安全垫。

# 第四章 相信系统：操作系统

我什么都不害怕，不害怕丢钱，但我害怕不确定性。

——索罗斯

## 第一节 操作哲学：股市二元论

股市里到处充满二元对立论，比如最基本的动作——买和卖就是一对二元对立。这些处处存在、时时存在的二元对立论该如何决策呢？其实所有股市的问题都可以归结为这些二元对立，面对如此纠结极端的二元对立，我们究竟该如何抉择、如何决策？

常见的二元对立：牛市和熊市、买和卖、持股和持币、早盘与尾盘、踏空与被套、贪婪和恐惧、轻仓和重仓、择股与择时、过去与未来。

**牛市和熊市：**《股票投资要义》一书里已给出了判断：公元尾数为6、7、9的年份为大牛市，公元尾数为4、5的年份为寻底熊牛转换，公元尾数为8、0、1、2、3的年份为熊市或者震荡熊市。这只是宏观判断，是大趋势的判断，是月线级别或者季线级别的。

**买和卖：**在买点买，在卖点卖。如果既不是买点也不是卖点，就保持现在持股或者持币的状态不动，不改变现在的状态。在牛市里，卖错了可以立即追回来，在熊市里卖错了绝对不能反追！在牛市里，买错了也不能轻易换股，因为你持有的股可能很轻易地两周走一个大波段翻番；在熊市里，买错了绝对要立即纠正，止损离场。买错了，要继续买，大概率是对的；卖错了，要继续卖，大概率是对的。

**持股和持币**：牛市里，持股为主，偶尔持币，比的是谁会持股，谁拿得住，谁的持股时间长。熊市里，持币为主，偶尔持股，持股时间可以最短不超过5分钟，比的是谁会持币不动心，谁忍住不买，谁空仓时间长。

**早盘与尾盘**：牛市里，早盘低开几乎必买，早盘无论怎么开都可以打开账户买，相反不能轻易早盘卖。熊市里，无论如何不能早盘买，一定把操作账户时间控制在下午14：45以后，熊市里，早盘可以随便卖。

**踏空与被套**：踏空难受，好像自己很无能、很没本事，但没有损失一分钱；被套难受，则人往往会安慰自己会涨起来的。如果你觉得踏空比被套更难受（比如卖早了少赚了），那么你不合格。如果你认为被套远远严重过踏空，算是及格吧。

**贪婪和恐惧**：人类犯的99%的交易错误，都是贪婪造成的，跟恐惧无关。

**轻仓和重仓**：牛市所有的买卖操作都要重仓，并且要集中；熊市里所有的买卖操作都要轻仓，并且要分散。

**择股与择时**：牛市里择股重要，好股可以翻3~10倍，差股1倍都翻不了，并且牛市里不能轻易换股，一换就容易放牛，卖掉的股狂飞上天，持有的股不动弹。熊市里择时重要，只在最关键的时间点操作，要研究可能反弹的暴涨时间点和暴跌时间点。此外，大机构大资金（管理资金1亿元以上）永远都是择股重要，择时不重要，一个最近的事例就是股灾前的科伦药业，小天鹅A等股票都收复了失地，另外的几只在股灾时极其抗跌，至少回避掉五六个跌停。如果管理资金几十亿元、几百亿元，研究择时显然是不靠谱的。世界上所有的股票多头基金都是靠择股作为核心竞争力和独门秘籍的，这也是区分不同基金的重大标志。择时的人有一个天然假设：认为自己比市场牛，比市场准，能驯服战胜市场。一般是一些管理几百万级资金的人，资金规模一上去就不行。

**过去与未来**：你现在犯的错误是因为你"纠正"过去的错误而犯的，你未来是否会犯错就在于你是否能保持现在的状态，无论现在是"对"是"错"，简言之，交易没有对错，只有可接受的结果与不可接受的结果。

以下介绍几个更重要、更核心的二元对立：知与行、买盘感与卖盘感、K线与分时。

**知与行**：80%以上的问题都是由于我们"不知"或者"知的不深入"造成

的，绝不能简单地事后归纳总结为"我心态不好"、"我没有知行合一"等一些很模糊、很概念性的语言。通俗地说，谁也不是傻瓜。拿最近来说，假如你买进一只股票，下跌了，你不能说自己心态不好吧，你不能人云亦云地说自己做不到知行合一吧，要是你事前知道它会跌，傻瓜才会买。只能说跌了，要按照跌的情况去应对，提高自己事前"知"的水平。

**买盘感与卖盘感：**这其实可以分为 6 类情形。分别为"大牛市、中牛市、小牛市、大熊市、中熊市、小熊市"。在这里只阐述一种除了大牛市相对都适用的情况。

好的买盘感＝死活不敢买（可能是涨得太高不敢买，也可能是跌得太深不敢买，觉得买进可能会出大事）+假如要买那必须皱着眉头咬着牙关买。

反之，如果你觉得买进就要发大财，买进很顺利，甚至觉得钱不够用，那一定要小心别买或者少买，戒贪！！！

好的卖盘感＝死活舍不得卖（可能是正在大涨不敢卖，也可能是正在大跌不敢卖，觉得卖了就损失了好多预期盈利或者减亏）+假如要卖很可能卖在不好的位置。

反之如果你觉得卖出之后赚死了（往往是更大主升浪前夕），卖了抱牢现金最重要（往往是阶段底部），反而可能不该卖，应再持仓忍一忍。

**K 线与分时：**站在当下的时间点，时间足够的话，分时线演化成任何 K 线的可能性都存在，且概率基本相等。站在当下的时间点，比如一根最常见的日 K 线，后续一天出现任何一种形态的可能性都存在，且概率基本相等（但不包含第三方信息，如果包含，那就要按照 6 种情形来分类区别概率，但是除非大牛市大熊市，则后续演化 K 线的任何可能都存在，且概率基本相等或者相差不大），做短波段的尤其需要注意。

二元对立论的核心哲学思想：牛市里的所有策略，在熊市都要"反之则反"倒着来。如上节说的：牛市要满仓持股，拿住足够的时间集中做一只，熊市则轻仓做短线持股，越短越好，不超过 1 小时最好分散做很多只。

投资哲学里有一个千古悖论："盈亏同源"，大意就是：过去你因为某个原因交易一次赚了钱，下次你还以这个原因交易，可能输钱也可能赚钱是不确定的。过去你因为某个原因错过了一波行情，这次你义无反顾进去，那么行情可能没有。过去你因为某个原因输了钱，下次你因为这个原因操作，可能会错过行情。2015年1000多家基金清盘，据说有很多基金跌到净值0.3，净值在0.5附近的比比皆是。大佬巨幅回撤，自杀也见诸报端。这就是因为"盈亏同源"，上次成功的原因也许这次就变成失败的原因。

股市二元论：坚持每天盘后"分析＋预判＋选股＋计划"；第二天盘中"验证＋决策"，盘中是决策时刻，增强决断力，需要快速手起刀落；盘后是分析的时刻，增量逻辑力，需要放松缜密研究；盘后主要是回翻以前自己交易过和观察过的股票，一方面是不放过漏网之鱼，防止出牛股而漏过；另一方面看看自己交易过的走势，总结经验教训。盘中能力比盘后能力重要2~5倍，主要因为：一是验证判断，二是一定迅速纠错更改判断，三是按照常规模式翻股票，下午14：30开启绝招模式选股。盘后计划，盘中应对；增强盘后计划的完备性，增强盘中决策的果断度。

这是我的真实交易感悟，许多操作的内容都来源于此。

股市二元论：宏观分析和基本面分析能解决大部分期货商品的趋势方向问题，但是如果没有良好的开仓点和持仓定力，你可能终将一无所获；择股能力和择时能力能解决大部分问题，但如果没有丰富的经验做基础的策略，你可能终将归于大众的泥潭。

股市二元论：做期货，区分震荡和趋势就牛大了；做股票，区分牛市和熊市就是超级大牛了。

股市二元论：预测，要轻仓；应对，可重仓。

股市二元论：什么时间应该用大盘的买卖点控制个股的买卖点？什么时间应该忽略大盘的买卖点，做个股长持？

股市二元论：什么时间预计大盘要跌了该卖？（熊市）；什么时间预计大盘要跌了该买？（震荡市，牛市）

股市二元论：大方向正确，小方向验证。

股市二元论：双底有多可靠，你知道我知道。

股市二元论：多翻空，本质是不贪与管住手，体现了历尽牛熊的沧桑；空翻多，本质是勇气与自信判断，体现了感知行情要来的嗅觉。（空翻多的时候，大部分人已经没钱了）

股市二元论：知道牛股目标位该怎么操作？（死拿）不知道又该怎么操作？

（波段滚动）

股市二元论：熊市日线周线月线60分钟线找顶空仓；牛市各周期找底满仓。

股市二元论：（在大势可以操作的时间内）技术分析基本可以解决90%的问题，因为信息与走势终需完美。此时最怕心态失衡。（看别的股牛心里不爽）（在大势不可以操作，空仓的时候）技术分析失效，此时其他任何分析都失效。（此时最怕贪婪）

股市二元论之三大终极哲学方法论：顺势而为；空仓避险；增加福报财运。

股市二元论：择时能力是判断买不买的问题，负责风控。择股能力是买哪只，买多少的问题。做收益80%靠择股，有时需要一些运气。做风控80%靠择时，有时需要极大的忍耐力。

股市二元论：牛市勿叶公好龙，胆小怕事，心理障碍；熊市勿逞能验证，胆大妄为，幻想奇迹。

股市二元论：买了之后不等于一辈子长持，要准备卖！买的时刻要想何时卖！卖了之后不等于不碰，要准备在合适的时机买回翻身上马，很多大牛股是自己曾经交易过了，因为交易过而忽略了。要准备买！

股市二元论：牛市不能做"放牛娃"，熊市不能做"斗熊士"。如果做了，要反思。

股市二元论：前一波踏空后一波就容易被套；前一波被套后一波就容易踏空。解决办法：轻仓控制回撤，保持资金平稳移动。

股市二元论：一般情况下做收益靠择股，做风控靠择时。牛市择股重要，熊市择时重要。偏熊的市场择股应该在平时，择好时再买；择时在当下更重要，需要认真择时。偏牛的市场择股应该在当下，需要买的时间当下选股也不算晚，择时就不太重要了。

股市二元论：偏熊的市场买左卖右，可以把收益做出来，要是买右卖左或者卖右，收益会很低，特别是大资金，还要做风控。偏牛的市场可以大胆买右、卖右或者卖左、买右，可以提高效率，因为在偏牛的市场里一启动就是一个波段。

所有的交易错误，都是贪婪引起的；如果不贪，便不会有交易错误。

恐惧最多让你踏空或者少赚点，贪婪才是毁灭之源。

"知行合一"：知行合一的三个境界：知道自己知道，行动跟不上；知道自己知道，知指挥行，行动慢半拍；行动已经影响了结果，发现是自己无知。

"当下与预期"：预期是提前设好的，不能看着盘面谈预期。当下是指当下的价格，当下的价格你预期要涨就买，你预期要跌就卖。

"高与低"：高与低在一个阶段是绝对的，过了这个阶段就是相对的。

"舍不得平仓"：没有把握当下，总是说再涨我就卖，再跌我就买。不是根据当下做决策。

"急与缓"：缓才是正路。着急的操作都不是好操作。好的操作时机都会有充足的时间开平仓的，不管你使用任何周期。

"低接与高拍"：一旦到达一个平台，一个台阶，都可以高拍低接，走出一个新的趋势少则2周，多则2~6个月。

## 所有的大趋势行情的运行铁律就是"一段简单的趋势+一段复杂的调整（震荡）"，这就是节奏的定义

假行情对应的情绪是"恐惧"；真行情对应的情绪是"贪婪"！

那么，第一条绝对应该遵循的定理就是：在"一段简单的趋势里"，什么都不应该操作。就应该持仓。第二条绝对应该遵循的定理就是：在"一段复杂的调整（震荡）"，才涉及"如何操作"这个问题。

关于"如何操作"，那么一系列的问题就来了，几乎所有投资的问题都集中爆发了：

（1）"买与卖"：预期要涨就买，预期要跌就卖（这真不是废话）；可以先买后卖，也可以先卖后买。买的时候一定买，否则无法将来卖，买错了怕什么，我们既然来到这个世界，就没想过活着离开。卖的时候一定卖，否则无法在将来买，卖错了无非少赚点，卖对了你可以庆幸一辈子。

（2）"先与后"：前面忘了买了，现在是卖的时刻，仍然可以先卖；前面忘了卖了，现在是买的时刻，仍然可以再买。

（3）"节奏"：判断出是趋势还是震荡就是最大的节奏，只有抓住同一个品种的节奏，才涉及其他品种的节奏，才涉及资金管理的节奏，没有单一的节奏，就没有后面的一切。

（4）"空间的大与小"：明知要涨，空间再小，哪怕只有50点，也要重仓；明知可能跌，哪怕未来涨的空间再大，也要先空仓。

（5）"恐惧、贪婪"：下单后睡不着觉的单子不是好单子，犹豫浮盈太大该不该平仓的时刻就一定要平仓。

（6）"怕与不怕"：收益是对风险的奖励；建仓时不敢重仓，盼望着加仓或者补仓，那就是怕。

（7）"舍与得"：不做期货的风险比做期货的风险大得多。做生意，上班耗费的风险收益比完全不对称，亏大了。人来到世上，只有做期货（广义金融投资），才能让自己的风险收益比很高。

（8）"犹豫与果断"：单子进出是犹豫；简洁的一进一出是果断。如果真的犹豫了，就选择账户里的固定结果，空仓，后面将会涌现出无数更好的机会。

（9）"对与错"：对与错的判断是主观的，操作其实没有对错；某种意义上说，操作都是"对"的，止损了，你选择了损失，规避了更大的风险。减仓后朝目标价前行了，那是你选择了避免反向波动；加仓后回档了，利润略微回撤，那是为了后面更大的机会。操作里，没有对错，只有取舍；若你非要分出对错，那迟早会酿成大错。

（10）"空仓与持仓"：最基本的动作，节奏控制器。空仓，说明你马上要抓住下一个大机会。持仓，不管是不是大机会，都要小心应对，是走是留，其实是"是生是死"的大问题。

有时候，行情是真行情；有时候，行情是假行情。

真行情经常是：加速上涨，加速下跌；平稳上涨，平稳下跌；放量暴涨，放量暴跌。

假行情经常是：趋势中的反向急涨急跌；震荡时期的假突破，诱多诱空；震荡末期的反向急速拉升或下坠。

真行情的操作策略以持仓和减仓为主。假行情的操作策略以加仓和建仓为主。

假行情因为走得虚假，所以第二天或者最迟第三天就会急剧恢复到真行情上，所以假行情的判断和操作要及时，留给你的操作时间通常是不充分的，没有足够的反思和反应时间。

真行情因为走得太真，所以贪欲加大，入戏太深，往往会导致持仓不动甚至加仓，擅自扩大目标点位，从而在真行情结束时的"真的反向行情"中回撤。

假行情往往发生在建仓初期、一轮趋势行情的目标位前半段，以及前半段的震荡期。

真行情往往发生在趋势刚开始的那一段、一轮趋势行情的目标位后半段特别是大行情的末尾。在大行情的末尾，都是大 K 线，这时真作假时真亦假，切不可入戏太深。

假行情对应的情绪是"恐惧"；真行情对应的情绪是"贪婪"。

感性一点：假行情往往走得特别的吓人和恐怖。真行情往往走得特别的稳重和低调。

真行情的末期会演变成两种可能：一是假行情，二是真的反向行情。

假行情的结束只有一种可能：真行情。

**常见的交易错误：**

（1）明知已经犯错的情况下，无助持仓，被动傻等。不知道止损平仓，直面账户不逃避。

（2）在刚开始的时候恐惧，进进出出，拿不住单子，浪费建仓成本和资金。

（3）在行情进入中局震荡的时候再次进进出出，拿不住单子，浪费建仓成本和资金。

（4）在行情进入下半局的时候，死拿单子，加仓；不知道减仓。

（5）刚开始的时候轻仓，追着建仓，导致成本太高。

（6）不自信，看对不敢建仓，导致错过大行情。建仓要克服心理障碍，调整心态、克服建仓和平仓的心理障碍。

**资金管理心得：**

（1）建仓后（30%仓位）不加仓；到位后平仓，简洁到极点，一进一出。

（2）盈利后反思与等待一个星期，防止回吐（这点一定要切记）。

（3）增加耐心；在正确的时机（爆发点）建仓，建仓后不反复就直接爆发行情。

（4）只做有安全边界的确定性行情。

（5）少即是多，慢即是快，准即是狠。

**交易逻辑：**

（1）基本面与技术面共振进场（其中有一点是贴近 MACD 的 0 轴的小 K 线进场，远离 X 的大 K 线出场或者减仓）。

（2）板块轮动决定是震荡还是趋势。

（3）出场点为震荡全出；趋势过目标位中线出一半。

(4) 特别注意趋势与震荡的结合部。此时技术分析很有效（一段简单的趋势，一段复杂的震荡，就是所有的行情必然遵循的结构）。

(5) 一个股票趋势为主，一个股票波段为辅。

(6) 不被自己的观点和头寸绑架、辩护、影响。

## 第二节　静态操作系统

操作系统的数学（计算机定义）：一个完备的人机交互系统，人通过这个系统让计算机工作。

操作系统的生物学意义类似于条件反射：出现了 A 信号，就一定出现 B 动作。

**操作系统的股市定义：一套关于入场、离场，买卖的止损、止盈的完备的信号规则的总和**

一个股市操作系统必须满足两个"可以一票否决"的条件，满足不了其中任何一个都不能称之为股市操作系统。

第一，完备性。任何一个交易日的行情必须能在这个操作系统里找到自己的位置，是进场，离场，多少仓位，什么股票都要有明确的"yes or no"；即使都不符合，也要有"空仓"提示。不能说这种情况我的系统解决不了，然后再去修改自己的交易系统。如果微软公司每天都修改操作系统，那么全世界的大部分电脑都将无法工作了。

第二，对应性。一个买进信号发出，同时必然生成一个预备卖出的信号。不能说先进场看看，边走边说，那不叫交易系统，叫主观交易；或者一个买进入场信号发出来时，同时要给出一系列卖出的条件，当这些条件发生时就卖出离场。

做交易时一定要有交易系统。只有交易系统出现信号，你再入场或出场，其他时间就是等待，做了单子的就安心持有，不管亏还是赚；没有仓位的就等待，等待信号出现。为什么叫标准化操作系统，主要是避免投资者随意性交易，因为人性是有弱点的，心态又是交易中最重要的因素。当然您也可以主观交易，只要能挣钱即可,关键是凭主观交易有几个人能避免贪婪、恐惧、后悔的折磨?有几个人能做到知行合一?做到每次判断准确?

投机市中的操作系统,最简单的可以是一条均线,线上买,线下卖。哪怕你在北京,比如说出现雾霾就买股票,阳光灿烂就卖股票,这也是一个系统。还有的所谓"系统"更简单,比如逢单日买股票,逢双日卖股票;这些系统不一定能盈利,但是至少也是一套完备的规则。

最复杂的操作系统需要动用顶级数学家,在计算机的帮助下,在海量数据的基础上,建立若干复杂的数学模型,进行自动化交易。对于普通交易者而言,操作系统并非越简单越好,也不是越复杂越好,而是越高效越好,简单、复杂与好坏没有必然的联系。

一个好的操作系统应当具有以下特征:

(1)前瞻性,即对行情如何发展,应当做好预估,并评估预估结论的可靠性,充分兼顾到对、错两种可能的情况下,制定正确的操作策略,这样才可以做到谋定而后动,按计划行事,面对各种突发情况,能做到临危不乱,从容应对。

(2)明确性,即在什么情况下必须买,什么情况下必须卖。什么时候轻仓,什么时候重仓。预测对了,会怎么样,错了,当如何。出现什么样走势可证明是错了或对了,都有可量化的明确标准,这样执行起来就会很容易,不会发生知行不合一的情况。

(3)灵活性,在出现预测和判断失误的情况下,能够做到尽可能早地纠正错误。而不是根据预测结论,成为死多头或死空头,进而与趋势为敌。

(4)全局性,明确当下行情所处的阶段,市场是在上涨还是在下跌,是处在涨跌趋势的初期、中期还是末期,不同的市场条件下,在资金管理、操作周期、制定目标等方面应当是截然不同的。

要做到以上四点,需要建立一个完整的操作系统,这个系统应当由以下几部分组成:预测系统、确认系统、纠错系统、选股系统、策略系统。打个比方,整个操作系统就像一辆车,时间和空间是两个前轮,成交量及个股选择是两个后轮;预测系统相当于地图;确认系统相当于GPS导航仪和路标,市场运行到了哪里,一看便知;纠错系统相当于方向盘;策略系统为驾驶员操作手册及行车计划表;而操盘手,不用说,就是司机。大盘趋势,相当于道路。道路通向哪里,你决定不了,只要你前面几个系统是有效的,看清道路的方向并顺路行驶并不困难。至于这车如何开，完全取决于你自己，哪里加油，哪里休息，碰到堵车、修路，是试图强行通过，还是掉头回家，或改变路线，抄小道，耐心等待，有急转弯、陡峭山路是否要提高注意力，减速驾驶等，这些都是策略。工具齐备，策略得当，就会顺利达到财富目标，否则就可能会车毁人亡，做股票和开车两者何其相似？

这四个方面，都完全是为策略服务的，策略是操作系统中最为重要的，预测、确认、纠错，什么都可以错，并且错了也不要紧，唯独策略绝对不可以错，因为只有策略错误才能发生踏空或套牢这种人间惨剧。当然，这里所说的对错，肯定不是以赔赚为唯一标准。有些情况下，小赔出局，却回避了大幅下跌，这远比赚钱还重要。

操作策略的核心，可以是预测，可以是确认，可以是特定的空间位置，也可以是时间周期，可以是选股。只要是成功率够高，能做到不与趋势为敌都可以。这样根据自己的知识结构，所长所短，量体裁衣，不必强求一致。好的策略，虽然也会有优中更优者，但总的看各有千秋，没有必要用自己的标准去否定别人的东西。不好的系统，却会有共同的特点。比如下跌趋势中不会空仓，不断抄底，甚至追高、割肉，上涨中小赚即抛，不能做到让利润奔跑，均为逆市操作。

操作系统也是因人而异的，不同的人因为学历、阅历、投资经历、投资偏好、风险偏好等因素，适用的操作系统也不同。这个世界没有一个适用于所有人的万能操作系统。选择、构建、打磨一套属于自己的能盈利的操作系统，是一项重要的基础性工作。

**在简单的移动平均线中，最著名的就是格兰维尔八法操作法。**

首先，我们来看格兰维尔提出的四大买进法则：

（1）平均线从下降逐渐走平转为上升，而股价从平均线的下方突破平均线时，为买进信号。

（2）股价虽跌破上升的平均线，但不久又掉头向上，并运行于平均线的上方，此时可加码买进。

（3）股价下跌未破平均线，并重现升势，此时平均线继续在上升，仍为买进信号。

（4）股价跌破平均线，并远离平均线时，很有可能产生一轮强劲的反弹，这也是买进信号。但要记住，反弹上升后仍将继续下挫，因而不可恋战。这是因为大势已经转弱，久战势必套牢。

其次，我们再来看格兰维尔提出的四大卖出法则：

（5）平均线走势从上升逐渐走平转为下跌，而股价从平均线的上方往下跌破平均线时，是卖出信号。

（6）股价虽反弹突破平均线，但不久又跌到平均线之下，而此时平均线仍在下跌时，这也是卖出信号。

（7）股价跌落于平均线之下，然后向平均线弹升，但未突破平均线即受阻回落，仍是卖出信号。

（8）股价急速上涨远离上升的平均线时，投资风险激增，随时会出现回跌，这又是一个卖出信号。

格兰维尔移动平均线八大法则中的前四条是用来研判买进时机，后四条是用来研判卖出时机的。总而言之，运用移动平均线对股价走势进行研判时，大致应遵循如下规则：

当平均线上升时为买入机会，下降时为卖出机会；当平均线由跌转升，股价从平均线下方向上突破平均线时，为最佳买入时机；当平均线由升转跌，股价从平均线上方向下跌破平均线时，为重要卖出时机。

格兰维尔八法就是一个最简单的大家都知道的操作系统；但是显得有些过于通用了，对中国股市的专用性不强。

## "股市趋势追踪"操作系统

年收益目标：牛市：50%；震荡：40%；熊市：20%（或者空仓）。

### 一、年级别大势判断

牛市：周K线图：5周均线上穿10周均线；10周均线抬头；向上排列发散。

熊市：周K线图：5周均线下穿10周均线；10周均线低头；向下排列发散。

震荡：周K线图：均线5周、10周、20周线交织在一起。

月级别趋势判断：改为日均线，趋势同上。

## 二、选股策略

大牛市：蓝筹股中字头；筹码集中股。
小牛市：高科技高业绩活跃的股票，中小创。
小熊市：兴风作浪过山车的股票，庄股。
大熊市：ST 垃圾股或者空仓。

## 三、股票池策略

不超过 10 只股票。
长期横盘启动走牛，一周内有涨停板、热点股。
基本面要符合理论要求。
不追涨非股票池中的热点股，避免操作随机性。
一个月内股票池换股不能超过 5 只，保持分析跟踪的持续性。

## 四、买卖策略

买入点：5 日线上穿 10 日线是买入。
买入时间点：14：00 左右。
卖出点：5 日线下穿 10 日线是卖出。
大盘点：上面是个股操作策略，在个股趋势不明朗时，可以参考大盘趋势，如果大盘处于趋势明朗期则可以等待个股趋势明朗再决定，否则立即操作。

## 五、止盈止损策略

止盈点：出现卖出信号时，高位震荡期间半仓。
止损点：亏损 5%卖出。
冷静期：连续出现 2 次亏损时，要空仓 2 周以上，总结分析，并等待明确的机会才出手。

## 六、仓位管理

同时持股数量不超过 3 只。
上升期明确 1 日后，满仓操作。

胶着期明确1日后，半仓操作。

下跌期明确1日后，空仓操作。

## 七、心态修炼

严格按照交易纪律执行。

利用闲钱投资，严禁借钱投资。

永远只交易最简单、最容易搞清楚的一段行情，永远只做跟随市场的笨蛋，不做试图提前市场的聪明人。

当然这个"股市趋势追踪"系统比较简单甚至简陋了点，但是预期收益也是正的，每年坚持这个系统操作，能挣钱。也许很多人不喜欢这个系统，也许很多人看不上这个系统，但也许更多的人连这样一个简陋的操作系统都没有。沪深A股涨的时候暴量，跌的时候凶狠，就是这个原因，很多人没有系统就进场猛操作。

关于操作系统，有许许多多的误解。有的人以为自己不能盈利的原因就是没有自己的操作系统，有了自己的操作系统一定能盈利。有的人认为自己没有获得超额收益的原因是自己的操作系统不够好，需要寻找到更好的操作系统。有的人认为世界上存在一种很神奇的操作系统，据此操作就可稳赚不赔。

事实真的是这样吗？

首先，我必须向大家说明，这个世界没有"永动机"，也没有秦始皇想要的"长生不老药"，当然也不会有一种万能的永远稳定盈利的操作系统，如果真有的话，聪明人早就发现了，还轮得到你？

其次，也并不一定你有了好的操作系统就一定稳定盈利。好的操作系统首先需要很强的执行力，100%的服从；好的操作系统也不一定适合每一个人。每个人需要找到适合自己的操作系统，就好像找到适合自己的鞋子和适合自己的婚姻一样。婚姻和鞋子，都需要磨合适配，不是标准化的一句话"好"或者"不好"来回答的。

要想找到适合自己的操作系统，首先要摆正对操作系统的认识和定位。

操作系统，好比是毛主席的军事指导思想，十大军事原则。完全服从这种指导思想也许不能保证每次都打胜仗，但是不会败得太难看，有后续机会。操作系统是战略层面的，"操作思维"+"操作策略"的组合是战役层面的，具体的交易动作是战术层面的。

当然任何操作策略和操作思维必然是由你的操作系统衍生出来了，是一种操作系统面对行情的细化，可以分也可以不分。我个人倾向于把操作系统和操作思维与操作策略分开表述，让大家的头脑中有清晰的概念。

简言之，服从了一套属于你的好的操作系统很可能会稳定盈利，即使不能稳定盈利，也必然不会有大的失败，因为任何操作系统都有严格风控的部分。但是如果你不服从操作系统，或者没有操作系统，或者操作系统过于粗糙，没有证明它的有效性，这都会导致毁灭性的结果。

那么如何评价一套操作系统呢？我认为只要有一个核心关键指标就够了，那就是"盈亏比"，所谓盈亏比，就是盈利的平均金额除以亏损的平均金额。比如你投入 100 万按照某一套操作系统交易 10 次，盈利 4 次，分别盈利 10 万、20 万、30 万、40 万；亏损 6 次，分别亏损 5 万、10 万、5 万、20 万、3 万、10 万、2 万。则盈利时平均盈利为 25 万，亏损时平均亏损为 9.2 万，盈亏比为 25/9.2＝2.72。

2.72 的盈亏比，如果你利用这个交易系统不断地重复交易，进行 100 次，1000 次交易，按照 2.72 的盈亏比，是一定能够盈利的。盈亏比低于 1 就是亏损了。但是我们在客观评价时，要考虑一些冗余度的因素，我个人认为，盈亏比无论如何不能低于 2，盈亏比在 3 算是 70 分，盈亏比做到 4 算是 80 分，盈亏比到 5 算 90 分，盈亏比高于 5 的都可以算满分了。

盈亏比高于 5 的交易系统其实很少，也很难找。大家可以测算一下自己长期坚持的交易系统（或者叫买卖规则）盈亏比是多少？

盈亏比大家接触的比较少，据我所知，有一些盈亏比很高的交易系统胜率并不高，也就 30%。也就是说，交易 10 次，对 3 次，止损 7 次，但是对的 3 次赚了很多钱，输的止损都控制得很好，总体一计算，盈亏比还是很高，可以达到 3 以上。其实这样的交易系统或者买卖规则是符合规律的，因为行情本来就是单边趋势的时间很少很短，复杂震荡调整的时间很长很多，所以低胜率高盈亏比的系统是符合科学规律并且一般是趋势追踪系统。在常识性的印象里，大家一定觉得好的交易系统一定是胜率非常高的，做 10 次对 9 次，现实世界完全不是那样的。

衡量交易系统的核心指标是"盈亏比"，其他辅助指标，胜率算一个，如果两个交易系统盈亏比都是 4∶1，但是一个胜率是 50%，一个胜率是 30%，那一定要选胜率高的。反过来说，两个交易系统，一个盈亏比是 4∶1，一个盈亏比是2∶1，盈亏比高的胜率为30%，盈亏比低的胜率为60%，这样比下来其实还是选择盈亏比高的那个交易系统划算。

不同的交易系统还有交易频率，绝对的期望收益，持股周期等数据指标。这些冰冷的数据指标只能说明一些硬性的东西。真正要实现交易，最好还是亲身试验一段时间，只有试验过的才是最好的。好的交易系统就是盈亏比和胜率都比较高的系统，适合的才是最好的。

如何建立操作系统？

在建立操作系统之前，我们首先问自己，做投资的目的是什么？是一夜暴富？是稳健增值？是快速增值？还有，预期收益率是多少？是一年100%？是一月100%？是一年30%？是一月30%？是一年200%？是一年50%？这都极大地影响我们如何设计自己的操作系统。另外，对于风险，我们的承受能力如何？风险偏好如何？能忍受30%以上的大幅回撤？能忍受20%以内的小幅回撤？只能忍受5%以内的轻微回撤？任何回撤都不能容忍的？这几个关于风险的问题也是必须考虑的，没有弄清楚盲目地说操作系统的意义是不大的，至少不是最适合的。

在搞清楚自己的风险偏好的时候，很多人会发生一些导向偏向的情况，因此我建议还要认真评估自己的风险承受能力。有些大银行、大券商、国际券商会有很复杂的评测系统来专门评测每个人的风险偏好和风险承受能力。其实我觉得只要回答三个问题就好了：有没有50%拟投资股市金额的固定资产？有没有100%拟投资金额的备用金？有没有30%拟投资金额的现金流？三个问题的答案全部为：有，没有，有一部分。若全部答"有"，便是保守型，风险偏好度很低，但是风险承受能力强。若全部答"没有"，便是激进型，风险偏好度很高，但是风险承受能力低，容易产生情绪大幅波动。若全部回答"有一部分"或者有的问题是"有"有的问题是"没有"，便属于"平衡型"，风险偏好中等，风险承受能力中等。

俗话说，认清别人容易，认清自己很难。当我们在嘲笑那些融资加杠杆被迫斩仓跳楼的人的时候，我们也反思一下自己是否有如此贪婪的思想？当我们羡慕别人稳健增值的时候，是否我们应该放下一切，临渊羡鱼，不如退而结网。

作为一名平衡性投资者，平衡偏稳健。这从我定义的仓位可以看出来，我认为轻仓就是15%仓位，不超过20%；中仓就是40%仓位，不超过50%；重仓就是70%仓位，不超过80%；永远不满仓且永远不超过80%仓位。

另外根据历史经验,大部分人都会夸大自己的风险偏好,高估自己的风险承受能力。就好比所有的男人都认为自己的女朋友爱自己胜过前任一样。等到风险来临的时候,立刻六神无主,输一点钱就变得心情抑郁,精神错乱。高估自己的风险承受能力和高估自己的能力一样,都是虚荣心在作怪,这也是人类的本性之一。

所以我认为80%的人都是风险厌恶型的投资者,因为没有人愿意输钱,更没有可以承担大幅输钱的心理能力。如果按照"平衡+稳健"的思路设计操作系统,能满足最大多数人的需求。同时,那些自诩自己很牛,可以承担大幅回撤的人在经历几次失败之后往往也会往稳健型投资者回归。毕竟,安全感是所有人类和动物的第一需求。

设计操作系统需要包含哪些要素?

**操作系统要包含完善的7个要素:大势判断、操作思维、选股、选时、买卖规则、资金管理、风险控制。**

光完善是远远不够的,这些要素不是填充内容就完事了,而是这些设定的规则要经过验证,或者公认的真理,公认的规律;再则这些内容要有相当高的准确率,要达到70%左右。不过,评价一个操作系统前面已经讲了,要看盈亏比,盈亏比相同看胜率;其他的交易频率,资金容量,最大回撤等要根据个人风险偏好设定。

首先必须阐述的就是对这些内容的认识,因为,即使把金山覆盖一层薄膜放在有些人面前,如果他认识不到其中的价值,依然会选择走开。如果我直接给一套盈亏比4:1,胜率达到50%以上,最大回撤不超过10%的操作系统在你面前,如果你不能真正认识里面的深意和巨大内涵,你还是不懂得珍惜。有句话不是说吗:别人嚼的饭没意思;还有一句话说:一个人总是要失去了才懂得珍惜。

**首先要看大势判断**,我赋予大势判断在整个操作系统中的权重是30%,远超七分之一的平均等权分法。这可能在很多人的意料之外,因为有很多人经常满仓操作,不论大盘好坏。大势判断的准确率要求是怎样的呢?这要分三重境界:第一重境界,可以判断中线的趋势,也即未来3个月的趋势,要求能指出未来的行情拐点，技术上为周线级别；第二重境界，可以判断短线的趋势，未来3周的趋势，要求能指出未来的行情拐点，技术上为日线级别；第三重境界，可以判断超短线精确到日内的拐点，技术上为60分钟线级别。我认为最好这三重境界都达到才好。大势判断的准确率，不能低于80%，这个要求是非常高的。为什么要求这么高？这是因为：如果大盘是涨的，你持有了大量股票，如果你选股能力不是很好，甚至因为运气不好选中了走势较弱的股票，最终的结果也会是好的，涨多涨少而已。另外，如果你判断大盘是稳涨的，你的持仓心理会很安定，甚至敢于低吸，从而降低持股成本获取最大利润；如果不知道大盘未来是涨是跌，持仓心理动荡不安，一个小小的走势就会放大情绪，带来你不想要的操作结果，还很可能睡不着觉。

如果是在熊市里，任何股票都会下跌的。且不说是大熊市，就说2016年1月4日~2月5日这一个月的跌势吧，中间还有两三次小反弹，且统计的最后交易日2月5日是反弹的高点，在这个基础上，这个月96%的股票都是下跌的，只要持股必然会有亏损，多少而已。即使你买到了那4%按照收盘价统计是涨的股票，你也很有可能止损割在底部，而不是"恰好"卖在反弹的高点，这是人性和常识。这个月基金平均回撤30%，个人投资者损失超过这个数的也不在少数。一头小熊尚且如此，何况中熊、大熊？

**其次是操作思维**，也可以称之为在不同市况下的操作策略，但是这个操作思维是在对大盘的判断的基础上才能确定的，因此准确性还是取决于对大盘的判断能力。操作思维在操作系统中的权重为15%。操作思维就好比打一场战役的计划，打多久，战场范围多大，这些要提前设定好。不能边打边修改作战计划，随意增兵，随意更改作战方向。

选股，选时，买卖规则，资金管理，风险控制，这五项除了风险控制占权重为15%之外，其余几项各占10%。

**选股**，当然是按照选股四要素来选择"盘小，优质，有庄，在买点上"，做收益主要靠选股，在大盘涨的时候，不同的股票涨幅相差非常大，收益的大小就完全取决于你持有的股票；在大盘跌的时候，所有的股票又一齐下跌，跌幅都非常可观，这就是股市的奥妙。想挣钱，必须找出那些能连续上涨的股票，在大盘微涨的时候，它能带头涨；在大盘稳涨的时候，它能快速涨。股票的差异就是不同的操盘手之间的差异，可以说是核心竞争力。很多人比较牛就是因为他有自家的独门股票。

**选时**，主要是对进出场时机做出精确的确认，进出场时机包括两套，一套为中线波段，一套为短线投机。买卖规则，是对自己的交易进行纪律化的规定，先规定明确不能违反的，比如我的买卖规则有两条是绝对不能违反的："除非在大牛市，都应该下午买。""任何买入的时机必须是技术指标的买点，且必须是短线买点，买入之后快速上涨"。择时是控制风险的主要手段和第一位的手段，因为即使在大牛市，也会有较大的调整，择时的作用就是避开调整，当然更要避开大熊。如果觉得市场不适合操作，那就干脆空仓。这就是择时的作用。

**买卖规则**，买卖规则中应该还是有一些灵活和主观的部分，大致占20%~30%，因为在操作系统的逻辑架构里，是无法把每一次买入卖出的规则都写死的，那样的话直接变成程序化交易就好了，可惜中国的A股，股票交易，特别是大资金的股票交易，是不可能实现机器自动交易的。买进规则，主要有哪些，在不同的操作思维下是不一样的，不同的市况的买点是不一样的，总体的买进规则有一点是不能违背的，那就是必须是技术买点。卖出规则在不同的市场状况，操作思维下也是不一样的，收益的预期不一样，止盈的卖出当然就不一样。卖出不一定等到出了技术卖点再卖，因为等到出了卖点，应该已经有一两根阴线砸下来了，利润会损失比较大。卖点需要一定的预判，到了止盈位就卖，到了可能出现的高点，也可以卖。

**资金管理**，是一套纪律性的管理规定。比如我的资金管理纪律有两条："一个会计年度，每做出10%的利润就转到银行账户保护起来"；"首次开仓之后，有了盈利再开新仓"。资金管理的要求还有一条：永远不用融资，不用配资，不用杠杆，这些都容易加大自己的情绪，行情的微小波动就被放大成很大的情绪，造成不好的结果。

**风险控制**，就是一些铁律了，每个人都有不同的体会和规定，我的风控原则和条款也非常多，其中有三条是非常重要的，"永不满仓，重仓最高到70%"，"交易要轻仓"，"熊市，指数跌破30日均线，空头排列，绝对空仓"。风控的条款在操作过程中起到最后的保障作用，确保自己不会因为"贪心"、"侥幸心理"而犯错误。此外，牢牢谨记风控条款还可以让心情平静，避免因为情绪剧烈波动而造成的无谓损失。

## 稳健增值操作系统

判断一个操作系统好坏数据量化可以用盈亏比，盈亏比相同看胜率。但这两个数据都不是可以一下子看出来的，当我们在别的什么地方看到一个操作系统，或者某一个高手展示自己的操作系统的时候，如何直观地在第一时间判断这个操作系统是否可以实战呢？我认为就是看能否实现了"完全分类"，如果操作系统简单将股市分为"牛市"、"熊市"、"震荡市"那就基本可以不用看了。诸如此类，如果对行情的性质分类过于粗糙，条件也不是很严苛，那就会出现大量的情况你根本无法应对，就是"临时抱佛脚"回去翻操作系统也找不到应对的办法，这种操作系统有什么意义呢？

下面给大家详细介绍一下。

### 一、大牛市

判断条件：指数在 10 日均线和 30 日均线之上，且 10、20、30、60、120 日均线形成多头排列。

特别是：处于尾数为 5、6、7、9 的年份。

操作思维：长线重仓，或者中线重仓。

操作策略：持有 2 只股票，一只热点题材，一只大庄股。每当股票盈利 40% 时换股一次。

单只股票盈利目标：40%。

选股标准：第一只股"盘小低于 5 亿流通盘；优质有业绩有好前景；有题材有庄有资金运作；在买点上是一个日线买点"；第二只股"中盘 10 亿~40 亿流通盘，业绩优秀是行业领头羊；大基金大机构抱团在里面；是日线的买点"。按照 MACD 的次序，分别第一次上 0 轴，第一次回拉 0 轴。

买卖规则：日线买点进，回踩到 10 日、20 日、30 日、60 日均线进；达到预期盈利出，日线顶部出。

择时标准：日线顶背离应该空仓避开调整；日线单中枢双中枢顶背驰应该空仓避险。

资金管理：重仓，指的是投入最大仓位为70%；同时应该每做出总资金10%~20%的收益就往银行账户回，同时仍然将动态仓位控制在70%左右。

风险控制：注意回避大的调整。

## 二、波段牛市

判断条件：指数在10日均线和30日均线之上，但是10、20、30、60、120日均线并未构成多头排列。预判涨势可以超过1个月。

操作思维：中线中仓，短线中仓。

操作策略：持有一部分底仓，高抛低吸。持有三只股票。两只中线，一只短线。

单只股票盈利目标：20%。

选股标准：中线股为一只小盘，一只中盘；短线股则跟热点。

买卖规则：中线股的买卖规则为"技术指标买点+回踩10日或者20日均线"；短线股的买点按照日线买点和60分钟线买点共振。卖点为止盈卖出。

择时标准：需要回避的风险是一旦指数跌破10日均线，市场变转为"牛震荡2"，需要按照大盘的买卖点来确定个股的买卖点，也即一旦大盘发出买点，就买入股票，一旦大盘发出卖点，就卖出股票。

资金管理：中仓，指的是投入最大仓位为50%；同时应该每做出总资金10%的收益就往银行账户转10%，同时仍然将动态仓位控制在50%左右。

风险控制：注意指数的动态变化带来的市况变化，从而导致操作思维的调整。

## 三、牛市震荡 I

判断条件：指数在10日均线和30日均线之上，但是10、20、30、60、120日均线并未构成多头排列。预判涨势不超过一个月。

操作思维：短线中仓。

操作策略：一次性买进，一次性卖出。

单只股票盈利目标：15%。

选股标准：单只股票，按照选股四要素。

买卖规则：大盘出了买点就买，大盘出了卖点就卖。用大盘的买卖点来控制个股的买卖点。

择时标准：若均线扭转，形成多头排列，应该考虑转为"大牛市"操作思维。

资金管理：中仓，仓位不超过 50%；短线，持股不超过 1 周。

风险控制：注意指数若跌破 10 日均线，未跌破 30 日均线，转入"牛震荡 2"。

### 四、牛震荡 Ⅱ

判断条件：指数在 10 日均线之下，30 日均线之上。

操作思维：短线轻仓。

操作策略：涨过 10 日线加仓，跌破 30 日线清仓，遇 30 日线支撑低吸。

选股标准：单只股票，按照选股四要素。

买卖规则：大盘出了买点就买，大盘出了卖点就卖。用大盘的买卖点来控制个股的买卖点。

择时标准：应该注意小级别的背离转为大级别的背离。

资金管理：轻仓，指的是投入最大仓位为 20%；同时应该每做出总资金 10% 的收益就往银行账户转 10%，同时仍然将动态仓位控制在 20% 左右。

风险控制：一旦跌破 30 日均线，应该清仓。

### 五、大熊市

判断条件：指数在 10 日均线和 30 日均线之下，且 10、20、30、60、120 日均线形成空头排列。

特别是：处于尾数为 8、2、3 的年份。

操作思维：绝对空仓。

操作策略：不要着急抢反弹，反弹极难操作，有时指数涨个股普跌。买不对反弹的股票也赚不到钱。

单只股票盈利目标：无。

选股标准：无。

买卖规则：无。

择时标准：无。

资金管理：做逆回购，购买货币基金，或者转回银行吃利息。

风险控制：注意反弹时不要贪婪，不要怕踏空，不被反弹吸进去再次入市。

## 六、波段熊市

判断条件：指数在 10 日均线和 30 日均线之下，但是 10、20、30、60、120 日均线并未构成空头排列。预判跌势可以超过 1 个月。

操作思维：短线轻仓。

操作策略：暴跌之后可以轻仓做反弹，但是只做日线级别的反弹，不做日线以下级别的反弹。

单只股票盈利目标：5%。

选股标准：选股四要素＋极度超跌。

买卖规则：超短线，持股越短越好。一旦 60 分钟线顶背离即刻离场。日线级别买，60 分钟线级别卖。

择时标准：一旦指数变回空头排列，立即空仓。

资金管理：轻仓，指的是投入最大仓位为 20%；同时应该每做出总资金 5% 的收益就往银行账户转 5%，同时仍然将动态仓位控制在 20% 之内。

风险控制：指数变为空头排列空仓。指数涨过 10 日均线变为"熊震荡 2"。

## 七、熊震荡 I

判断条件：指数在 10 日均线和 30 日均线之下，但是 10、20、30、60、120 日均线形成空头排列。指数连续暴跌并且极度乖离，形成了日线的单中枢或者双中枢见底。

操作思维：短线中仓。

操作策略：中仓做反弹，一般会出现连续 1~3 个交易日的暴涨，应该逢暴涨就卖出，逢大阳线就卖出。

单只股票盈利目标：10%。

选股标准：选股四要素＋日线单中枢或双中枢见底＋日线 60 分钟线共振底背驰见底；以 2 只股票为宜。

买卖规则：买点买进。盈利 5%~10% 立即卖出。

择时标准：一旦见底之后指数又再次形成 60 分钟级别的顶背驰，就可以考虑空仓。

资金管理：做完反弹后立即空仓，转回银行账户。

风险控制：一定下午买，尾盘买。

## 八、熊震荡 II

判断条件：指数在 10 日均线之上和 30 日均线之下。

操作思维：短线中仓，短线轻仓。

操作策略：根据技术的买卖点进行操作。

单只股票盈利目标：10%。

选股标准：选股四要素＋日线单中枢或双中枢见底＋日线 60 分钟线共振底背驰见底；以 3 只股票为宜。

买卖规则：除了考虑日线的买点，还应考虑 60 分钟线的买点，同时注意日线的技术状态。

择时标准：一旦指数又再次形成 60 分钟级别的顶背驰，就可以考虑减仓；若指数遇到 10 日线强力支撑，轻仓滚动操作。

资金管理：做完反弹后立即空仓，转回银行账户。

风险控制：一定下午买，尾盘买。注意 60 分钟顶背驰转为日线顶背驰。同时注意若指数涨过了 30 日线，可能会短暂越过，再次下跌，不能一涨过 30 日均线就加仓。

## 九、空翻多

判断条件：形成周线单中枢或者双中枢的底背驰买点，月线处于底部。或者周线与月线共振的单中枢或双中枢背驰见底。

操作思维：空翻多之后，应该迅速确定大盘的指数位置和状态。

## 十、多翻空

判断条件：形成周线单中枢或者双中枢的顶背驰卖点，月线处于顶部。或者周线与月线共振的单中枢或双中枢背驰见顶。

操作思维：多翻空之后，应该迅速降低仓位，然后根据指数的位置和状态决定下一步动作。

## 第三节　不同市场风格下的动态操作系统

　　动态操作系统，就是"顺势而为，用不同的策略应对市场状况"的操作系统固化；简言之，就是要区分不同的市场状况，用不同的选股策略、操作策略、仓位设置、风险控制、盈利模式。但是又不能主观判断，要形成操作系统。这是难度比较高的一个要求。

　　市场是不断变化的，盈利模式和操作策略也要不断变化，有些人的动态操作系统会故意留下10%左右的内容给主观判断，这也是一些职业高手的偏好。市场有时确实是无法完全量化的，或者说完全量化的系统有时覆盖不了整个市场。

　　动态操作系统的前提也是难点就是如何区分不同的市场状况，区分标准是什么。常见的划分有"牛市"、"熊市"、"震荡市"，以及"大牛市"、"小牛市"、"偏牛的震荡市"、"偏熊的震荡市"、"小熊市"、"大熊市"；也有人简单地分为"强势"、"弱势"；还有根据市场风格划分的"蓝筹大盘市"、"中小创市"、"价值投资市"、"成长股市"。

　　这些划分标准以及条件的不同，将直接导致应用的操作策略盈利模式的不同，从而引起操作结果的巨大差异。比如对同一个阶段的市场，有人的动态操作系统认为是"大牛市"，有人的动态操作系统认为是"震荡市"甚至"小熊市"，这就会直接导致根本的差异。

　　科学地认识不同的市场状况，其有很多共性，也有很多差异性。关键是我们要认可划分标准的逻辑，不能过于简单，不能过于复杂，要贴近现实的盈利模式，要贴近人的实际操作需求；同时还要具备与实际历史行情数据的吻合程度，以及具备一定的超额盈利能力。

# "多空平衡股市动态"操作系统

## 一、强势周期

(1) 要求：沪深两市成交金额>10000亿元（这个数字每5年增加50%，每10年翻1倍）；上证指数K线站稳20日均线量多头趋势。或者均线多头排列，上证K线站在5日均线上方。

(2) 策略：50%仓位布局中线大牛股，30%仓位布局短线热点股；20%资金机动。

(3) 经典技术动作：股票回踩均线必买入，股票连续大涨高抛，遇见大盘大跌不破10日均线、20日均线低吸。

(4) 盈利目标：50%。

(5) 减仓条件：MACD顶背离，出现一卖，KDJ日线顶背离。

(6) 清仓条件：上证指数跌破20日均线。

## 二、弱势周期

(1) 要求：沪深两市成交额<6000亿元（这个数字每5年增加50%，每10年翻1倍）；上证K线低于20日均线，或者均线呈空头排列，上证K线受到多条均线压制。

(2) 策略：清仓之后遇见暴跌发股灾财。不做中线布局。

(3) 主要目标：跌得最狠的股。

(4) 经典技术动作：跌停板上买股票，当天涨停，单日20%模式。

(5) 盈利目标：10%。

(6) 减仓条件：连续涨3天必然减仓。

(7) 清仓条件：盈利20%必然清仓。

## 三、平衡周期

(1) 要求：沪深两市成交金额在6000亿~10000亿元（这个数字每5年增加50%，每10年翻1倍）；上证K线位于10日，或者5日均线下方，但是处于20

日均线上方。或者上证 K 线不能有效站稳 10 日均线，时上时下。

（2）策略：半仓以下，3 成仓做短线游击。

（3）主要目标：庄股，题材股，冷门股。

（4）盈利目标：20%~30%。

（5）减仓条件：60 分钟 K 线顶背离。

（6）清仓条件：跌破 20 日均线、30 日均线。

### 四、极端周期

（1）要求：指大盘处于极端的顶部区域或底部区域，以及大盘的强势转向弱势或者弱势转向强势的转折时期。

（2）当市场的市盈率 100 倍以上的时候，属于高位泡沫，容易出现股灾，要控制持仓量短线操作，并要随时做好清仓的准备。股灾发生后股价会迅速雪崩，直接下降一两个台阶，甚至三四个台阶，最甚者直接从 80 多元高位跌到几元钱（2008 年）。

（3）当市场出现批量的分红满意的上市公司时，或者大批跌破资产净值的公司时，可以一边布局有建仓迹象的破净股，也可以一边布局绩优股。

（4）20 日均线时多空平衡线，线上是多，线下是空；30 日均线是弱势空头市场的压力线，是高位多翻空的最后止损线，是低位空翻多的最后出击线，30 日均线是最后防线。

（5）重大系统性消息的出现，常常会使得市场发生重大变化。对于这类消息一定要重视，因为它可能会改变大盘的趋势性质，甚至构造重大趋势反转。通常高位的重大消息有管理层窗口示警，以及反向示警（比如 2015 年 5 月，股市在 5000 点以上震荡了一下，周末，央行、银监会、证监会等机构纷纷出来解释说不是利空等）；低位的重大消息有高层讲话表态、降息降准、降印花税、直接出手买股票，特别是国家队直接出手买银行股、证券股、地产股，往往在低位止跌回升，改变趋势，使得趋势瞬间发生大逆转。

动态操作系统与人的关系：

市场有各种各样的盈利模式，我们必须找好自己的定位，找到与自己能力、资源相匹配的盈利模式。所以我们要了解市场、系统、自身三者之间如何形成一种和谐，并建立和执行有效的运行方式，才能够成为市场永续的赢家。

成功不是必然的，成功一定与完整的系统和良好的心态相匹配。在牛市或者是趋势清晰的时候，只要方法正确，心态稳定，就会发现盈利必然产生。跟市场对抗，又不愿意改变投资行为模式的时候，就会付出沉重的代价，这些都是有它的自然规律和因果关系的。

操作系统让我们在市场上每一步都有完整有效的应对策略和标准，而不是跟随感觉去操作，一套完整的系统最后会制定出投资者每天的交易计划，在不同时间职责分工不同，并遵守纪律执行系统，做到知行合一。

"知行合一"操作系统，建议大家勤奋练习，在操作过程中发现自己的不足，然后再去了解什么是有效的方式、什么是无效的方式，以便从本质上知道市场的运行规律是什么。操作系统不仅是一种方法、一种技术，而是更加深入的系统工程，资金管理以及风险控制完整细腻，我们对系统的完整性要求非常之高，除了系统之外我觉得大家需要深入地去剖析人性，人的情绪、心态在投资过程中如何发生和起到什么样的作用，平时高强度训练，不是知道而是做到，养成习惯，变成本能。

## 第四节　操盘习惯

### 一、盘中能力与盘后能力

盘中能力与盘后能力是有区别的，盘后已经相当于事后分析了，明天什么样还不知道呢，盘中则是把动态变化的行情，下单那一刻就应该想到盘后大家会怎么分析，而人们又会如何根据盘后的分析来进行下一交易日的操作？

熊市里盘中能力重要性占80%，盘后能力占20%；牛市里盘中能力重要性占60%，盘后能力占40%。总之，盘中能力要比盘后能力重要。

如一个最简单的例子，你今天想买的没买，涨了上去，第二天又要买，高开冲高没法买了或者不敢买了。这就是典型的"今天盘中能力不行导致了明天犯错"，抑或今天迅速果断决策卖出没有卖，第二天低开下砸无法卖或者舍不得卖，无论怎么操作都被动，这就是寄希望于"盘后看看"的一种懦弱逃避思维。

盘中能力可以分为三部分：一部分为预判，预判正确按照计划操作；一部分为应对，出现了巨大的走势变动要顺势而为应对；一部分为当下，把握当下，把日K线分解为60分钟线，来判断可能的走势。贯穿始终的是决策要果断，想到要做到，减少犹豫的时间，知行合一。

盘后能力可以分为三部分：一是从日线切换到周线，从战略角度考虑市场的格局和发展状况，想一想最坏的情况是什么？最好的情况是什么？同时搜集财经新闻信息，结合财经资讯综合判断当日的市场状况，处于买点还是卖点？接下来可能出买点还是出卖点？现在处于支撑位还是压力位？下一个支撑位或者压力位是什么？然后根据操作系统确定仓位和操作策略。二是要选出潜力股，分别从周线和日线角度，周线和日线共振的角度选出潜力股供下一个交易日观察。三是总结经验教训，提醒自己不再犯错。

盘中就是要根据操作系统迅速果断做出决策，可以用60分钟级别辅助判断，需要的是果断。盘后就是要根据综合战局进行全盘计划，根据操作系统，制定操作策略和操作计划，修改操作策略和计划。

其实如果盘中能力强，盘后能力完全可以舍弃，直接按照操作系统操作就可以了。符合操作系统就操作，不符合就不操作，操作系统指示该怎么干就怎么干。

盘中主要干什么呢？具体如何盯盘呢？估计很多人有不同的盯盘方法，下面谈一下我的盯盘方法。

盯盘主要有两个目的：一是管理持仓，二是发现机会。首先要有明确的目的，否则不如不盯。

管理持仓就是盯那些已经买进了的股票，这些股票会不会出现卖点是首要的问题，因为已经买进了；再出现买点说明买错了，可能是需要补仓，有坚定的理由就可以补仓，而往往此时大部分人已经割肉止损了。盯卖点，最主要的是预设的卖点，达到目标位或者盈利已经大幅度增加，就可以卖出，或者先卖一半降低成本。如果你按照日线买进了，预期显示有一波大行情，操作系统指示也是牛市，那么出现了一个低级别的卖点比如60分钟级的卖点，此时卖不卖是个模棱两可的问题，可以持股等待利用中枢化解掉背驰接着向上攻击，也可以在60分钟卖点卖掉30%筹码，等待下一个60分钟买点出来补进去。这种利用低周期级别的高抛低吸是需要很强的盘中能力的，拿不准就别做，做反了就惨了。

发现机会就是发现新的标的。新的标的最重要的就是"买了就涨"，不要被套。其他的都没有什么要求。所以可以用这个作为一票否决，你说自己盘中能力强，盘中发现的股能否满足"买了就涨"，迅速脱离成本区。如果达不到这个要求就要迅速提高自己。

有的投资者经常感觉很自卑，一翻涨幅榜，不管大盘再熊，刷刷总有一个版面的股票涨停的，他总是在问自己："那为啥我就抓不到一个涨停的呢？"这个问题估计也算世界性难题了，其他的世界性难题还有"卖在最高点"、"一次性重仓买在最低点"。如果盯盘只盯涨幅榜，只用半天，甚至不用半天，就能把自己的心态和节奏搞乱，非常准。

那盯什么？主要盯三类：

第一，按照流通盘排序，大股票涨，就从大往小翻，小股票涨，就从1亿股开始往上翻，1亿股以下的进出不方便，就不看了。我是逐个翻的。

翻到中意的，就用笔写在旁边的A4纸上，有时写股票名字，有时写股票代码，行情急就只写代码，行情不急就写名字。写股票名字是因为：下单的时候，再强制自己用行情软件打出这只股票，看一下代码，其实是为了再次确认一下，确认一下资金追捧的强度，60分钟线的买点、K线的形态、成交量、题材，然后再下单。

写到A4纸上的并不一定就买，有时间行情缓，把市场股票翻一遍之后，能写满一页A4纸，三个竖列。然后再一个个翻写在A4纸上的股票，综合权衡资金量、可能出现的情况等，再确定买哪一个。

第二，直接翻自己昨天、前天以及最近几个交易日写在A4纸上但是没有买进的股票。看看有没有漏掉的牛股。我经常犯的错误就是写在纸上但是漏买了大牛股，一两周来一个大波段行情；还有一个经常犯的错误就是之前交易过的股票，过了没多久突然又牛了起来，走了一波行情，而自己由于刚交易过，所以没太注意导致漏掉。还有一种情况是你突然想起买一只你曾经看过的股票，翻过去时发现已经涨停了，或者起来了，没有很好的建仓点，这都是遗漏造成的。避免遗漏就要勤快，一旦出现进场时机，就把最近所有翻过的股票，写在纸上的股票重新翻一遍，确保不会遗漏。盯盘的时间不管是不是建仓时机，都要有意识地翻一下自己的重点股票。还有一些股票调整到位了，自己可能一犹豫，犹豫调整是否到位时，行情已经起来了。

第三，根据板块指数的涨幅，来看板块，这个是根据涨幅榜来盯的，但是不是个股涨幅榜,而是盯的"板块指数"涨幅榜。根据热涨的板块,再翻板块内的个股,跟不跟要看操作系统,如果操作系统提示可以进场买热点股,就会追一点。

盘后能力是盘中能力的有力补充,盘后的分析判断,查漏补缺,股票选择需要在盘中实现,第二天的盘中能力的执行程度很大程度上依赖前一晚盘后的分析判断。盘中能力首先要发现一些新的东西供盘后继续做功课,其次要对这几天盘后的功课实现决策、判断、执行到位。

最顶级的盘中能力就是能作出"相当于盘后"分析的能力,盘中不但要分析还要决策,确实难度太高。

## 二、下单能力与持仓能力

第一次下单的时候最考验综合实力,因为第一次下单是和行情确定性高度相关的。

打到几成仓,非常有讲究。举个例子,确定性100%,3分钟内高挂5%价格扫货打到满仓也是有可能的。

基本上确定性几成,可以打到几成仓位,确保安全可以减20%;比如确定性100%对应80%仓位,确定性80%对应60%仓位。这是一个大原则。第一次下单的仓位决定了以后的获利空间,也确定了以后的回旋空间。

下单时的具体动作也会体现出当时的心态,一笔买到位的,果断、迅疾、不拖泥带水,对行情相当有把握。而隔一两分钟慢慢进的,可能一边买一边看市场反应,就会小心很多,也显示了一定的犹豫。

如果说下单还稍显简单的话,持仓能力才是真正体验功力的时候。持仓能力,也叫守仓能力,根本上反映的就是一个人的内功。

买进后行情没有按照预想的走,被套了,怎么办?换言之,"买进后,对了怎么操作;错了,又怎么操作",这是一个操盘手需要面对的终极问题。

解决这个终极问题就要考验操盘手的"守仓能力",面对敌人的炮火,是坚守不出,还是主动发动反冲锋,是等待援军到来,还是积极利用各种条件自救?

同样的,假如买了就封死涨停了,证明你对了,怎么办?是直接分掉土豪的田地,享受老婆孩子热炕头?还是一鼓作气,宜将剩勇追穷寇?更有甚者,继续调兵遣将,期望获得超额收益?

这一切的一切,无时无刻不在考验着人如何应对各种状况,没有一个标准的答案，这里也只能给你提供一些思路和逻辑。

## 买进就被套，也就是，错了，该怎么做

首先要坚持交易系统，如果并没有违背交易系统，不妨继续持有。

其次如果交易系统并没有明确的指示，或者交易系统并没有管得这么细。那么就要看大盘的条件转换了没有，是否是从"牛市"转到了"震荡市"？是否是从"强势"转到了"弱势"？如果系统的条件并不能明确判断大盘的条件发生了转换，则应该继续守仓，如果跌到了10日均线、20日均线，还可以补仓，涨起来就把补进的仓位卖掉。

如果大盘条件发生了变化，市场状况明显由"牛市"转到了"震荡市"，或者由"平衡市"转到了"弱势"，或者由"震荡市"转到了熊市，应该毫不犹豫地斩仓出局。

如果发生了突然情况，出现了单日暴跌超过5%，我的习惯是在尾盘补仓，第二天高开或者冲高把尾盘补进去的卖掉，而原始仓位是否出局还是看大盘的条件变化了没。

如果大盘条件没有变化，但是买的股被套了并且萎靡不振，就缩小到次一级别，比如日线缩小到60分钟级别，进行60分钟级别操作，出现买点买进，卖点卖出。

## 如果买进就盈利，也就是，对了，该怎么做

买进就盈利，只需要考虑何时卖的问题，对于单一个股何时卖，我一般是涨到60分钟卖点卖一半，剩下的等日线卖点出来就走光，这是涨得特别猛的情况。

涨得不太猛的情况，涨了你还没来得及卖，或者一天没注意又下来了，盈利一下子由10%~15%变成了1%甚至-2%，此时一定要冷静，不要慌忙杀跌，应该判断是不是二次回踩。特别是波段行情的开始阶段，二次回踩的现象特别普遍，如果大概率是二次回踩，接下来有波段行情，就应该继续买进，而不是卖出。不过拉起来后要先确保安全把补仓的部分卖掉。然后，如果真的确认是一个大的波段行情了，再加仓。

如果涨了一下，又迅速砸了下来，也许主力是向上试盘，此时极有可能是既没有买点也没有卖点的情况，不如静观其变，看看接下来是演变成60分钟或者日线的买点还是卖点。

还有一种情况，涨10%没卖，只剩5%了，有了更确定的投资目标，也可以保住利润，全走。以后再涨起来，那就要靠盯盘能力，重新盯住再次买进了，那就算另外一笔交易了。

# 第五节　资金管理与风险控制

## 一、资金管理

资金管理的目的：不让市值回撤。

资金管理的原则：牛市不超过80%仓位，震荡市平衡市不超过40%仓位，熊市空仓或者不超过20%仓位。

资金管理的手段：每年不增加本金，单利操作，每年都逐步把利润取出来，只留本金在账户滚动。

资金管理和操作系统是平行运行的：资金管理就是管资金的，操作系统就是管操作的。操作系统受资金管理的约束，不能超越资金管理。

资金管理的最后防线：每年达到盈利目标（年初设定）就收手不干，取出利润。

最安全的资金管理：每盈利10%，动用10%的本金，开始是冒风险的，一旦盈利超过10%，就不会再冒风险。

## 二、风险控制

### 因择时错误而产生大风险

这是最大的一类风险，最主要的错误就是看错后面的行情，认为是牛市，结果迅速发生了熊牛切换进入的大熊市，或者认为有一波波段上涨，结果来了一波快速下跌。

比较明显的例子有2007年10月大盘6124点，当时很多人看到10000点，因此产生了重大失误，甚至付出了惨重的代价。最近鲜活的例子，2015年6月底，大盘5178点，很多人认为4000点是牛市起点，大盘很快会超过8000点，结果大盘一个月之内暴跌到3500点，个股连续20个跌停的比比皆是。由于有杠杆，很多千万元融资户暴仓，出现了很多新闻比如基金经理跳楼自杀，期货大鳄转作证券基金巨幅回撤一倍多。更鲜活的例子是2015年8月18日开始的二次股灾，当时很多人认为股灾已经释放掉了大部分风险，管理层又在救市，所以认为将会有一波大点的反弹，但是迅速的下跌连续七八根大阴线让刚刚筹集到资金的准备在反弹里扳本的一批人再次全军覆没。

择时错误，特别是过度自信的择时错误，认为自己对就重仓交易。轻则暴仓，重则债务缠身，最重者则跳楼自杀，屡见不鲜。最轻的也是赔了一大笔钱后很多年缓不过来劲儿。

择时判断失误，是我们要防范的首要重大风险。后果非常严重。

为了防范此风险，我们首先要熟悉沪深A股的跨年度波动规律、年内波动规律；还要熟练运用《股票投资要义》第五章，以及本书第五章的买卖点体系；同时严格执行操作系统，严格执行资金管理规则。

在做出方向性判断的时候，一定要慎之又慎，因为方向性择时判断是战略决策，是全局问题，一着不慎，全盘皆输，是关乎成败的第一等大事。

## 因抄底过早而产生大风险

股市下跌的时候，大部分人忙着砍仓割肉，少部分自以为是的高手就会积极寻求机会抄底。我不是反对抄底，抄底操作是难度非常大的一个操作，经常会发生抄底过早。

特别是大跌势的行情，股市要反弹，必然要经过一个企稳又再次下跌再企稳的过程。

在抄底过早的风险中，最常犯的一类错误就是强势，牛市暴跌，往往跌一两根大阴线就进去抢筹，但是如果股市出人意料地连续跌三根到四根大阴线，就会产生一个大的止损。

在平衡市和震荡市里，有的跌了几天，你进去抄底了，但是你会发现，尽管股市止跌了，大盘止跌了，但是个股普跌，或者横盘不动，没有利润空间，只好输掉手续费或者止损几个点出来。

抄底过程中，还有一种即使你抄底的时机选对了，但是选股选错了，比如你买了小盘股，结果大盘股反弹了三天，涨了20%；小盘股只反弹了半天，你买的股只涨了5%不到。这很有可能，资金小还好说，资金大了，进出都不是很方便，因为抄底的操作都是弱势行情，卖出大的金额，别说几个亿了，卖出两三千万都是很困难的，除非是流通盘10亿~20亿以上的中盘大盘股，如果是小盘股，要卖个两三千万出去，能把股票往下打5%都不止，利润空间很小，盈亏比不高，这中间既有运气因素，也有抄底本身处于空头趋势控制之下，不太符合"顺势而为"、"大数定律"，属于判断转势，含有一定的预测因素。

股市谚语："新手死于追高，老手死于抄底。"

如果是超短线快速抄底，成功了赚10%跑掉，不成功输几个点止损。但是如果是"战略性"抄底，判断反转或者出现大波段行情而进场抄底，一旦失误那就是灾难性的。

历史上不乏抄底过早而死掉（因巨额亏损被迫离开金融市场，甚至离开人世）：

（1）巴菲特的老师、传说中的价值投资之父——格雷厄姆，1929年股市泡沫破灭后在1931年抄底，此人当时坚信在两年熊市之后股价已经大大低于其价值，在别人恐慌的时候决心贪婪一把，结果破产。

（2）费雪已经预见1929年股市泡沫破灭，但还是买入自认为是便宜的股票，结果几天之中损失了几百万美元。

（3）索罗斯1987年前认为日本股市泡沫巨大，放空日本股票，结果惨败，日本股市牛到了1989年。索罗斯在华尔街评论上鼓吹美国股市会坚挺，日本股市将会崩盘，而结果正好相反：美国股市崩盘了，日本股市却坚挺。索罗斯旗下的量子基金当年损失了32%，与他唱反调的孔逸夫却让科尔基金盈利了70%，这是一个令人惊奇的数字，因为当年几乎所有的对冲基金都亏损了。1999年曾不看好科技股，但2000年后却用量子基金高位买入科技股，最后大亏。

（4）香港地区有个股评家曹仁超，1972年香港股灾前1200点看空，结果差点被公司解雇。1973年港股达到1773点后大幅下跌。到1974年跌至400点，老曹躲过大熊，信心百倍。1974年7月港股跌至290点后认为可以捞底，拿全部积蓄50万港元抄底和记洋行，该蓝筹股从1973年股市泡沫的43港元一直跌到5.8港元。老曹全仓买入，结果后来5个月，港股再度跌至150点。和记洋行跌至1.1港元。老曹最后斩仓，亏损80%以上。

（5）上海一家基金管理公司的总经理，当初是从中国台湾地区股市1000多点开始进入的，一直做到10000点，入市50万元的资金滚到了8000万元，其实她在10000点的时候，就把股票全部抛了，手上握有的全是现金。因为担心股市过于疯狂，所以她还是相对比较理智，最后台湾股市上冲到12000点之上，三年多时间增值了160倍，但是最后的结局还是很惨，在台湾股市由12000点跌到7000点时，已经跌去5000多点了，按道理该反弹了吧，她又进场了，股指又跌掉了5000点，她不得不全部认赔清仓，三年的财富又都化为灰烬。

究其原因，我们客观地说，她还是非常聪明的，但是为什么后来又进场了，她当时就以为自己是股神了，可以掌控股市，股市不过是她的超级提款机而已。

熊市趋势中：抄底早一步不如晚一步，做右侧交易是最佳选择。在此劝告大家，现在股市好，可能未来股市更好，但是如何清醒地看待股市，如何看待自己是一个永恒的话题。任何时候都不能膨胀，因为千百次盈利，亏一个100%就回到解放前。

个人认为战术性、试探性超短线抄底无关全局，反而可以当成侦察兵侦察一下市场的强弱，有资金在里面才能真实感受市场的强弱。但是战役性，甚至战略性的抄底，一定要右侧交易，一定不创新低，并且一买已经被确认，底分型已经站稳，才能进场。

超短线抄底可以控制在总资金的5%~10%。战役性、战略性抄底也不能超过总资金的30%，等到多头趋势确立之后再加仓到半仓或者以上。

最后提醒一下，抄底的时候，最好选择跌得最狠的股票，最怕最不敢买的股票。不要选择B基金，免得万一指数继续下跌造成下折；此外在抄底的操作中，有时会出现指数窄幅波动，个股反弹的情况，B基金反而不如股票。B基金还是等到牛市再用。

## 因单日转向而产生的大风险

单日转向风险就是刚买进就暴跌，甚至当天买进的，当日就发生暴跌。这里面分两种情况：第一种是全市场暴跌，第二种是自己的股票暴跌。全市场暴跌除非像2007年、2009年、2015年上半年那样的大牛市，否则都会产生重大风险。超级大牛市的股市暴跌是送钱，非超级大牛市的暴跌往往是趋势改变，至少也是涨势放缓，要么就连续急跌，要么就阴跌震荡，没有出局机会。因此能否在跌势末端补仓降低成本，并在随后的反弹中减仓就是关键。如果是只有自己的股票大跌，就要看上市公司有没有新闻和公告，如果没有利空消息，也不必惊慌，因为既然你买进了，说明那个位置就是个买点，技术处于低位，股票质量也不错，也有庄家建仓；单单自己的个股大跌，除非是大熊市，其他任何市场状况下都可以低吸补仓。

单日转向风险最怕的就是一次性重仓交易，没有后续手段，导致极其被动的局面，这是最坏的一种情况。因为遇见单日暴跌，除非该股迅速反击，第二天收复失地，第三天放量突破，这样可以盈利出局，否则止损出局的概率占到大多数，重仓交易，即使止损出局，也会损失很大，还会影响心态。

单日转向风险要考虑是否是一波大跌的开始，如果是一波大跌的开始，那么第一次的反弹是最有力度的，随后的反弹都会越来越弱，高度越来越低，所以如果判断这是一轮大跌的开始，只要反弹就应该果断止损出局。

## 因调整时间过长而产生的大风险

这种主要出现在小牛市、大牛市、震荡市里，你中线建仓了一只股，也涨了一波，还没有出局，或者只出了一部分，随后股价陷入了调整，调整时间很长，短的两三周，长的可以有两三个月，再强大的耐心都会受到折磨。想出局，股价压得很死不给你出局的机会，想做高抛低吸，股价没有明显的波动规律，或者一直下压没有空间做差价，非常被动，前期第一波的利润被消耗的差不多，比如第一波赚了25%，调整到利润可能只有5%不到甚至调整到利润变为负数，这样的局面就是"食之无味，弃之可惜"。卖了，怕涨起来，而且很可能一卖就涨，还能再涨一个大波段，而且卖了再买别的股，也没有很大的把握一定赚钱。

调整时间过长，一般都有其技术规律；最经典的技术规律就是 MACD 黄白线第一次从 0 轴下方上升到 0 轴上方，第一波红柱子放完之后，黄白线在高位死叉，这是股价必然会调整，但是调整的时间多久，要看运作的自己资金的实力和意图。一般而言，最长的时间是黄白线回抽 0 轴，这个过程可能两三周到两三个月不等。在急速的行情里也可能一周就能调整完成。

MACD 在 0 轴下方的"调整"，那就不叫调整了，是明显的跌势；不在讨论之列。

面对调整过长的风险，建议采用"事前、事中、事后"三种控制方法来控制事态的发展演变。

"事前"就是一旦低一级别出现背驰（如按照周线买进的，看日线；按照日线买进的，看 60 分钟线），立即至少出来一半。如果调整，那么低级别很可能会出买点，要是为安全，就不要在低级别买点把前面卖掉的数量全部补进去，少补点，补 30% 数量；然后出了低级别卖点再把补进的这些数量卖掉。

如果低级别调整，以日线买进，60 分钟线调整为例子；如果 60 分钟调整非常剧烈，一下子往下打得很深，你不敢再在 60 分钟线的买点买进了，那就等着反弹把剩下的一半全部卖掉。结束这笔交易不玩了，因为你不知道后面要调整多长时间，因为已经在高位 60 分钟的背驰点卖掉了一半，所以利润的损失并不大，至少可以接受。

如果 60 分钟背驰调整很短，一两天就结束了，然后迅速拉起来，这证明你似乎卖错了，不过此时千万不要再次回追，这样成本一下子就升了上去，随后稍微一调整利润就全没有了。你已经卖掉了一半，继续涨怕什么，成本低，无非少赚点，等下一个 60 分钟卖点，接着再卖一半，剩下 25% 的初始建仓数量，随后无论可能到来的调整时间有多长，你都能从容应对。

"事中"就是要么一反弹就全部离场不玩了，保护利润，估计一个"调整 + 反弹"，第一波赚的利润要少掉一半甚至还要多。接受这个现实，因为在调整期耗下去结果是非常不确定的。

"事后"就是因为种种原因，事前和事中手段都没用上，而股价又已经调整很久了，心态已经处于极度敏感、极度急躁、极度狂躁、极度压抑的阶段。这时其实没有什么好办法。只有一点，只要你判断大盘没有完全转为熊市，不妨补仓，特别是黄白线贴近0轴的位置，补进去，调整时间过长，必然会反弹，只是力度大小时间长短而已，而且很可能再来一波主升浪。

## 因选股不准频繁止损而产生风险

行情没有来，选股不准频繁止损，那就要亏大钱，这属于操作系统不灵。

这里我们讨论的是行情已经来了，但是因为选股不准频繁止损的情况。行情来了，进场了，不知道什么原因自己的股就是不涨，换来换去，有时损失几个点，有时损失一个手续费。最终也没有抓到主升浪。这也算一种极大的风险，既有资金损失风险，也有机会成本风险。

这首先要根据《股票操盘宝典》第二章内容练好选股基本功；其次要根据第三章内容制定好操作策略；最后根据第四章内容确保自己的操作系统是完备的，能盈利的，期望收益是正的。如果这一切都做得很好，但是选的股还是不涨甚至调整怎么办呢？

凡事都有原因，我们首先要分析原因，根据我的总结发生这样的情况有三类原因：

第一类原因是节奏踏错，风格与板块节奏踏错，比如大盘股涨你买了小盘股，地产股涨，你买了电子股。一旦发现节奏踏错其实很难处理，因为你如果调整节奏，很可能再次踏错节奏，比如你换掉电子股买进地产股，可能突然电子股涨了，地产股开始调整了。这似乎无药可救，唯有等待可解。次优的办法就是换股，但是不是换那些正在节奏上的，而是换入更接近买点的，更可能快速爆发的潜力板块潜力股。

第二类原因是买点不准，你买的时间超前了或者滞后了，超前了就会出现跌的情况，很多人会以为庄家出货或者这个股票是烂票，其实是向下寻求更好的买点。买点滞后就会出现股价调整，考验你的耐心。这样其实很好解决，忽略掉已经买入的部分，等待出现买点，接着买这个股。

第三类原因就是股性呆滞，涨势时涨的少，跌势时跌得凶，确实选错股了。这可能是运气不好。一旦能赚回手续费或者赚几点就果断卖掉换股，没必要割肉损失本金。

## 因倒金字塔建仓而产生重大风险

在行情刚开始的时间，怀疑自己的判断，不相信会有一波大好的股市上涨行情。因为在行情起步阶段，往回翻的话都是大跌，跌在谷底。人们此时普遍非常谨慎，认为随时可能再度暴跌。但是行情也在升温，大部分人都是小仓位试错，走走看看。然而过了一个月回头一看，很多股票涨得非常好，于是再也坐不住了。立即加重仓位，甚至满仓。接下来股市一调整，就止损。导致后来的大行情主升浪没有胆量和勇气去抓。

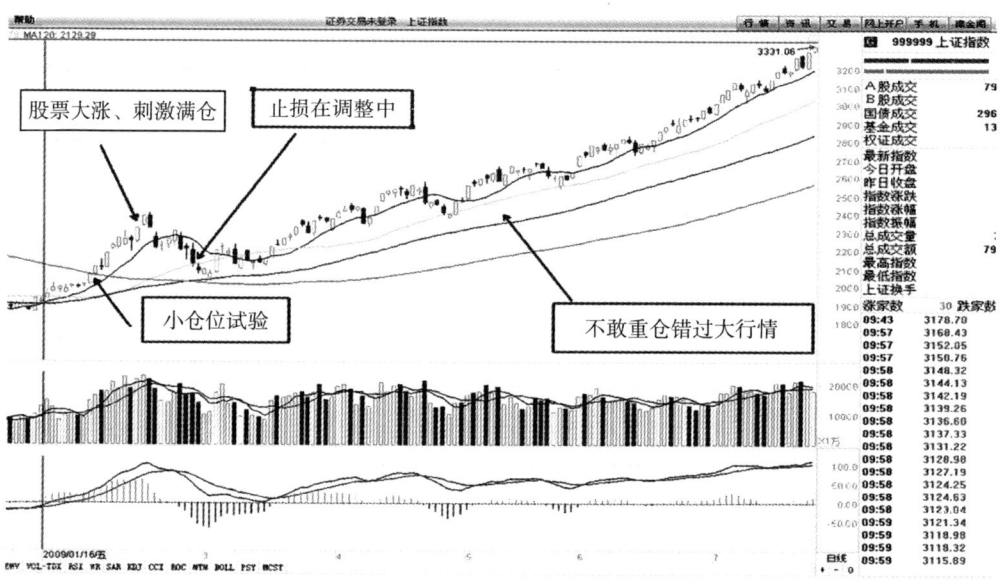

这主要就是对行情的判断不自信，对买点的把握不果敢。理论上应该在大级别买点重仓，行情边涨边减仓，减到中等仓位就来回做波段。正金字塔建仓而不是倒金字塔建仓。

## 因抄底没有选准标的而产生重大风险

比如 2015 年 11 月 30 日，指数连续暴跌，跌到 60 日均线止跌。这时候进场抄底是没错的。但是如果没有抄对标的，还是竹篮打水一场空。比如天玑科技

（300245）在随后的一个多月接近翻倍。但是大部分创业板股票，中小股以及蓝筹股都是疲弱不堪的走势，在弱势股中操作，稍微不注意就有可能亏损。

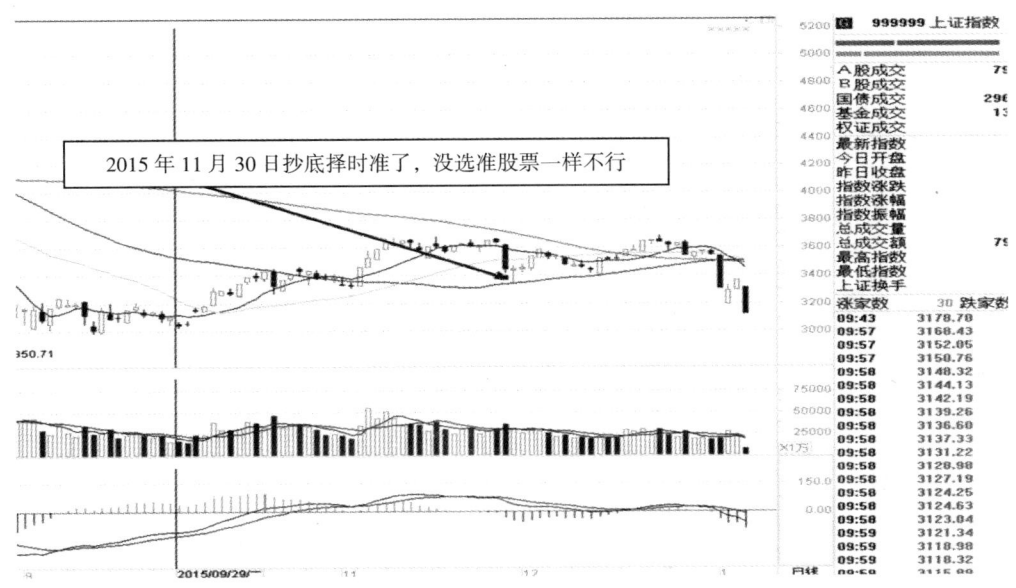

## 因为侥幸心理看对做错而产生重大风险

在一个经典头部，人们并不是感觉不到风险，并不是看不出市场有大跌风险，并不是不知道市场正在酝酿着转折，而是有一种极大的侥幸心理，幻想股市会"再涨一波，做完这波就走"，认为"国家不会让股市这么快速下跌的"，也有"再赚10%我就走"的，也有"在均线止跌反弹了再说"的。这一切的一切，体现了一句亘古不变的真理"分析和干是两码事"，看出市场下跌的不在少数，但是敢于空仓忍住小级别的上涨的几乎没有。也许股市上涨几个点又吸进去了。

在一波下跌过程中，输钱最多的是前两三根阴线，因为此时人们仍然不够清醒，对于跌势认识不充分，也有止损5%之后又再次进去抢反弹，结果再度被套5%的。刚开始跌的时候乱战，高手跑掉也是止损走的，跌势中间段继续赔钱那只能说是水平不够了。

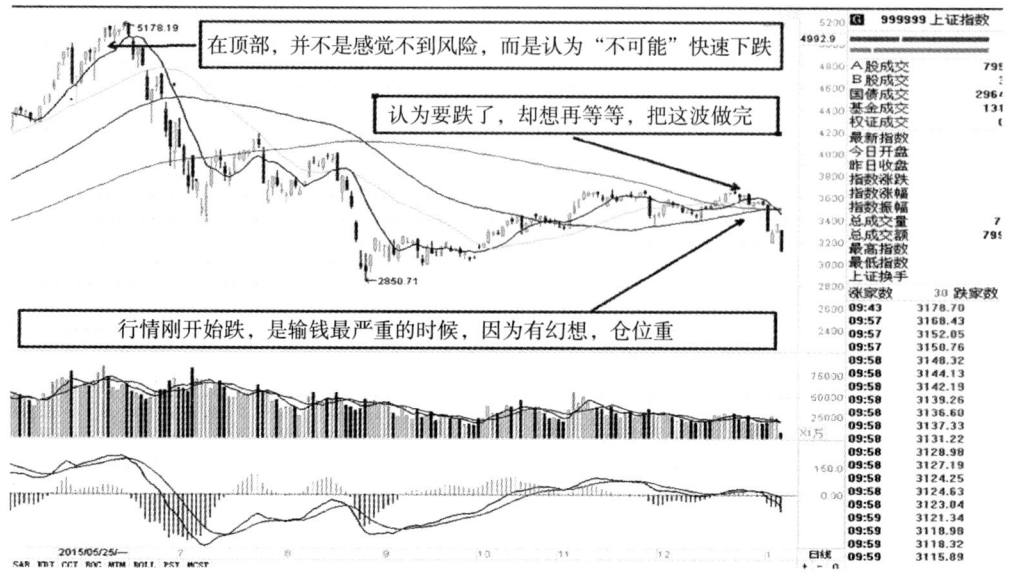

## 因为自己极度看好重仓介入的股票未按照预期运行产生重大风险

无论牛市熊市，重仓介入一只股票，都可能产生要么大赚要么大赔的结果。在牛市的主升段，重仓介入是对的。问题是牛市的主升段时间短之又短，大部分时间重仓一只股票都是冒了一定风险的。这里分为两种情况：一种情况是，不是牛市的主升段重仓股票，结果遇到牛皮盘整市、震荡市、小熊市，重仓股阴跌调整，想出出不去，有时间来回折腾几下子，本来只亏20%变成了巨额亏损。另一种情况是，该股技术面、题材面、基本面、主力面接近完美，各项趋势都看好，但是突如其来的原因，或大盘突然连续暴跌，或题材突然夭折，或庄家突然反手出货，或个股突然停牌复牌暴跌无法出逃。凡此种种，都是因为过度看好这只股票，重仓甚至满仓介入，但是个股并没有如预期发展，这种情况极其容易输大钱并且影响心态，使得心态变得很坏。

## 因扳本心理报复性交易等变形的交易导致重大风险

扳本心理经常发生在一次止损之后。如果是在右肩二卖的位置止损，下面跟着就是一个主跌段，会造成更大的破坏。即使是在底部震荡的过程中因为止损，然后不服气市场，跟市场较劲，想快速扳本，来回震荡止损几次，损失也相当于吃了一个完美的主跌浪，真是太不划算了。

还有就是看错做错了，本来应该休息，这波做错了等下波。但有人可能觉得我这么厉害为啥这次看错了？就会加大仓位继续博，有两种情况：一种是，如看多做多但是搞错了，市场大跌了，报复性的进场重仓抄底做反弹，但是反弹本来就是极难获利的交易类型，反而重仓止损导致损失放大。另一种是，看错做错了，但是死不认错，为自己的观点和仓位辩护，到处找理由，到处找同伙，失去理智，丧心病狂补仓，导致更大的损失。

要想规避这种状态，首先要杜绝一些禁止性的交易行为。事前需要杜绝报复交易、扳本交易、有压力的资金、需要证明自己的交易、太过勉强的交易、受控交易；杜绝股东、合作伙伴、家人、亲戚、领导、客户等人对你的交易干扰，杜绝频繁交易，不要让上一次的交易结果影响下一次的操作。这些都是致命的，因为操作动作一旦变形，就会引发交易失控。失控的交易反过来影响自己的心态，加重了损失，是一个连锁效应。

由此，你是否可以看出金融操盘手是世界上最难干的职业，没有之一！

如果说扳本心理导致报复性交易算是第一大杀手的话，侥幸心理可以算是第二大杀手了。侥幸心理的危害在行情的顶部特别明显，有时候行情走到了一个顶部，我们也看出来了，但是由于一般顶部正是大众最兴奋的时候，有的人就会头脑很热，抱着侥幸心理，"做完这一波再走"等类似的心理就会控制人们的行为。往往事与愿违，走不掉的话很快就会被突如其来的暴跌击垮，进而心态失衡。

扳本心理和侥幸心理导致的交易失误基本上可以占据变形交易的半壁江山。其余的比较典型的还有依赖心理，自信受打击心理。依赖心理和侥幸心理类似，自己对自己没信心，指望朋友的帮助，但是股市行情是动态的，各种决策信息不一致导致进退失据。自信受打击心理指的是经过一连串交易失误之后，对自己的交易逻辑表示怀疑，更改自己的交易逻辑，但是短时间内更改后的交易逻辑再度失误，导致错上加错。

我们经常会听到这样的论调："最近心态不好，没操作好，要调整一下心态。"但是，何谓"心态"，如何"调整心态"呢？目前为止我还没看到一个令人满意信服的定义。我个人认为"心态"是由三个要素决定的。第一个要素是"自信"，第二个要素是"平和"，第三个要素是"果断"。其中"自信"是建立在对操盘三要素、选股四要素、择时单要素、交易三要素、风控五要素的有机把握，并形成了自己的操作系统的基础上。"平和"是建立在对资金稳健增值的信心和追求，重点是不急于求成，不急着挣钱，不怕错过行情，期望收益率合理的基础上的。"果断"是一种知行合一的要求，表现在对犯错之后的纠错能力，对认清跌势之后的空仓忍耐能力，对认清涨势之后的介入能力的基础之上的。

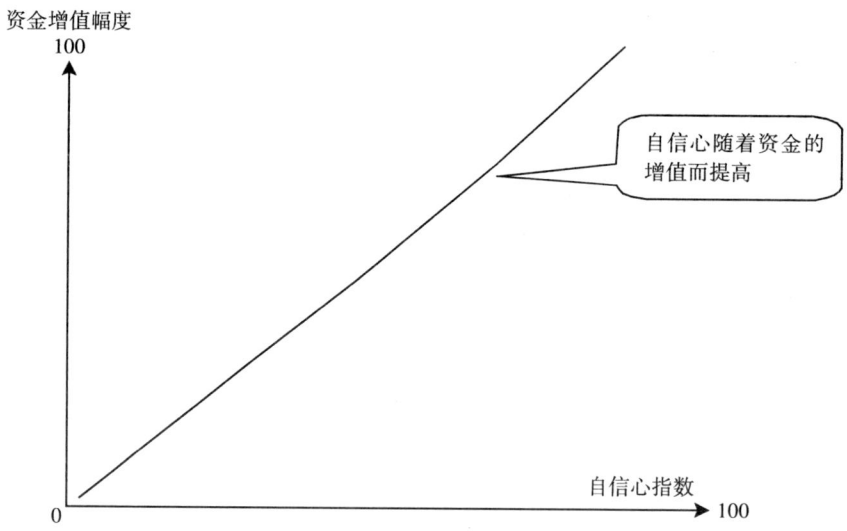

所以，为了保证良好的心态，就必须保证心态的这三个组成部分。下面分别用三幅图来做一个说明：

根据上图：为了提高自信心指数，我们在运作的过程中，要尽量保证不回撤，因为一回撤就会影响自信心，自信心又会影响回撤，就形成了"负反馈"。要想永远向前正反馈，只有"不回撤"。

从上图我们可以看出，随着仓位的增加，情绪平和度极度下降，当仓位到达满仓甚至加了杠杆（俗称仓位150%或者200%）时，情绪平和度指数变为负值，此时极为狂躁、易怒、敏感、焦虑、怀疑一切、否定自己等各种情绪都会出现，有时还出现一些精神问题。可以合理推论的是，任何人都无法在带有如此强烈的情绪问题的情况下保持理性投资，做出的决策十有八九都是错的。所以，保持心态平和只有一条：降低仓位、降低仓位、降低仓位，重要的事情说三遍。

股市是一个动态发展的过程，也许今天的一个观点。可能明天发现错误了，就要果断地纠错，改正错误。操盘就是一个动态的"犯错＋改错"的过程。果断

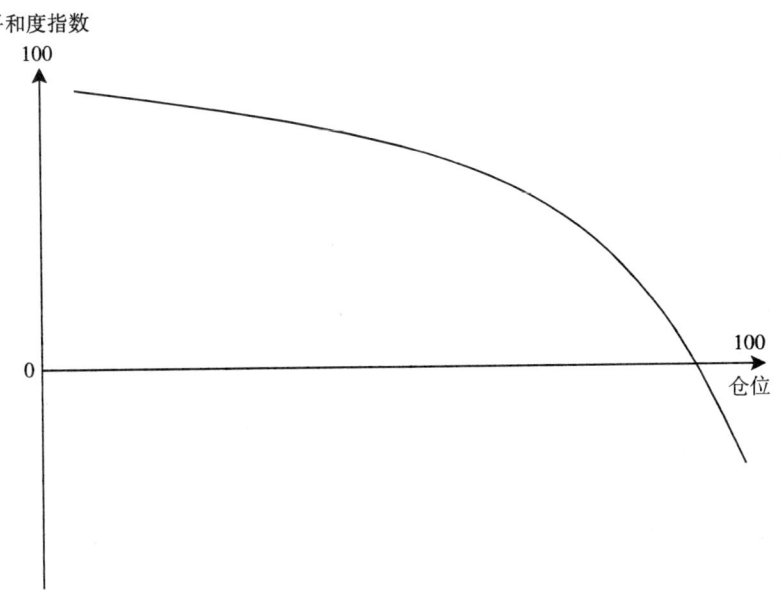

这个素质最重要的体现就是在纠错的过程中，其次体现在卖出锁定利润的过程中，只有很少的时机体现在买入建仓的时机中。因为：行情不会涨的急到你没时间上车，日线级别的行情一般至少有三个交易日从容不迫的上车机会，很多大行情晚买一周也无关紧要。行情也从来不会跌的速度急到你没机会卖出，一波大跌势，也至少有一两天是可以从容退场的时机，关键是你卖出后别再急匆匆进场抓反弹扳本。认准了趋势就进，认准了趋势就出。

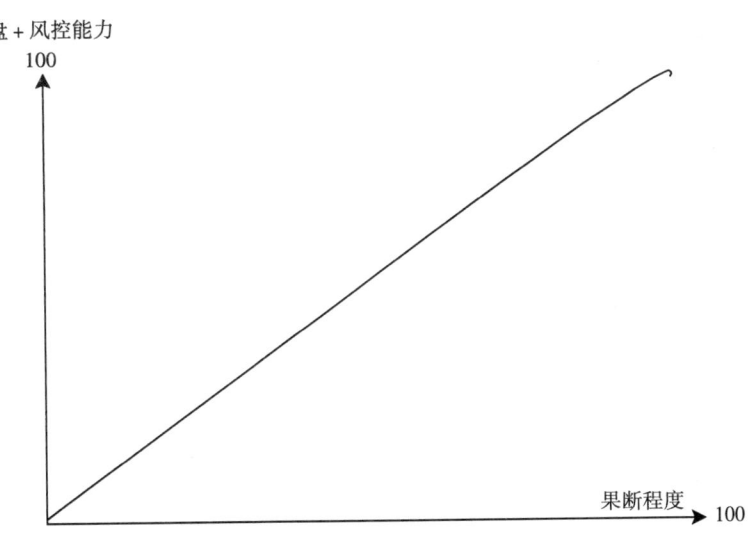

所以，以后"心态"出了问题，就应该定位到是"心态"的哪一个部分出了问题，再定位到具体的影响因子，问题就好解决了。

## 风险控制五要素

以上所说的四种会产生重大风险的情况，是最容易犯、最常见、也是最屡教不改的情形，但是，当风险已经发生后，从事后看可以归类为这几种情况；或者事前和事中，我们会觉察到一些发生这几种情况的苗头，如何迅速判断，迅速归类，迅速将风险扼杀在摇篮之中呢。

虽然久经沙场，但个人认为这是一个非常棘手的问题，尤其是对于各位读者来说。因为当你买一只股的时候，你必然会有一些理由和逻辑支撑自己的买进行为，当这些"重大风险"尚未发生的时候，作为你来说，并没有充分的理由判断确实会发生重大风险，从而麻痹大意，一步步滑向重大风险的深渊。

所以，要想控制住风险，我认为需要把握"一个前提，五个要素"。

一个前提就是：永远不贪，所有的交易错误，都是由于贪婪造成的，不贪婪，就不会犯错。

**五个要素就是：不满仓重仓；分散组合；精准择时；不一根筋；下午买。**

不满仓重仓：除了牛市的主升浪之外的时间（只占股市交易时间的10%不到）；其余时间的仓位都不应该重仓、满仓。

分散组合：买进股票不应该集中一只，应该多买几只。

精准择时：进场点位要准之又准。如果买一只股票先跌20%，再翻倍，很多人可能扛不住就割掉了。再翻倍也没啥用了。所以精准择时强调的就是进场点，进场点越准越有利于减少止损，控制风险。不要夸大自己的心理承受能力，套30%谁也受不了。

不一根筋：如果没有在正确的时间采取正确的操作思维，比如该短线轻仓做成了长线重仓。容易产生情绪，焦躁，进而形成判断失误。风险和收益两头都会失误。"不一根筋"的意思是不要孤注一掷，同时还要不同时期有不同的操作思维，区分"短线重仓"、"中线中仓"、"长线重仓"等。不能永远长线、永远短线、永远只择时不择股、永远只择股不择时；不能永远只往回看，根据往回看的结果确定操作策略。具体参见本章第一节"股市二元论"内容。

下午买：除非在大牛市，并且已经确定昨天是好买点但是忘记买了，今天可以上午买。否则剩余所有的交易时间都应该在下午。

最后我要提醒大家的是，防守是这个世界最难的事。极端一点，过去打仗的时候，军队扎营，要放警戒线，安排哨兵放哨，也许一个月哨兵天天勤奋放哨，敌人都没来偷袭；但是就一天，哨兵去偷懒睡了十几分钟，敌人就打进来了。这种情况在一些对抗性极强的博弈类活动中屡见不鲜，比如足球比赛尤其是世界级大赛，比如军事战略决战，比如围棋、登山。做股票也是这样，防守往往既会被别人嘲笑（如果别人知道你的策略的话），还会被批评保守，另外，还会被说没有把握住机会等，不一而足。也许我们坚持风险控制原则，放弃了一些"机会"，"踏空"了一波，但我们也要认识到，这是我们避免了发生重大风险的一种可能，虽然它并未发生，但不代表不会发生，并且一发生就是灾难性的。

投资水平依赖两方面，一是攻击，二是防守。攻击是看操盘要素，择股要素，择时要素，交易要素。攻击性体现了把握行情的能力；防守主要看风控要素，体现了拒绝诱惑，风险控制，空仓避险的专业素质和心理状态。其实长期以来关于风控，有一点可能被忽略了，那就是交易者的性格品质特征，包括对财富态度，心境平和度等。越是淡定，平和，漏洞就越少。比如看你是否着急挣钱？如果着急挣钱可能风控要素再好也无法实现。比如看你是否怕错过行情，踏空？如果老是怕错过行情，很可能因为恐惧躲过上涨，因为侥幸而没躲开大跌。比如你再看预期收益率，如果一个人预期收益率过高，一年至少要求100%甚至200%，可能风控就不好做。

心性品德的部分，可能比较难以描述，也难以把控；但是有些硬性的风控要素是要绝对服从的，在操盘要素和风控要素冲突的时候，应该服从风控要素。风控要素有一票否决权，操盘要素要在不违背风控要素的情况下才起作用。两者地位不同，但是都是对资金稳健增长做贡献，在最终贡献上，赋予两者的权重是相等的。

| 操盘要素（权重50%） | | 风控绝对铁律要素（权重50%） | |
|---|---|---|---|
| 操盘三要素 | 判大势 定思维 入牛股 | 风控五要素 | 轻仓 组合 下午买 择时 不豪赌 |
| 选股四要素 | 盘小 优质 有庄 在买点上 | 摒弃 | 大盘 常量 跟随大盘走的股 |
| 择时单要素 | 是买点 | 顶底 | MACD的背离 KDJ的高低 |

续表

| 操盘要素（权重50%） | | 风控绝对铁律要素（权重50%） | |
|---|---|---|---|
| 交易三要素 | 买点买 买点买 否则不动 | 买进卖出 | 必须是买点卖点 一票否决 |
| 操作思维 | 短线轻仓 中线中仓 中线重仓 | 仓位 | 单只股票不超30%；总仓永不超70% |
| KDJ | 低位金叉买 高位死叉卖 | 绝对不能 | 绝对不能高位买 绝对不能低位卖 |
| MACD | 底背离 顶背离 中枢见底顶 | 绝对不能 | 绝对不能底背离卖 顶背离买 |
| DMI | 逆转的时刻要注意小心 | 绝对不能 | 低位纠缠时候反复进出场 |
| 资金管理 | 盈利后才开新仓 | 资金管理 | |
| 交易标的 | 自己的观点 判断 选股 | 情绪管理 | 绝对杜绝交易自己的情绪 |

关于轻仓重仓，人们常说的稳健激进如何量化。我认为可以根据对仓位的分类来进行分析。

| | 轻仓 | 中仓 | 重仓 | 满仓 |
|---|---|---|---|---|
| 保守 | 10% | 30% | 50% | 永不 |
| 稳健 | 20% | 40% | 70% | 永不 |
| 激进 | 30% | 70% | 100% | 经常 |
| 疯狂 | 50% | 80% | 100% | 150%杠杆 |

根据以上定性分析，我属于稳健型投资者，并且按照这个数据来要求自己。

那么根据一般性的管理原则，一个稳健型的投资者的仓位管理曲线是什么样子的呢？下图给出了说明：图中虚线是仓位线，实线是行情线。这是一个抽象的

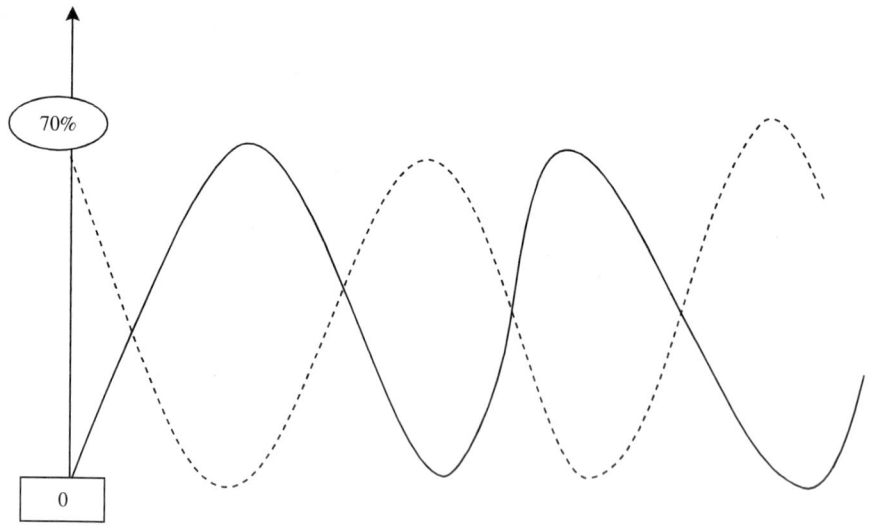

图，也即我们要有意识地按照这个图形来调整自己的仓位，行情到顶点时，仓位已经逐步到0，行情到了谷底时，加到了重仓。

"买入"是投胎，"止损"是自杀。

不管你的意志如何，一笔交易，在你买入股票的那一刻已经被注定了80%以上；一次舒服的买入不但能带来丰厚的收益，而且买入之后行情极其流畅的上涨，心态一点波动都没有；一次不舒服的买入就是来回折腾人，补仓，止损，最后还是少不了亏钱。因此，我一贯的观点，就是"买入"是最重要的，买入的时点和位置很大程度上决定了"卖出"的结果是什么样子的。卖出只是对上一个买入的对应和修正，是一个被动的动作，买入则是一个主动的动作。在买入之后，卖出就只能有一个前提条件了，就是已有的筹码已有的成本。一次轻率的买入带来的痛苦是久远的，会影响后面的操作。以前有句话"会买的是徒弟，会卖的是师傅，会空仓的是掌门"，我同意"会空仓的是掌门"，但是前面两句话的位置我认为需要颠倒一下，应该是"会买的是师傅，会卖的是徒弟"。其实，买错了，只能止损，这还是小事，要是买在了阶段顶部，那就只能无奈斩仓出局了。买在了大顶更基本是毁灭性的打击。你还认为卖出比买入重要吗？

止损，大家经常谈论，有各种各样的说法。比如有种最普遍的说法，"统计了近百名的交易员，发现如果他们的单子不止损出来，下一周或下两周被解套的概率高达80%，这意味80%的单子如果不止损，都能解套。也即如果单子不止损，多拿住还能赚钱"。这种说法流传甚广。意思是止损大部分是无谓的损失。真相是这样吗？我相信统计的结果是真实的，但能否说明止损就不重要呢？不能，因为一次不止损可能就爆仓了。止损就是用小的损失避免大的损失，可能8次都止损错了，一次没止损，就赶上超级趋势大跌，爆仓出局。所以统计的结果是对的，那些止损都是无谓的牺牲，但是这些牺牲是为了避免出现一次性的大的损失，出现毁灭性的结局。

对于止损，还有一种说法，"对止损的理解深刻程度就体现了一个投机水平的高低"。这种说法在一些高手中间获得过很大的市场和认同。并且在一些高端的交流圈子中，身家亿元以上的大户，投机专家在一起交流过对于"止损"的深刻理解。大家基本认同了"对止损的理解深刻程度是投机水平高低的一个标志"，但是略显遗憾的是，在数次的高端聚会中，大家并没有对止损的内容得出一致性结论，只能因人而异。其中的一些重要内容还是有共同性的。比如第一条：买入的位置一定要舒服,一定要是好的买点,买了之后不能有大幅波动。如果确定性不高,胜率不高,宁可不买,也不要买了之后再止损。因为人性是最靠不住的,不要试图去考验人性!更不要试图考验耐心,考验贪心,考验侥幸心理,考验扳本心理,考验持仓浮亏忍耐力。故意去考验是一种愚蠢的行为,刻意夸大自己的承受能力去冒险更是一种鲁莽的盲动主义,坚决不可取。第二条:坚持系统止损法,也即只有出现了系统性错误的时候方可止损。在股票操作中,指数涨个股不涨是常有的事,如果因此止损,可能你卖了的股涨起来了,新买入的股没有涨。但是一旦出现了系统性的风险,立刻止损。第三条:止损后重新进场是一种意志力与操盘品质的体现,止损止错了,重新进场,综合考验能力、勇气和自信。

我认为"买入"像投胎,"止损"如自杀。怎么理解?投胎到亚洲首富家里做儿子,不知道省去了多少烦恼。投胎必须慎重,弄错了折腾大了,还得重新投,累不累?所以,投胎是门技术活,必须练精。"自杀"如何理解?生命只有一次,死掉就没有了,若是老是"自杀",弄得死去活来,人生的意义早已失去,再活过来又有啥意思?不能自杀,严禁自杀。自杀也是杀,杀生总归是不好的。所以,珍惜生命,杜绝自杀。慎重又慎重。有些问题,要从操作系统、操作思维,从根本性确定性胜率上找问题。不能头痛医头脚痛医脚,不能片面地割裂问题。

## 第六节　如何做出超额收益

### 一、做超额收益需要大行情配合——错过大牛过早下车导致没有超额收益

超额收益,大家经常听说,即超越大盘的收益。如大盘涨了20%,你做出了40%的收益,这叫超额收益,超出大盘100%,绝对超额收益是20%,这是一般意义上的超额收益。

但是实际上这是一个有很多解释的命题。如2015年的现象最为典型,1000多家基金被迫清盘,占全部备案的基金的一半,巨幅回撤的比比皆是,有很多还

是去年的收益冠军。有些年度大幅取得超额收益，有些年度回撤1倍多，有些年度被清盘，这样的超额收益要不要呢？算不算真正的超额收益呢？正的也超越，负的也超越，感觉就好像加了杠杆的指数跟踪基金。

一个相对合理的解释就是熊市时空仓避险，牛市做出超额收益，这样才算有意义的超额收益。我也比较认可这种解释。

接下来要讨论的情况就是，已经能实现多空平衡获利，牛市时获取超额收益，熊市时空仓避险，平衡市和震荡市也能跑赢大盘，在已经能做到这样的情况下，如果行情起来了，没有做出超额收益，我们就来查找原因，找出针对性的解决办法。

首先我们要重新审视这个行情算不算大行情，多少算大行情？指数涨幅超过30%算大行情。根据经验，在大行情里，翻倍的牛股数量明显多于小行情，从概率角度来说，也有更多的机会逮到翻倍牛股，从而实现超额收益。如果行情算是大行情，而你没有实现超额收益，一般情况下，70%以上的原因都是你过早卖出了某只牛股，股票翻倍了，收益没有翻倍。频繁换股也算是过早下车，换股了，错过了上涨的主升浪。最一般的超额收益实现情况是"一只大牛股翻倍+一波短线快速行情"，很少有一轮行情做两只大牛股，并且都实现翻倍或者接近翻倍的收益的。

在行情刚开始阶段，我们可能并不能够判断这是不是大行情，等我们发现自己没有实现超额收益的时候，行情已经结束或者临近结束了，此时如果心情急躁，报复性交易，很可能被套住，还有可能被套在高位。如何解决这个问题呢？首先我们都经历了很多波行情，一年一般有两三波，可以根据以前的经验来判断行情的大小，总不能每次都到行情接近尾声才恍然大悟吧！其次，根据《股票操盘宝典》第五章的买卖点体系，日线一买起来的是大行情，指数涨幅30%左右；周线一买起来的行情一般可以持续半年以上，指数涨幅50%左右；月线一买起来的行情至少可以管一年，指数涨幅会翻倍；季线一买起来的行情，好几年才出现一次，可以算大牛市了；年线一买起来的行情，超级大牛市；日线二买三买起来的行情，是快速行情，涨得比较快、比较急，幅度也很可观。

所以，为了实现超额收益，在行情刚开始的阶段，无论预判的行情大小，都不能轻易换股，过了一个普涨的阶段，如果第一次买的股实在不行再换。否则的话，不但实现不了超额收益，可能还超越不了指数涨幅。其实，懂行的人都知道，超越指数涨幅已经算是很高的要求了，因为，中国股市的可操作性没有那么强，经常会出现指数狂涨，个股的赚钱效应奇差的情况，你就光看着指数涨，真正通过个股操作把钱装进口袋里，其实是一件很难的事。

如果已经发现了自己的个股涨幅不如意，而大盘行情还没结束，也可以果断改变操作手法，变中线为短线，变波段为超短线，挑那些多头排列，量能累积的股票买，轮番操作，以追齐指数涨幅为目标。

## 二、做超额收益需要大牛股支持——节奏踏错导致没有超额收益

节奏踏错是大家最常犯的一个错误，中国股市的轮动特别快，节奏转换也很快，今天风在这里，明天风在那里，如果一段时间运气特别好，连续踏对不说多了，两三个节奏，即使大盘行情很小也有可能实现翻倍收益。

但是大部分时间踏对节奏很难，好像有人故意作对似的，买什么什么不涨，卖什么什么涨。牛股一买就变熊，熊股一卖就变牛，好像确实很奇怪。如果我们一直停留在这种语言描述以及股评家和财经资讯所谈的这种现象的话，我们可能永远无法破解这个难题。因为谁也无法预先知道哪个板块会崛起，哪个板块会萎靡不振。

这个表面现象背后的原因到底是什么？我动用了大量的量化分析团队，利用庞大的计算机程序，回测了沪深股市25年的历史行情数据。分段地分析每个阶段，每个波段，每个月，每个季度，涨得最好的板块，涨得最不好的板块，涨得和指数差不多的板块，并分析了股市跌势中哪些板块跌得最狠，哪些板块反弹最猛。根据时间序列分析、时机的分布，得出了一些有用的规律。

指数涨幅超过30%的大行情里，所有的板块都会轮涨。因此，如果不想踏错节奏，就要耐心等待。出局只有两个理由：一是指数涨到位了，行情结束了；二是盈利目标达到了。

指数涨幅低于30%但是大于10%的波段行情里，会有一半左右的板块轮涨，一半左右的板块滞涨，但是也有个20%左右的涨幅。因此，要想不踏错节奏，就要买进龙头板块的龙头股，如果不买进龙头股，来回换股，节奏就会踏错。

指数涨幅10%左右的小行情里，不存在板块轮动和踏错节奏的问题，只存在选股准不准、牛不牛的问题，在这种行情里，很多股票涨幅都会超过10%，应该说是个股行情，不是板块轮动行情。

此外，我认为行情发展的全部信息已经包含在价格走势里，在行情已经确定要发生的情况下，技术分析便起到决定性的作用，越贴近买点的个股，爆发力越大。一轮行情，买准几个牛股，也就不存在踏不踏错节奏的问题了。还可以先板块后个股，分析板块指数，板块指数贴近买点，或者本来就是买点，就可能马上大爆发。

## 三、做超额收益需要在关键时刻重仓——后知后觉过于注重右侧交易导致成本没有超额收益

有人说，我们永远无法买在最低点，因为在最低点时，恐惧在支配着投资者的一切，别说让他下单买股票，就是打开走势行情图看一眼，都觉得胆战心惊，怕得要死。但是往往等过了几天一看，原来最恐怖的那天，是最低点。

当然关键时刻不光包括最低点，还有起涨点，主升浪前的缩量整理点，这些都称为关键时刻。或者说，任何一个买点都是关键时刻，问题是不是谁都能在关键时刻在买点迅速做出反应，买进股票的。而一种最常见的犯错方式就是倒金字塔建仓，买点位置买进数量很少，慢慢涨慢慢加仓，然后一个大的回调，利润又回吐了；这样做不出超额收益也很正常。

在关键时刻重仓并不一定保证能做出超额收益，但是不在关键时刻重仓一定做不出超额收益，成本不同，算术收益也不同。既能做到关键时刻重仓，又能重仓了领涨股，两者缺一不可。

在别人恐惧时刻贪婪，说起容易做时难。买点的时刻都是无比恐惧的，甚至感觉世界末日要到了，马上会崩盘似的，在这样的氛围里，一旦出现了买点，你敢买吗？

恐怕大部分人的操作都是不计成本地争先恐后地砸出自己手里的筹码，然后市场涨起来被迫高价买回。这就是一个悲情的轮回。

所以，我给很多本签名书扉页上题的字就是"战胜自己"，在关键时刻要战胜自己，不能被情绪俘虏，不能任由情绪蔓延；有些题的字是"买了后，拿住不怕；卖出后，忍住不贪"，说的就是这个问题。关于情绪的问题，说任何技术都是没用的，只有用过硬的心理素质来保证。

在这里我想重复一下"股市二元论"一节里的一个内容，对于解决这个问题会有莫大的帮助。

好的买盘感＝死活不敢买（可能是涨得太高不敢买，也可能是跌得太深不敢买，觉得买进可能会出大事）＋假如要买那必须皱着眉头咬着牙关买。

反之如果你觉得买进就要发大财，买进很顺利，你甚至觉得钱不够用，那一定要小心别买或者少买，戒贪！！！

好的卖盘感＝死活舍不得卖（可能是正在大涨不敢卖，也可能是正在大跌不敢卖，觉得卖了就损失了好多预期盈利或者减亏）＋假如要卖很可能卖在不好的位置。

反之如果你觉得卖出之后赚死了（往往是更大主升浪前夕），卖了抱牢现金最重要（往往是阶段底部），反而可能不该卖，再持仓一会儿忍一忍。

### 四、做超额收益需要在震荡市控制风险——做T和高抛低吸失误导致没有超额收益

有很多投资者都有多动症，或者出于这样一种心理："不打开账户操作，那就不叫炒股。"有一种很强烈的参与市场的需求。股市就有这样一种说法：中国股市是目前全世界最大的散户市场，很多人宁可自己在股市里赔钱，也不愿意交给专业的机构去管理财富，这是一个很奇怪的现象：很多人来股市不是来赚钱的，而是来过瘾的！如果是想过瘾，只有自己在市场里追涨杀跌才叫痛快！要的就是这种痛快！也不能说完全没有道理。

还有一类投资者自己学了一些投资理论，总想尝试，比如股市里流传这样一种神奇的说法："10元买进一只股票，经过一段时间高抛低吸的运作，把成本降到0，然后即使股价跌到了5元，仍然是暴赚的。"这是我听说过最神奇的理论，但是我没见到过，问题是这种说法的信徒非常多，所以中国的个人投资者，十有八九都是"做T专家"和"高抛低吸专家"。

所以中国股市上，个人投资最常见的两种行为就是，到处找牛股与高抛低吸，要么就是"你告诉我一只牛股，最好很快翻番"；要么就是"每天打开自己的账户看一下自己的股票，买一点，卖一点。"

不是说高抛低吸不好，事实上高抛低吸是一个难度比较大的操作。正确的做法就是在次一个级别的买点买，卖点卖。比如你在日线级别中线买进了某只股票，就在60分钟级别的买点买，卖点卖。降低成本。做T的人更多，大家都非常热衷于短线操作。认为这就是体现自己能力的时刻，认为不操作就是没本事，

就是窝囊。

当牛股非常牛的时候，容易做T做飞，高抛了没机会低吸，导致利润减少；而股票弱的时候，低吸了有没有足够的空间高抛，会增加筹码数量和成本，导致行动臃肿。这些都是阻碍投资者获取超额收益的事实。

比较实际的做法是，用少一点数量，比如不超过30%，一般选择25%的数量进行高抛低吸操作，这样犯了错也不是大错，只是局部错误，不会影响大局。有的投资者信奉"半仓做T"，做对了还好说，做错了就能把牛股做得不赚钱，把好的机会浪费，甚至被套。另外，数理统计的概率和实验表明，操作次数越多，犯错概率越大，没人能逃脱这个定律。就好像大作手李佛摩尔说的那样："如果只要在一个月内做对了事情，我就可以征服全世界。"

### 五、做出超额收益需要独家核心资源

俗话说，没有金刚钻不揽瓷器活；要想做出超额收益，还是绝对收益，必须有一些独门的核心资源。一般情况下这些核心资源有以下几种：第一种就是直接跟某只股票的大炒家大庄家有某种联系，或朋友或亲戚或以前的同事领导或事业合作伙伴或曾经做过生意，这样有个最大的好处是你会知道目标位，知道目标位和不知道目标位完全是两码事，在其他条件相同的情况下，知道了目标位可以集中投资，获取更直接的利润，而不知道目标位只能分散投资，总体利润必然受限制。第二种就是跟上市公司的实际控制人，或者大股东有直接联系。这种联系可以是直接的生意往来，或者资本运作，资产注入的买卖往来，在这种资本运作的过程中，上市公司会发生质变，常见的形式是停牌重组，过一段时间一复牌，翻几倍。实力强的可以直接去重组上市公司，获得超级超额收益。第三种就是由于身处其位，有某种渠道可以知道很多资金扎堆聚集的地方，一旦大型机构进驻布局完毕，剩下的事情就是耐心等待，在市场起暖时间必然会有一波行情。第四种就是有某种核心能力，别人不具备或者没有你强。比如超强的选股能力，超强的大型计算机模型，超强的择时能力，超强的风控能力，超强的短线能力。需要指出的是以上第一种和第二种核心资源的获得是违反"证券法"的行为，希望大家不要去尝试。总之，你一定要在某一个方面做得非常的突出，聚焦在这个领域，你具备遥遥领先的地位，别人根本无法企及。在其他条件等同的时候，你的这种超出众人的能力就能把你带到一个比较高的高度。就我个人来讲，我有两方面比

较强，其实是一方面，就是大盘的择时判断能力和基于大盘的择时判断的风控能力。在这方面，无论是短线（1~2周）、中线（3个月）、长线（3个月以上），乃至年度的大盘预判，我一直比较前沿，准确率如果我想的话，可以接近100%。

这种核心竞争力，需要打造出更核心的价值，就需要不断地投入拓展。比如依靠人脉的就应该拓宽加深自己的人脉，集结成利益集团，合组一家公司。比如依靠能力的，就应该不断加强核心能力建设，保持领先地位，使得后来的赶超者没有机会。不要小看前三种具备核心资源的人哦！股市里的数以千计的亿万富翁，数以百计的十亿级富翁，数量不少的几百亿级的富翁，基本上都出自前三种。

### 六、做超额收益需要适度停顿，避免回撤

我做期货有一个资金管理原则：一个周期（会计年度）内，投入的本金不能增加；每赚取10%，就把这10%转回银行账户；当收益率满意时，本年度宣布完成任务，放假休息去旅游；下一个会计年度，根据自己的预算决定投入市场的本金。这条一可保护利润使风险敞口收敛，二可使自己心态永远平稳。

这个原则做股票应该也是适用的。在年度内的资金管理上，我们也应该把这个管理的思想贯穿始终。比如我们最近做得很顺，资金增长比较猛的时候，要适当停顿一下，学会用股市二元论的哲学思维思考问题，不能一味冒进，避免接下来很可能出现的回撤。这就好比很多人看盘的时候喜欢往回看，往回一看，股市涨了一大波，要拿住股票就好了就翻倍了，于是重仓持股，结果套在了顶部；有时往回一看，股市真是太离谱太惨了，涨跌不由人，所以应该轻仓玩玩短线，赚点就走，然后股市来了一波行情，没怎么挣钱。

其实很多人不缺少在股市挣钱的能力，我的很多粉丝也很厉害，但是感觉有两点要真正克服是非常困难的：第一点就是大家的预期收益率普遍偏高，认为股市挣钱很容易；第二点就是挣钱的时候大部分人都有过，赔钱的时候可以是也没少了。来回一综合其实净利润没多少。

要真正挣钱，一要把钱取出来，常在里面滚，迟早会还回去；二要降低收益预期；三要做一段时间有一些收益一定要适度停顿，即使在停顿的时候股市涨了，踏空了一些行情也不要太在意，停顿一下，最好把利润取出来。股市是一个过程，我们更应该享受其中的乐趣，而不是急匆匆的要时刻提醒自己赚钱，让贪婪带着自己走。人生也是一个过程，虽然最终我们殊途同归，走向无可避免的死

亡，但是在过程中，我们享受这个过程，把控这个节奏，不能让一些身外之物遮挡住自己的双眼，迷失了人生的方向。

所以，做超额收益也就是做风控，只有把风险控制住了，把钱取出来了，才算真正赚到钱。

# 第五章　最准指标：经过验证最准的买点卖点

同样的剑，看用在谁的手里。

——胡斐

## 第一节　技术分析的应用

在期货方向判断上，我是坚定的基本面派；在期货的局部操作上，我是坚定的技术分析派；在股市的操作上，我是极其坚定的技术分析派。

人们对于技术分析，有常见的三大论调：

第一，单靠技术分析不能够赚钱。这句话绝对正确。但问题是单靠基本面分析也赚不到钱！单靠什么分析都不一定赚到钱。赚钱本身就是个包含了很多因素的系统工程。所以这句话是正确的，但却是没用的。

第二，技术分析事后是100%准的，事前无法预测。这句话几乎是完美的，反对者几乎都找不到借口。因为很多回支撑可以被打破，压力也可以被突破。这句话似乎是正确的，但是，实际上呢，我认为也经不住推敲。技术分析事后100%准确，事前无法预测；那问题是没有东西可以事前100%准啊，索罗斯也有犯错的时候，程序化高频交易的胜率达到40%都算是高胜率的了。那为什么就非得要求技术分析事前100%准确呢？我们不能从中萃取一部分有用的东西组合，胜算一步步提高吗？

第三，庄家可以利用技术分析骗线。我认为庄家可以在日线以及以下周期上骗线，在周线、月线上是无法实现骗线的。即使在日线上，如果和周线共振了，也是无法骗线的。再说，骗线是需要成本的，如果不是在顶部拉高出货，在其他的任何位置，行情的自然波动已经够大了，庄家骗不骗线都改变不了行情的波动本质。另外，我认为，股市里骗线，一般都是在短时间内比如一两天内迅速拉高吸引跟风盘，在 K 线上实现 1~3 天内的骗线；但是在 MACD、KDJ 上无法实现日线级别的骗线，更无法实现周线级别的任何指标骗线。

利用技术分析，关键是"用"，技术分析就好比一员猛将，是韩信之于刘邦的关系。用人用其所长，知其所短。仅此而已，会用人的英雄，能使将遇良才，各得其所，最终能打下天下。那些失败了的悲情英雄比如项羽，就是那种总觉得自己特牛，不需要其他人辅佐的。

我的技术分析，有三个逻辑：

第一个逻辑：走势已经充分说明了一切，技术分析在任何时候都是有效的。2015 年股灾救市，国家队都上场了，但是无法改变股市下跌的大趋势，一边救市一边发生三次股灾，这生动鲜明地说明了走势已经充分反映了一切信息，趋势是不可对抗的。

第二个逻辑：技术的买点也许买了不一定涨，但是不是买点一定不能买。在上涨趋势里，一个技术买点可以加速飞奔，火速上涨，带来一波大行情。在下跌趋势里，我们会发现一种情况，跌到了一个技术买点，背离了，金叉了，也许没有涨起来，但是至少止跌了，横盘了；此时如果有利好消息，必然暴涨，这说明，技术买点是有力量的。但是纯技术的力量的大小、强弱，应该由另外一个和技术毫不相干的因素来决定。再比如，即使在一个大的上涨趋势里，有人告诉你一只股票将要从 10 元涨到 30 元（这个人曾告诉过你 10 只股票，都翻倍了，这里我们假设这只股票一定能从 10 元涨到 30 元），但是他告诉你的时候恰好这只股票处于技术的卖点，有点顶背离，死叉了，你买还是不买？答案是不买，至少是不立即买，也许技术卖点不能让这只股票大跌，但是至少会调整一段时间，调整以后再涨到 30 元也可以啊。这就是技术的力量。所以，我在做任何进出场动作的时候，都要最后检查一遍，像机场过安检一样，一个好的进场点一定是技术走势舒服的买点；一个好的卖点也必然是技术的卖点。

第三个逻辑：我所称的"买点卖点"，全部是指本书第四章第三节所定义的买点卖点。该部分内容在我的另外一本书《股票投资要义》第五章第三节也有论述。同时本章将要讨论的 MACD、KDJ、DMI 指标在我的技术分析体系里起到辅助判断的作用。如果发生共振了，那就要必然进场或者离场了。买点和卖点是一个极其基础的概念，一定熟练掌握，形成本能、形成条件反射。

## 第二节　趋势判断：MACD

在我的技术体系里，MACD 起到趋势判断的作用，它主要是对趋势是否延续，趋势是否中止，趋势是否终止做出判断。而且 MACD 判断的是一个中期趋势，所谓中期趋势，就是比当前周期大一个级别的趋势，也即如果用日线 MACD 做判断，除了能判断出日线的趋势，还能对周线的趋势有所预示。

所谓趋势判断，其实类似于打仗时的参谋情报和作战计划，是一个事前的判断，起到对局势分析，对可能出现的情况预判的效果。

在我上一本著作《股票投资要义》第五章第二节《MACD：终极指标》里，已经对 MACD 指标做了比较详尽的解读，里面介绍了 MACD 将死不死，将金不金，红柱绿柱"买小卖小缩头缩脚"，以及小鸭出水，佛手向上等八种形态。大家可以去看一看。

以下是我的 MACD 的五大战法：

第一，顶背离卖，底背离买，其中日线和 60 分钟线的顶底背离既具备趋势判断意义，也具备操作进出场的意义。而周线和月线的 MACD 顶底背离仅仅具备趋势判断意义，进出场依据需要更精准的买点定位。

图为深证综指 2015~2016 年的三次顶底背离，良好地指示了趋势。

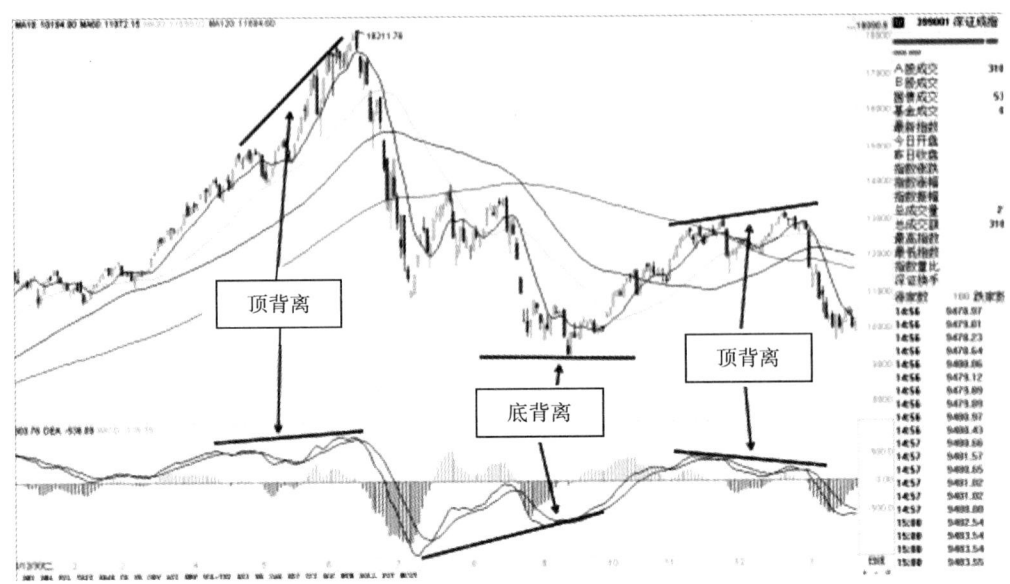

第二，黄白线金叉买进，死叉卖出；二次金叉坚决买进，二次死叉坚决卖出。

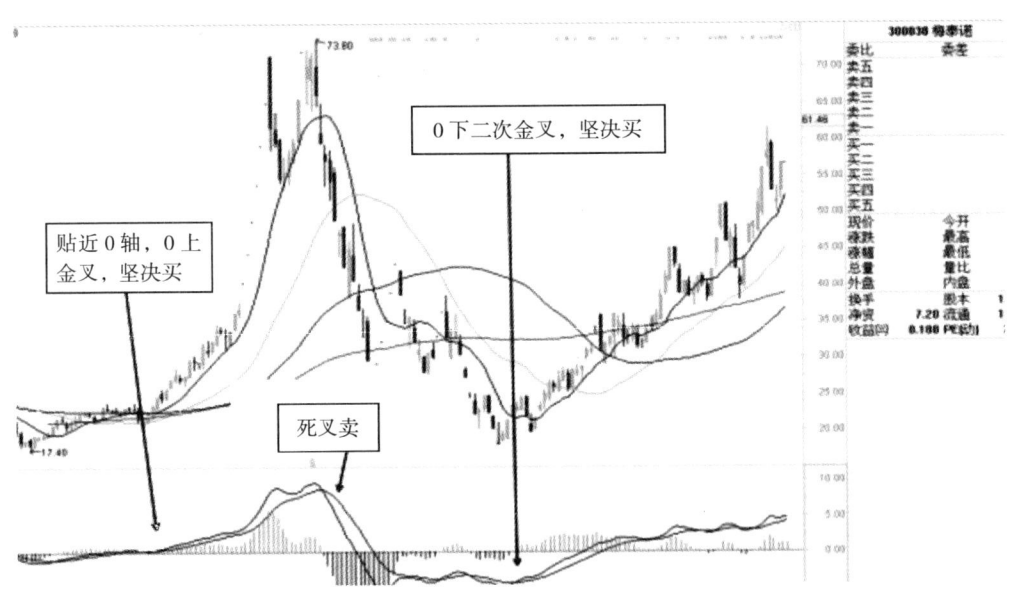

其中，黄白线贴近0轴的0上第一次金叉是上涨行情的启动点，0上回拉0轴之后的0上第二次金叉是主升浪。黄白下在0下贴近0轴的死叉是下跌行情的启动点，回抽0轴再度死叉是主跌浪。0轴以下的第一次金叉是试验，不可以轻易介入，0轴以下第二次金叉如果发生了底背离，值得介入。

第三，对于极度稳健的投资者来说：黄白线在0轴下方的市场，是空头市场，应该坚决回避；黄白线只有运行在0轴上方，才属于多头市场，才可考虑介入。

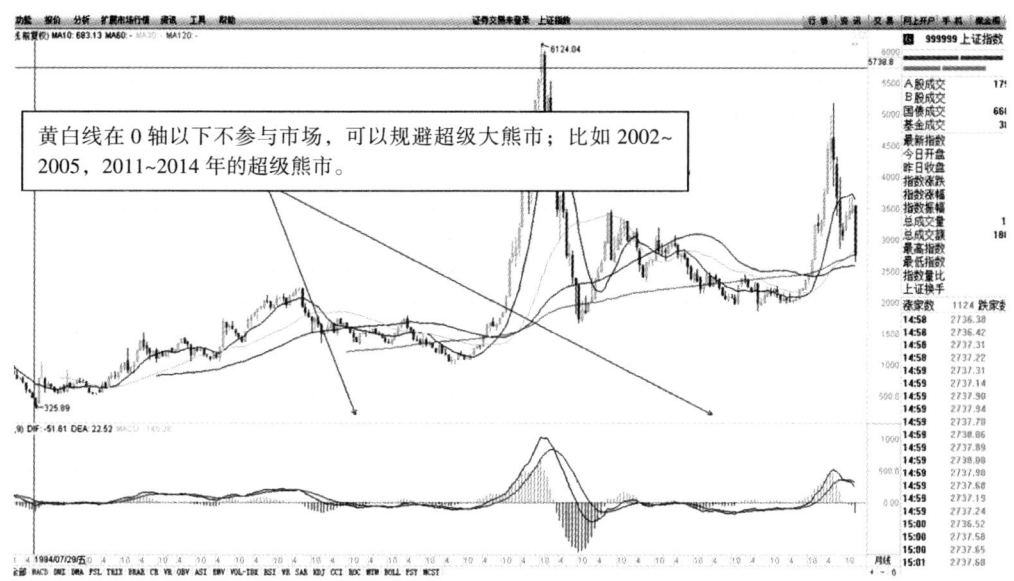

黄白线在0轴以下不参与市场，可以规避超级大熊市；比如2002~2005，2011~2014年的超级熊市。

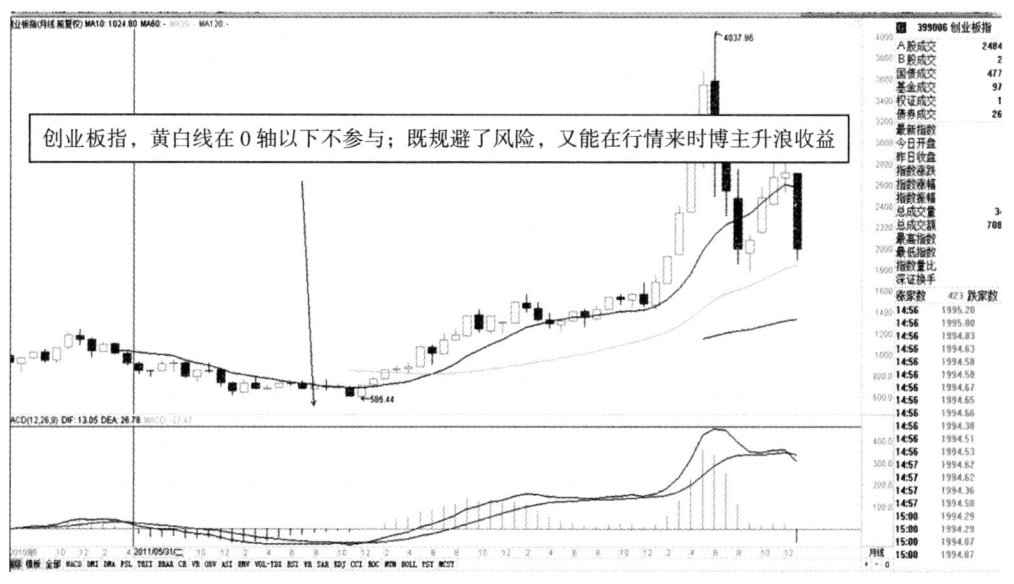

创业板指，黄白线在0轴以下不参与；既规避了风险，又能在行情来时博主升浪收益

第四，风洞买入法：白线先死叉黄线，然后 4 个交易日内快速金叉，伴随红柱子放大；形成一个网兜似的形状，称之为"风洞"。风洞的位置不管是在 0 轴上面还是下面，越靠近 0 轴越好。

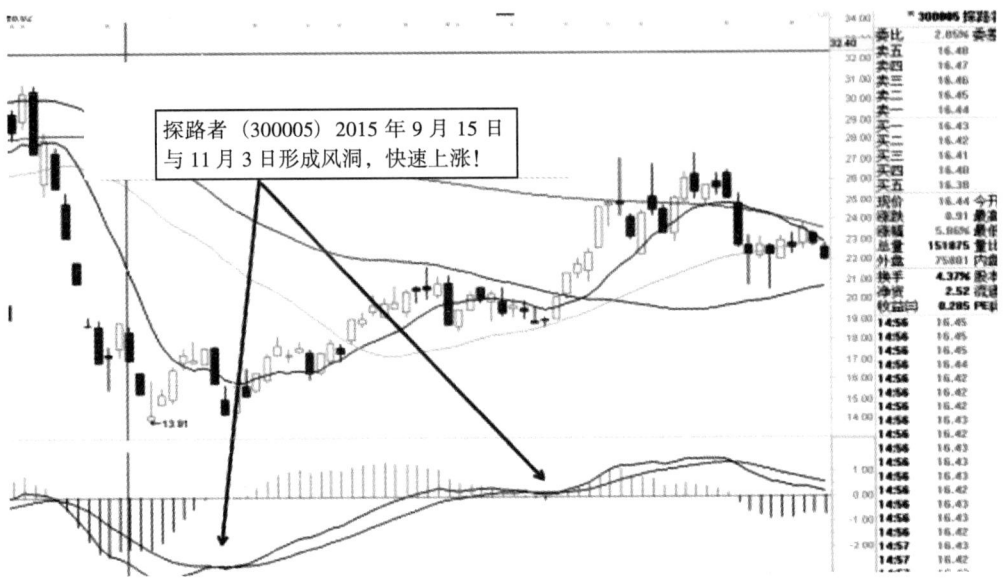

探路者（300005）2015 年 9 月 15 日与 11 月 3 日形成风洞，快速上涨！

第五，MACD 红绿柱子顶点是小波段趋势转折点：当绿柱子放到最长开始缩短时，是短线（一般是日线的次级别，比如 60 分钟级别）止跌点；当红柱子放

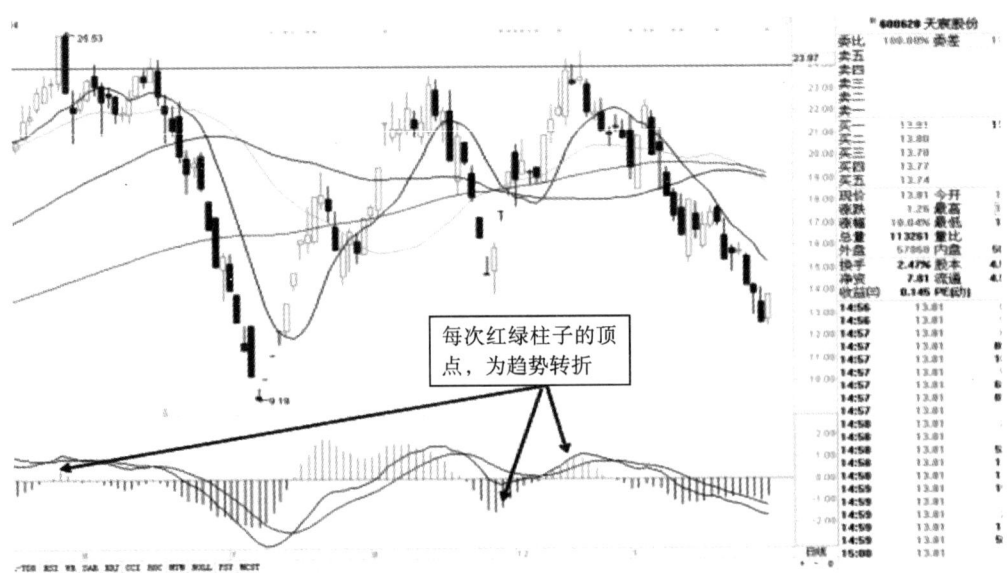

每次红绿柱子的顶点，为趋势转折

到最长开始缩短时,是短线的小顶。上图为天宸股份(600620)2015年5月~2016年1月日K线图,可以看出每个红绿柱子的顶点就是每个波段的转折点。

大家在利用MACD做趋势判断的时候,最好结合三个周期,周线、日线、60分钟线,准确地判断出未来的趋势最大可能运行方向。MACD在趋势的指示上是权威的、有效的,所以我称之为"终极指标",因为95%左右的其他指标包括均线都和MACD具有同步性,有的甚至直接来源于MACD指标。另外我提醒大家,趋势的判断是一次战役的前提,任何一次进场动作最好用MACD判断一下。

## 第三节　买点和卖点的定义

"买点买,卖点卖,不是买点、卖点就不动"是我的基本交易理念。那么什么是买点,什么是卖点,如何定义呢?

经过长期的交易实践,经验积累,我结合Geral Appel 1970年发明的MACD指标的计算公式、乔治·莱恩(George Lane)发明的KDJ指标的计算公式、K线的计算公式和最经典的道氏理论,以及中枢理论、缠论等内容,重新用最简洁明了的语言定义了一套买点和卖点的体系。

在此特别提醒:有一些人,不管是美国人还是中国人,在叙述某项理论、发明某个指标、定义某个买点卖点时,总是将简单的东西复杂化,将明晰的框架模糊化,将简洁的实战用法混沌化。这其实类似于中国历史的"春秋笔法",故意为之,让那些读书的人误以为这套理论、这个指标、这种买点是错误的、是无法明确的。这其实都是那些"聪明"的大师们有所保留,故意不说,关键处该点化你的时候不但不点化,反而让人走弯路。长此以往,误解就越来越深。

这节的内容,将用最简洁的文字,最明确的定义,最实用的战法,将技术分析关于"买点"、"卖点"的全部内容及其基本理论明确地告诉大家。同时我已经将这些买点和卖点的定义通过计算模型来计算单只股票的所有买点与卖点;全市场当日所有周期的底分型、顶分型;所有指数的一买、二买、三买,计算出的数据我日常都已经在使用了。

基本概念：

顶、底分型和笔：

顶分型：第二根 K 线的上点是三根 K 线中上点的最高点，同时第二根 K 线的下点也是三根 K 线中下点的最高点。本质是上升后转折成下降。

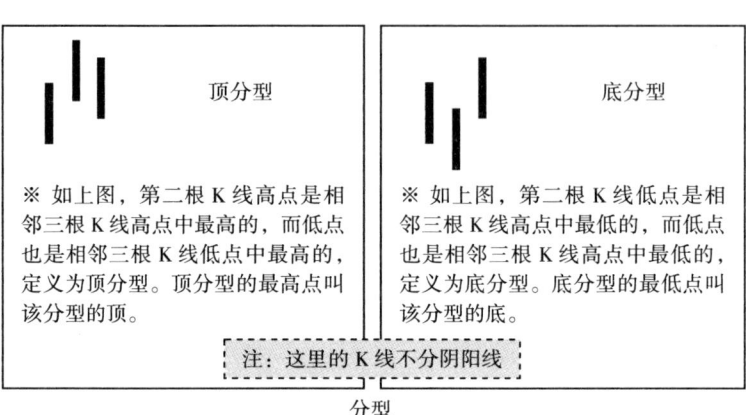

分型

底分型：第二根 K 线的上点是三根 K 线中上点的最低点，同时第二根 K 线的下点也是三根 K 线中下点的最低点。本质是下降后转折成上升。

笔：两个相邻的顶和底之间构成一笔。在实际分析中，必须要求顶和底之间至少有一根 K 线当成一笔。

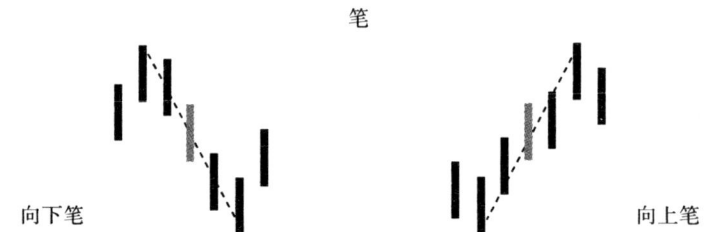

※ 如上图，两个相邻的顶和底，并且顶和底之间有至少一根 K 线相隔，这样就构成一笔。笔从其构成的 K 线走向看分为向上笔和向下笔。

上升的一笔，就是底分型+上升 K 线+顶分型；

下降的一笔，就是顶分型+下降 K 线+底分型。

两个顶或底能构成一笔吗？这里，有两种情况：第一种，在两个顶或底中间有其他的顶和底，这种情况，只是把好几笔当成了一笔，所以只要继续用一顶一底的原则，自然可以解决；第二种，在两个顶或底中间没有其他的顶和底，这种情况，意味着第一个顶或底后的转折级别太小，不足以构成值得考察的对象，这种情况下，第一个的顶或底就可以忽略。

笔所要求分型的规范：

第一，必须是一顶一底，顶必须接着底或底必须接着顶。

第二，顶和底之间至少有一根K线不属于顶分型与底分型。

第三，还有一个最显然的，就是在同一笔中，顶分型中最高那根K线的区间至少要有一部分高于底分型中最低那根K线的区间，如果这条都不满足，也就是顶都在低的范围内或顶比底还低，这显然是不可接受的。因此，在确定笔的过程中，必须要满足上面的条件，这样可以唯一确定出笔的划分。

划分笔的步骤：

第一，确定所有符合标准的分型。

第二，如果前后两分型是同一性质的，对于顶，前面的低于后面的，只保留后面的，前面那个可以×掉；对于底，前面的高于后面的，只保留后面的，前面那个可以×掉。不满足上面情况的，例如相等的，都可以先保留。

第三，经过步骤二的处理后，余下的分型，如果相邻的是顶和底，那么这就可以划为一笔。

如果相邻的性质一样，那么必然有前顶不低于后顶，前底不高于后底，而在连续的顶后，必然会出现新的底，把连续的顶中最先一个和新出现的底连在一起，就是新的一笔，而中间的那些顶，都×掉；在连续的底后，必然会出现新的顶，把连续的底中最先一个和新出现的顶连在一起，就是新的一笔，而中间的那些底，都×掉。

显然，经过上面的三个步骤，所有的笔都可以唯一地划分出来。

一笔必须满足以下两个条件：

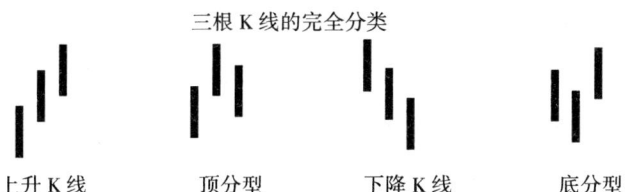

三根K线的完全分类

上升K线　　顶分型　　下降K线　　底分型

※ 经过了K线合并的K线图中，三根相邻K线的关系可以被完全分类以上四种形态。这样，一个向上笔就一定是底分型+上升K线+顶分型，而一个向下笔就一定是顶分型+下降K线+底分型。这里，中间的K线可以是一根、二根、三根乃至无数根。

第一，顶分型与底分型经过包含处理后，不允许共用K线，也就是不能有一根K线分别属于顶分型与底分型，这个条件和原来是一样的，这一点绝对不能放松，因为这样，才能保证足够的能量力度。

第二，在满足一的前提下，顶分型中最高K线和底分型的最低K线之间（不包括这两根K线），不考虑包含关系，至少有三根（包括三根）以上K线。显然，第二个条件，比原来分型间必须有独立K线要稍微放松了一点。

第三，分型、K线关系：

顶分型：第二根K线高点是相邻三根K线高点中最高的，而低点也是相邻三根K线低点中最高的；

底分型：第二根K线低点是相邻三根K线低点中最低的，而高点也是相邻三根K线高点中最低的；

分型的顶：顶分型的最高点；

分型的底：底分型的最低点。

K线包含关系：一根K线的高低点全在另一根K线的范围里：

K线合并

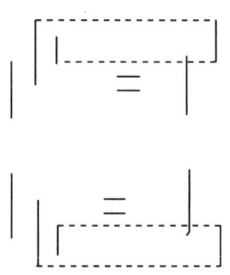

※ 如左图，现实中相邻两根K线可能出现包含关系，此时可进行K线合并：

走势向上时把两根K线的最高点当高点，两根K线低点中的较高者当成低点；

走势向下时把两根K线的最低点当低点，两根K线高点中的较低者当成高点；

这样就把两根K线合并成一根新的K线。经过K线合并后所有K线图就被处理成了没有包含关系的图形。

K线包含关系的处理：在向上时，把两根K线的最高点当高点，而两根K线低点中的较高者当成低点，这样就把两根K线合并成一根新的K线；反之，当向下时，把两根K线的最低点当低点，而两根K线高点中的较低者当成高点，这样就把两根K线合并成一根新的K线。

非包含关系的三根相邻K线完全分类：上升K线，顶分型，下降K线，底分型。

K线合并方向：假设，第n根K线满足第n根与第n+1根的包含关系，而第n根与第n-1根不是包含关系，那么如果$g_n \geq g_{n-1}$，那么称第n-1、n、n+1

根 K 线是向上的；如果 dn≤dn-1，那么称第 n-1、n、n+1 根 K 线是向下的。

K 线包含关系的顺序原则：先用第 1、第 2 根 K 线的包含关系确认新的 K 线，然后用新的 K 线去和第三根比，如果有包含关系，继续用包含关系的法则结合成新的 K 线，如果没有，就按正常 K 线去处理。

K 线包含的处理方法：

第一，合并方向：合并 K 线，1、2 无包含，2、3 有包含，2 比 1 高取向上包含，2 比 1 低取向下包含。

第二，合并 K 线高低点取法：向上包含，取两根 K 线中高点最高为高点，低点最高为低点。向下包含，取两根 K 线中高点最低为高点，低点最低为低点。

第三，合并顺序：2、3 有包含，先合并 2、3 得出新的 K 线，再与 4 比，如有包含继续按此三个步骤合并。

**线段**

至少由三笔组成。线段的前三笔，必须有重叠的部分。

线段的最基本形态：

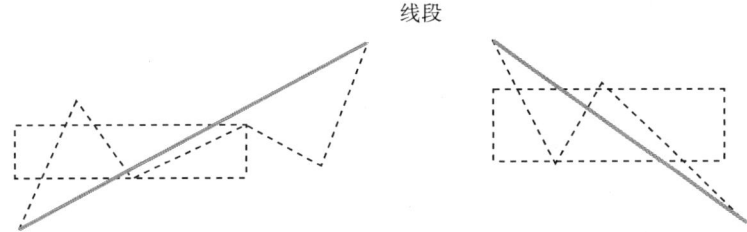

线段

※ 如上图，线段由奇数个数的笔组成，最少需要三笔，且前三笔必须有重叠的部分。图中蓝色虚框就是笔重叠部分，红线即为线段。线段无非分成两类，以向上一笔开始的（向上线段），以及从向下一笔开始的（向下线段）。

**线段终结**

线段被终结有且只有四种模式：一是"1+1"终结；二是"盘整背驰"终结；三是"中枢背驰"终结；四是"小转大"终结。

由于线段只能被线段终结，而一段线段是由至少三笔组成的，所以终结一段线段至少需要三笔，而一笔至少有一个底分型和一个顶分型。所以确认一段线段被终结至少需要三个底分型和三个顶分型。

第一，"1+1"终结：新的三笔"不创新低，反创新高"或者"不创新高，反创新低"。

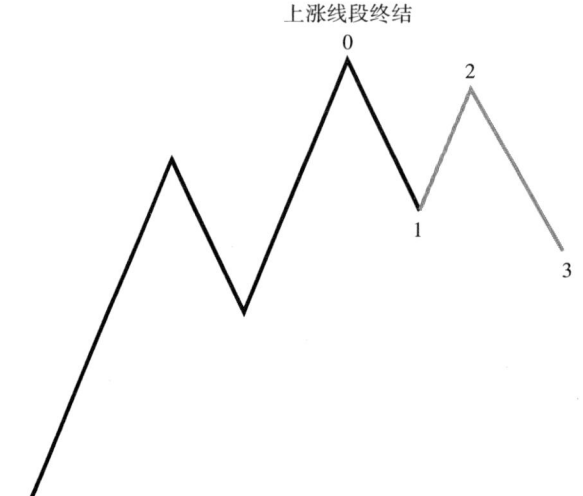

终结过程：2号高点无法创出0号新高，反过来3号低点有效击穿1号低点

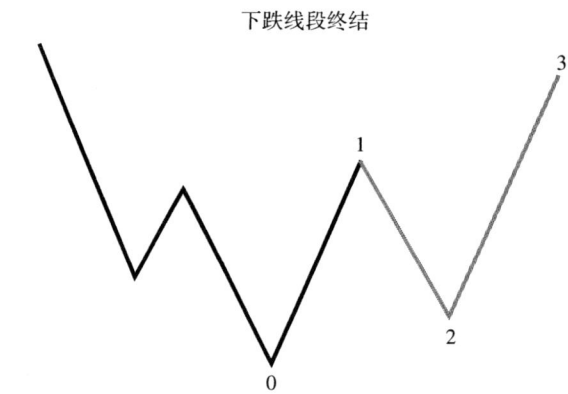

终结过程：2号低点无法创出0号新低，反过来3号高点有效击穿1号高点

第二，"盘整背驰"终结：一段线段下来，在还没有形成中枢的时候已经形成了盘整背驰，并且该处盘整背驰点未被打破。

## 第五章 最准指标：经过验证最准的买点卖点

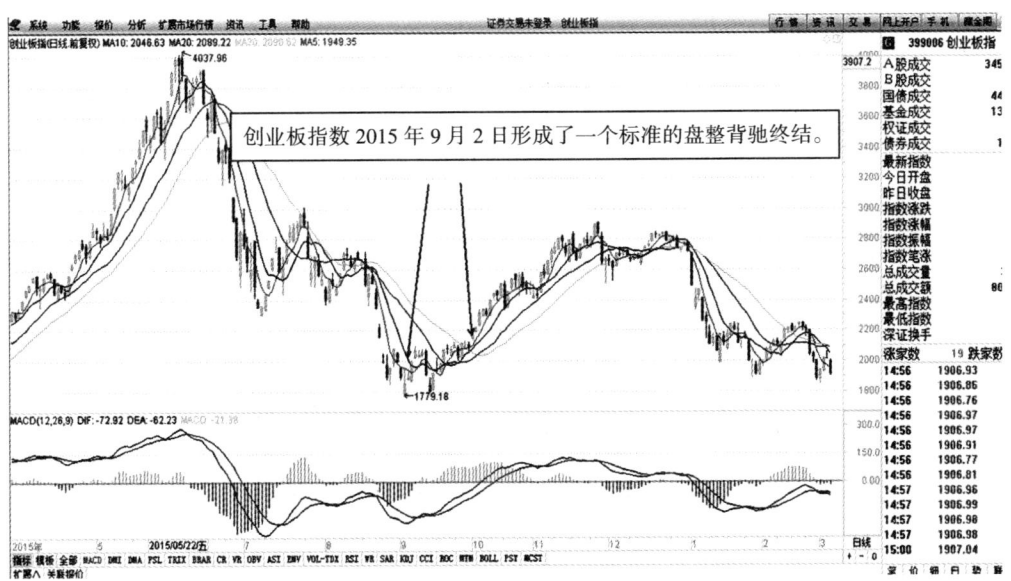

第三，"中枢背驰"终结：一段线段下来或者上去，形成了一个中枢或者多个中枢的背驰，该线段被中枢背驰自然终结。

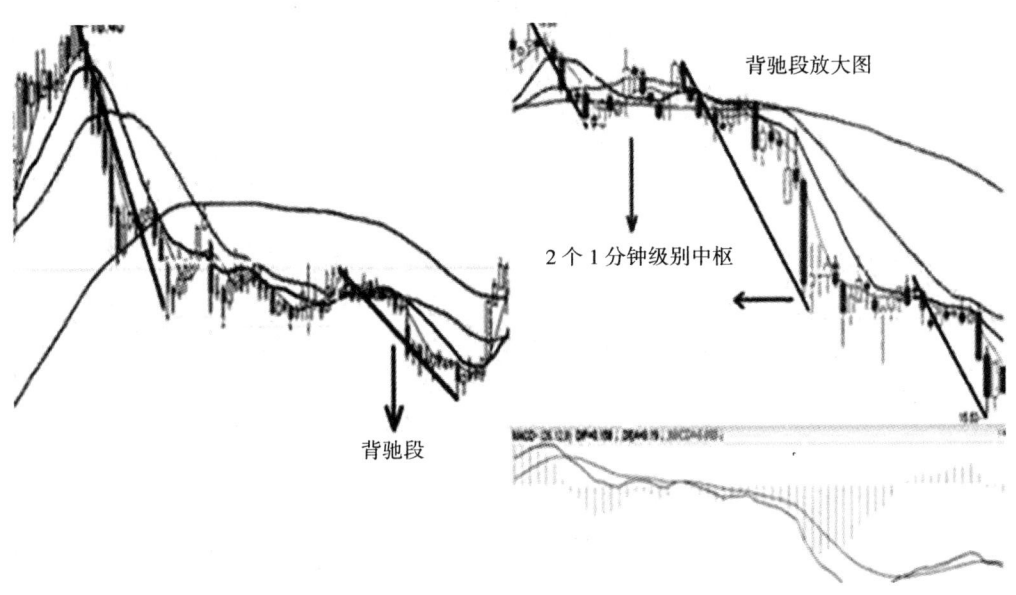

第四，是"小转大"背驰：一段线段，以一个日线中枢下跌，接着一个60分钟线形成了中枢背驰，该60分钟线中枢扩展成日线中枢，而60分钟线一买变

成了日线的盘整背驰一买。

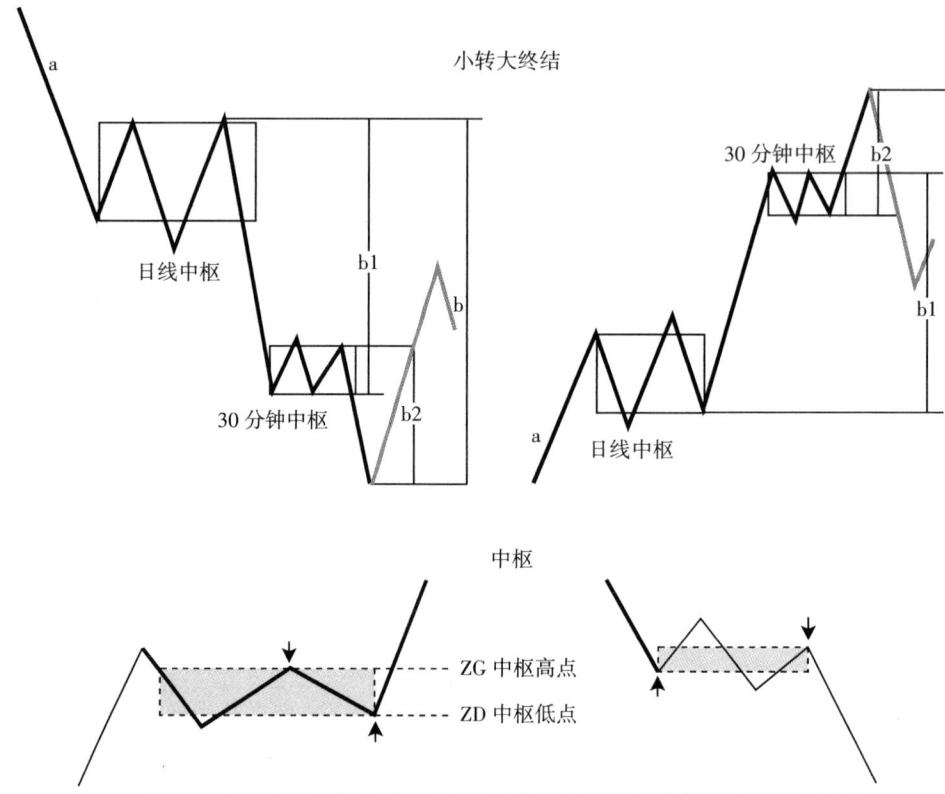

※ 某级别走势类型中，被至少三个连续次级别走势类型所重叠的部分称为中枢。向上走势考察下、上、下……的次级别，向下走势考察下、上、下……的次级别。对笔来说就是至少三笔，对线段来说就是至少三段。通常地，应该使用线段来构成中枢，除非你考察的是大级别的走势。例如，在1分钟图上，向上走势中，三段下上下的线段重叠就构成了5分钟的中枢。

简言之，三笔重叠的部分叫作本级别中枢，三个线段重叠的部分就是高一个周期级别的中枢了。下跌中枢的起始笔是上涨笔，上涨中枢的起始笔是下跌笔。

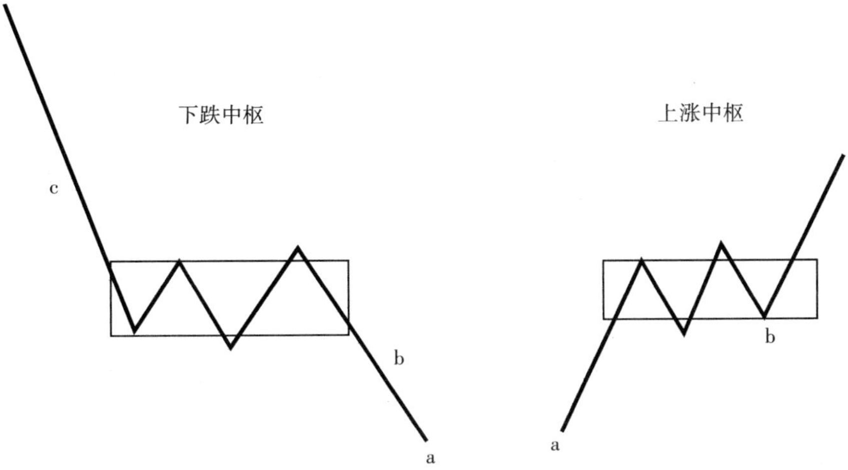

● 第五章　最准指标：经过验证最准的买点卖点 ●

下跌中枢　　　　　　　　　　　上涨中枢

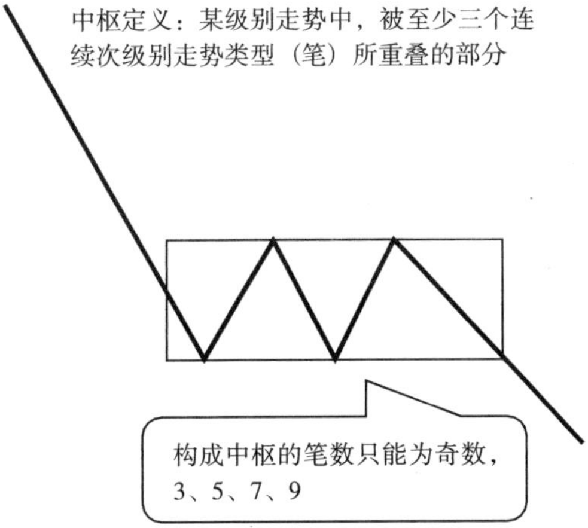

中枢定义：某级别走势中，被至少三个连续次级别走势类型（笔）所重叠的部分

构成中枢的笔数只能为奇数，3、5、7、9

中枢的扩张：

中枢的延伸

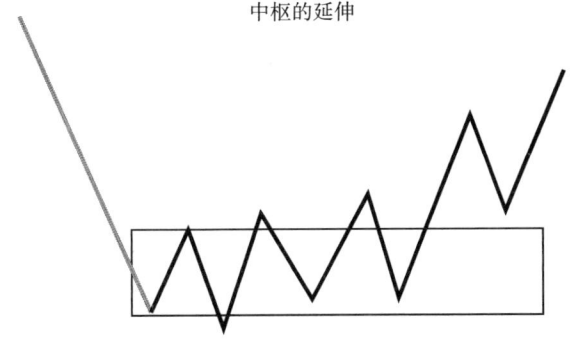

对于 5 分钟级别的趋势里所具有的中枢都是 5 分钟级别的，假设共有 N 个，显然，这个 N≥2。考虑最后一个中枢的情况，最后的背驰段，跌破该中枢后，该背驰段显然是一个 1 分钟以下级别的走势，否则就和该中枢是 5 分钟级别趋势的最后一个中枢的前提矛盾了。该背驰段出现第一类买点发生反弹，显然，该反弹一定触及最后一个中枢的 DD＝min（dn），也就是围绕该中枢震荡的最低点，否则，如果反弹连这都触及不了，就等于在下面又至少形成一个新的 5 分钟中枢，这与上中枢是最后一个矛盾。这种只触及最后一个中枢的 DD＝min（dn）的反弹，就是背驰后最弱的反弹，这种反弹，将把最后一个中枢变成一个级别上的扩展，例如，把 5 分钟的中枢扩展成 60 分钟甚至更大的中枢。

背驰

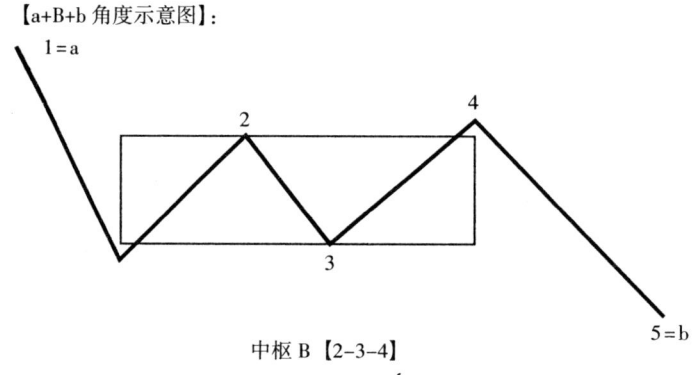

【a+B+b 角度示意图】：

中枢 B【2-3-4】

中枢两侧两段走势（线段）相比较，短了为"背驰"，长了为"趋势"。也就是 a 与 b 比较，或者 1 与 5 比较。b 比 a 长就叫趋势，b 比 a 短就叫背驰。

## 三类买点与三类卖点

**一张图看清所有的买卖点：**

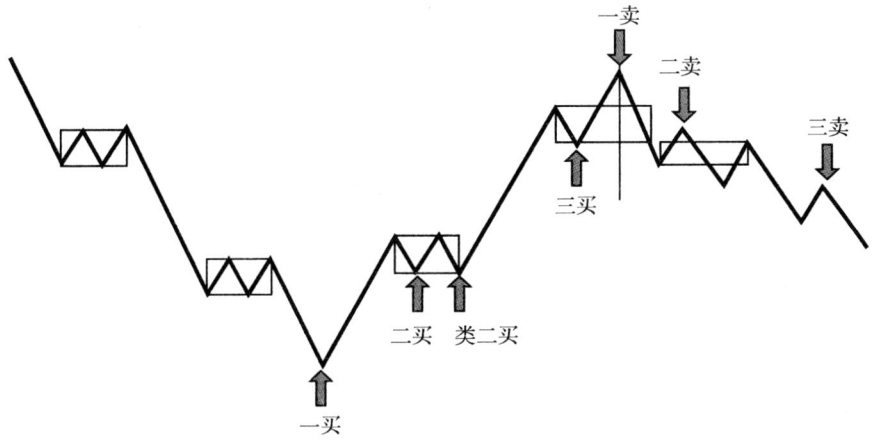

第一类买点：连续多个中枢下跌后，力量比较的背驰点。

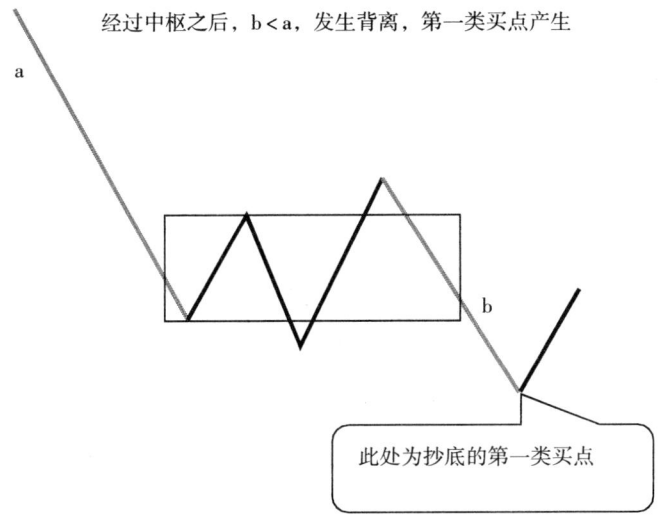

注意：这是一个中枢见底的一买，还有两个中枢、三个中枢见底的一买，一般一个趋势，都是两中枢或者三中枢见底或者见顶，超过四中枢见底见顶的极少！除了比较中枢两端"拔河"的线段 b＜a，在这个点一般会出现 MACD 的底

背离，也会出现底分型；当然，如果是日线级别就在日线级别比较，其他的周线、60分钟线依次类推。同理，一卖就意味着顶分型和MACD的顶背离。

另外，任何一个买点本质上都是一买。比如日线的一买必然是60分钟的一买，日线的二买必然是60分钟的一买，日线的三买必然是60分钟的一买。任何一个买点都是低一个级别的一买。同理，任何一个卖点也都是第一级别的一卖。

下面给出几个一买的实例：

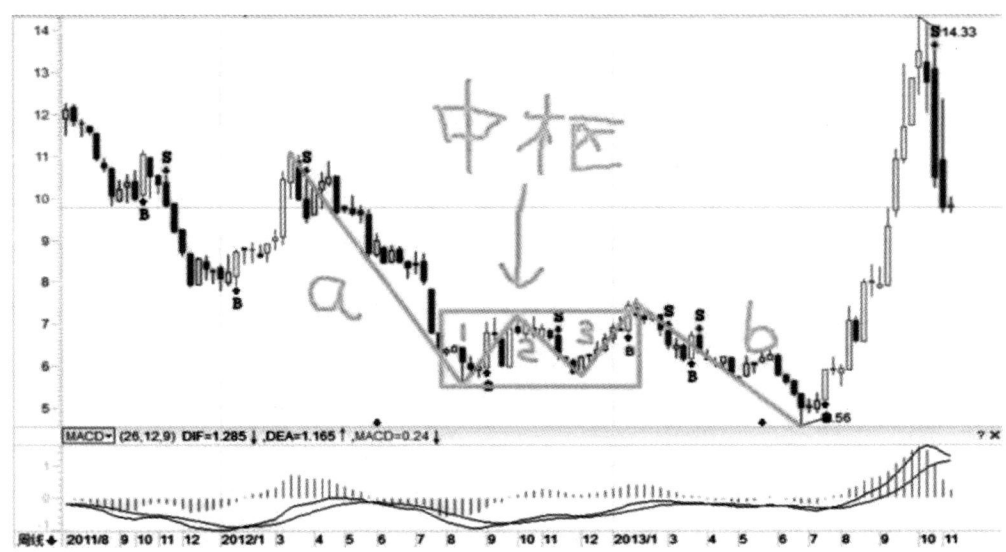

第五章 最准指标：经过验证最准的买点卖点

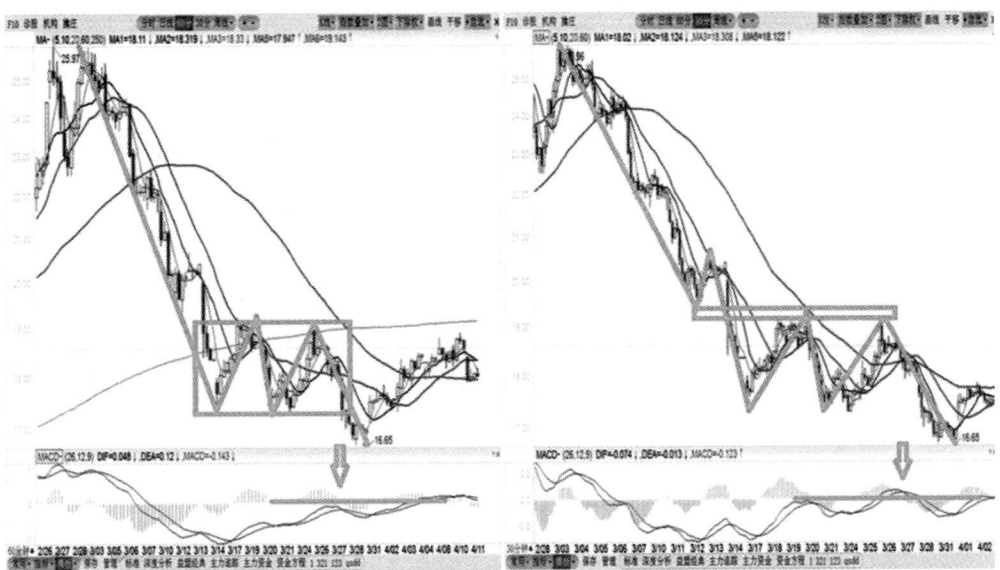

这是两中枢见底的一买实例：

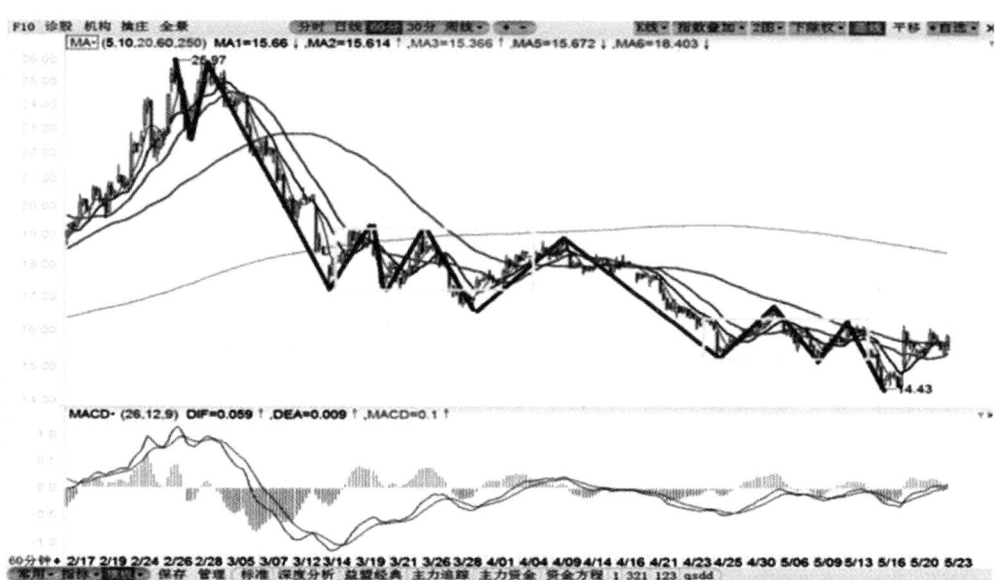

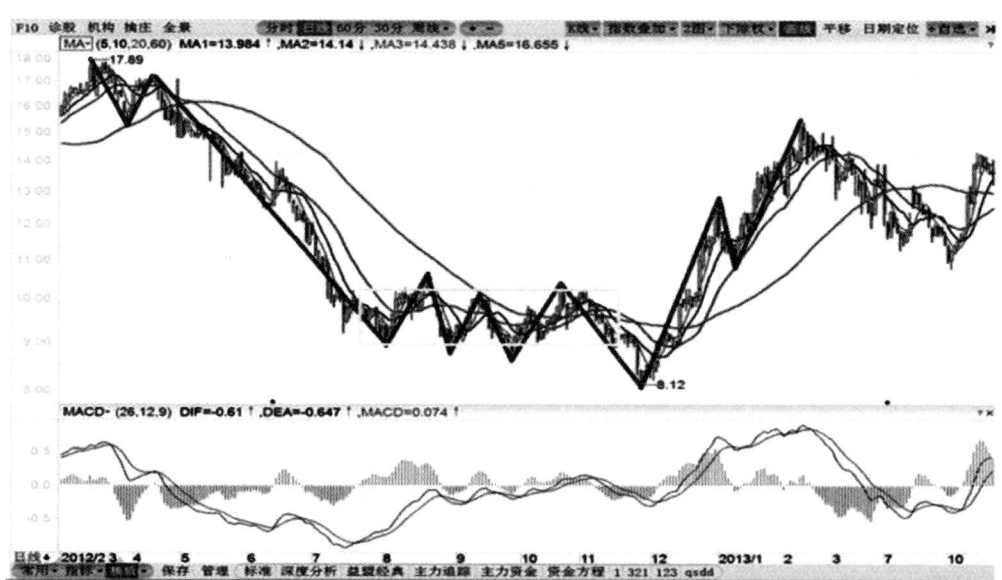

2012年11月28日国机汽车（600335）日线，这是一中枢见底一买

第五章 最准指标：经过验证最准的买点卖点

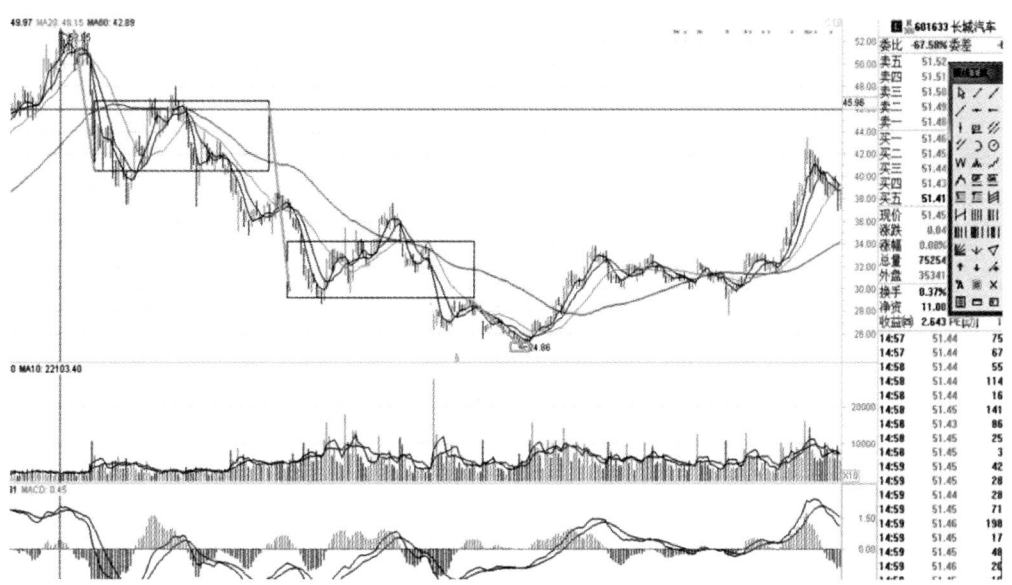

**2014年7月2日长城汽车（601633）日线两中枢见底一买**

第一类卖点：连续多个中枢上涨中，中枢前后的上涨力量段比较后的背驰点。
一卖定义图片：

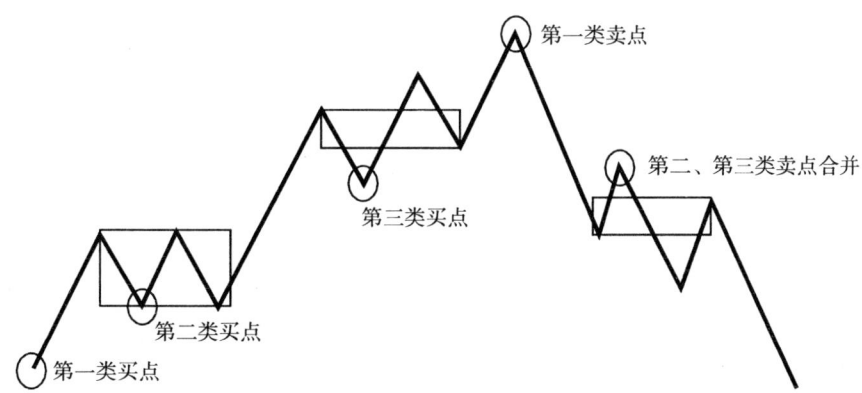

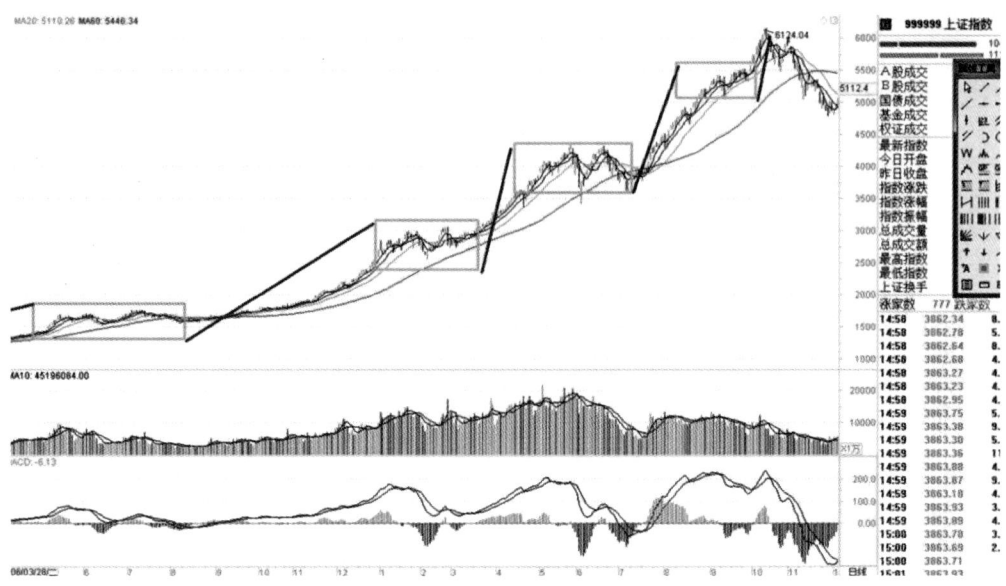

上证指数 2007 年 10 月 16 日形成一卖见顶，四中枢见顶，一次比一次背驰

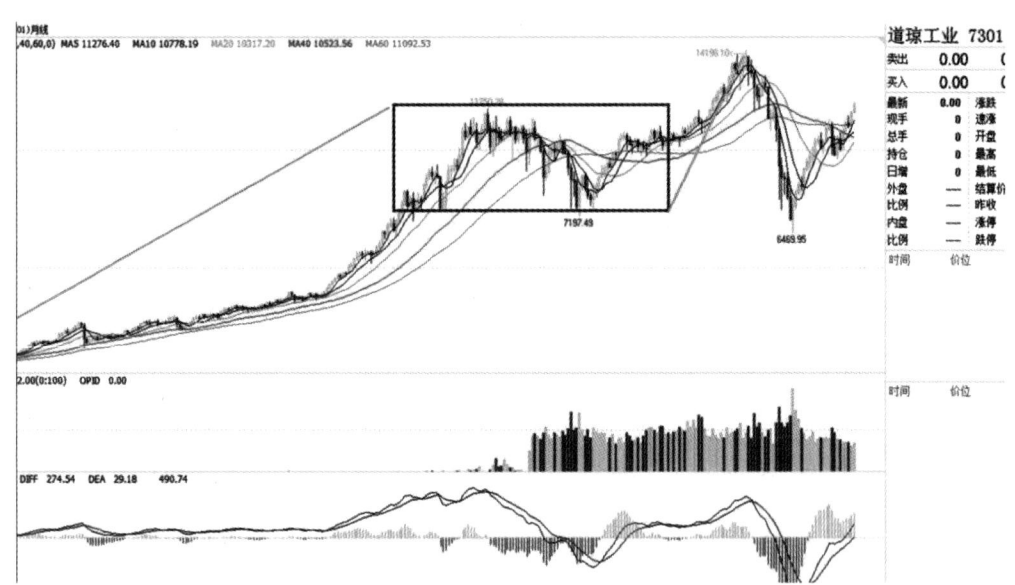

2007 年道琼斯指数月线级别一卖，一中枢见顶

• 第五章 最准指标：经过验证最准的买点卖点 •

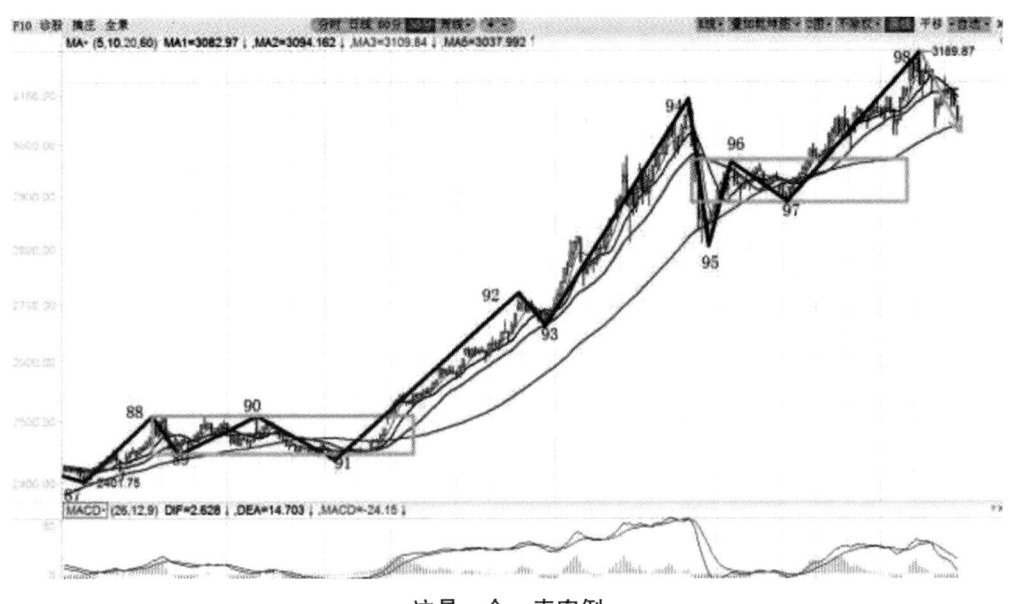

这是一个一卖实例

这是一个多中枢见顶的一卖实例

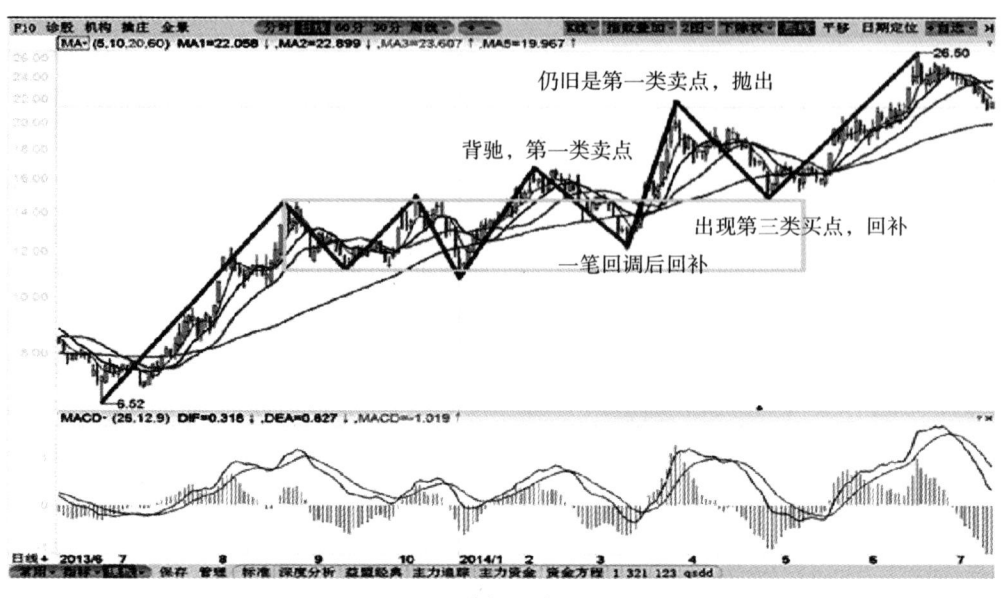

一中枢一卖

一卖实例

第二类买点：一买上涨之后，以低一个周期的级别形成的向下回试点。

类二买作为非标准买点，意思就是"类似二买的买点"，在上涨图形中不一定会出现；其定义为：在第二类买点右侧（可略高或略低），与出现回拉形成二买那一笔共同组成第一个上涨中枢；类二买可以是多个。

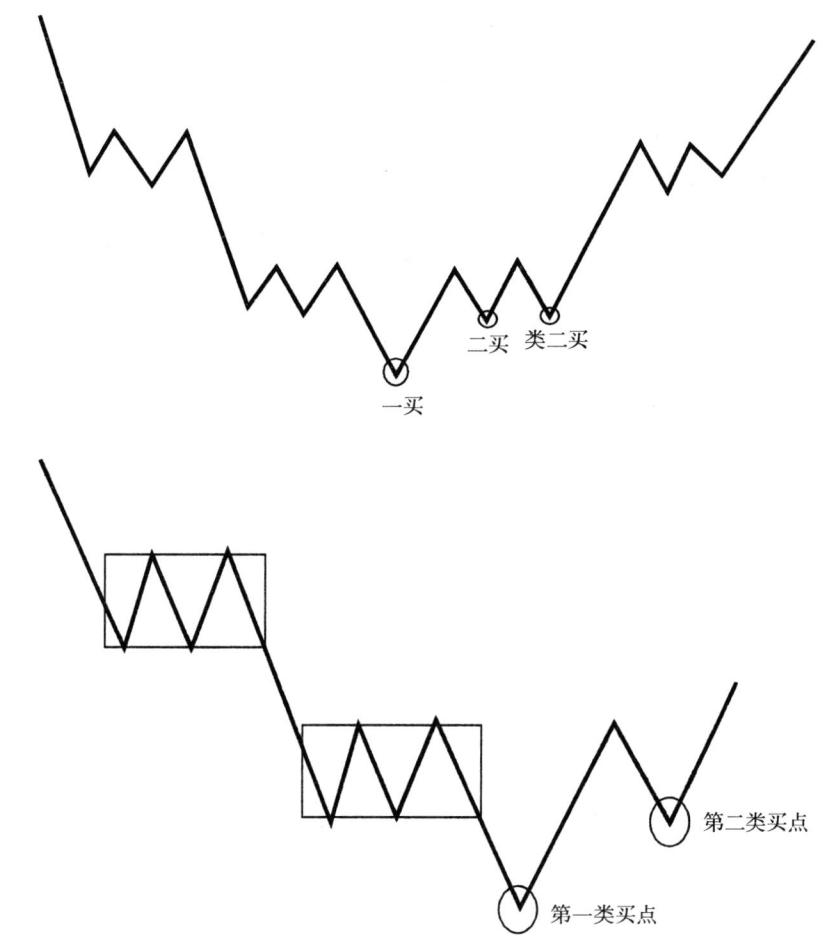

类二买的几种变化形态：

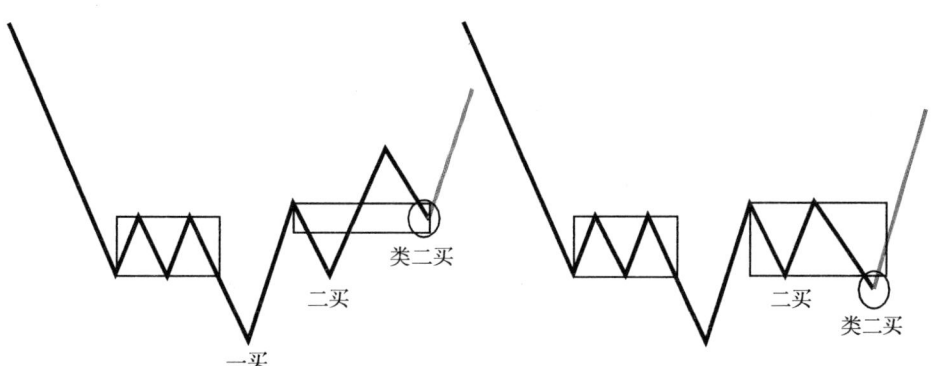

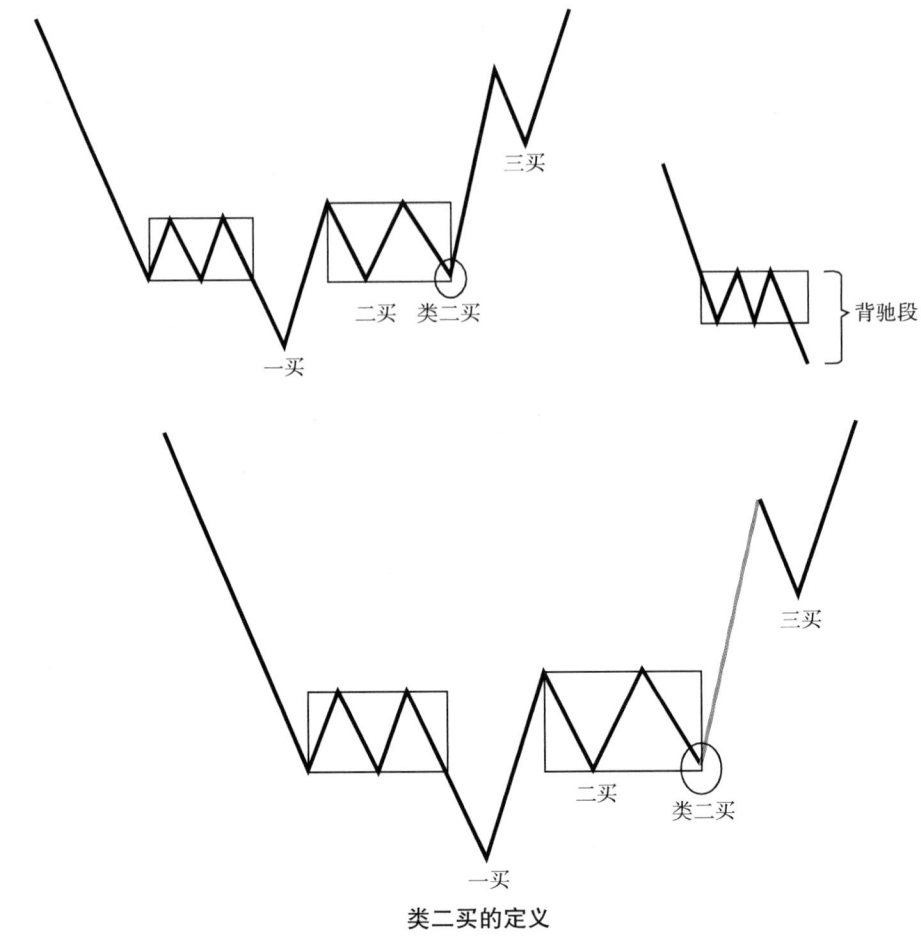

类二买的定义

第一类买点是下跌过程中由于下跌力度背驰而导致的买点,是下跌过程中第一个最有利的买点,比第二类买点位置更低。

第二类买点是产生在第一类买点之后的第一次空头回拉不创新低的位置,位置比第一类买点高,但是较第一类买点安全性高,因为它杜绝了中枢延伸直接创新低这种情况。

第一类买点与第二类买点的关系是兄弟关系,既相互依存,又相互竞争。

若是作为兄长的第一类买点之后涨势很弱,通常做弟弟的第二类买点力度也会弱。

但若是兄长第一类买点涨幅过大,则很可能预示着第二类买点的空间已被耗尽。

第二类买点通常有两个用途：①给寻求安全稳定的投资者准备；②为错过第一类买点的投资者提供二次进场的机会（如出现小转大，没有抓到第一类买点）。

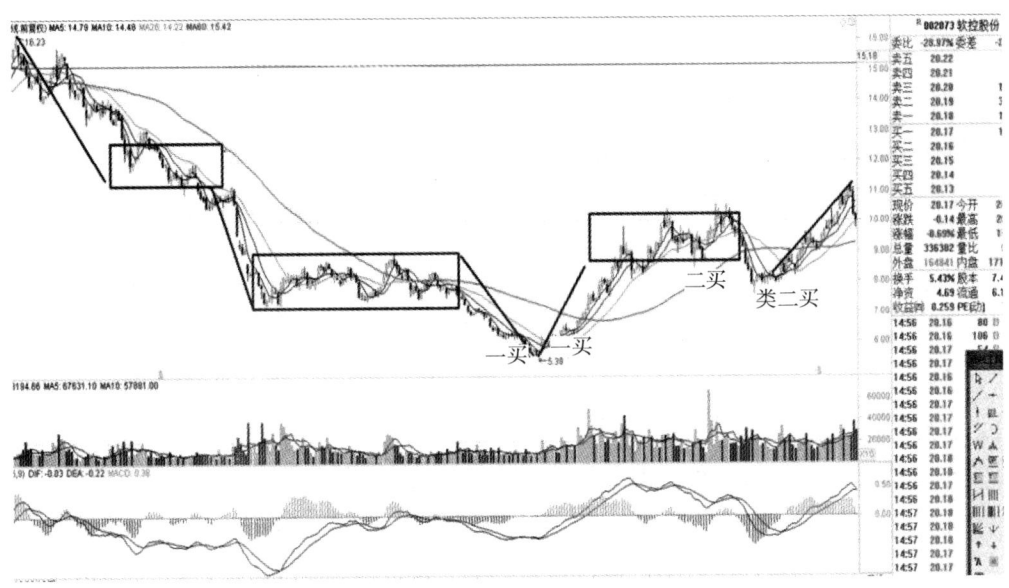

软控股份（002073）2013年4月8日日线类二买

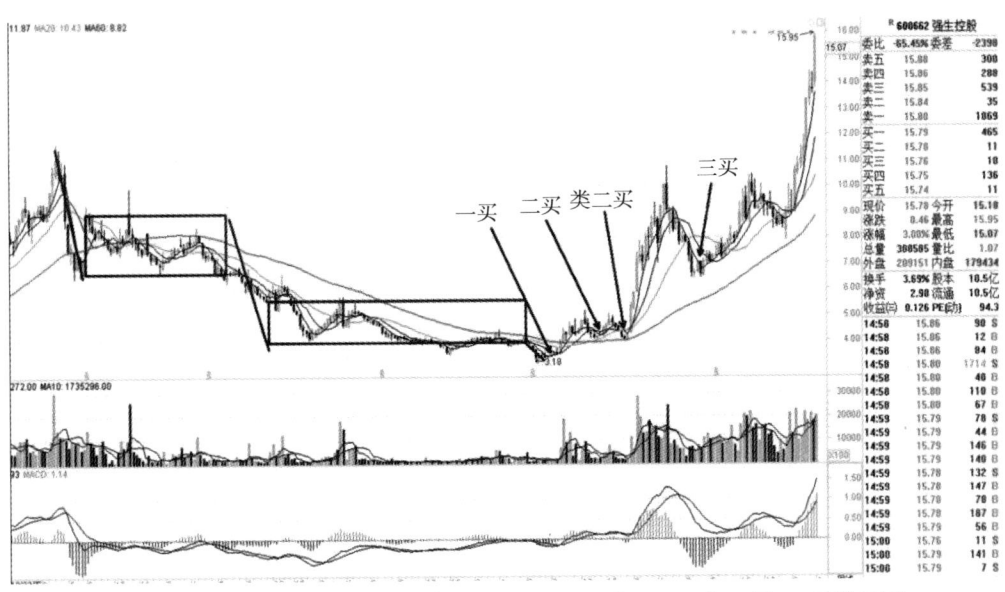

强生控股（600662）周线2013年11月15日二买、2014年1月17日类二买

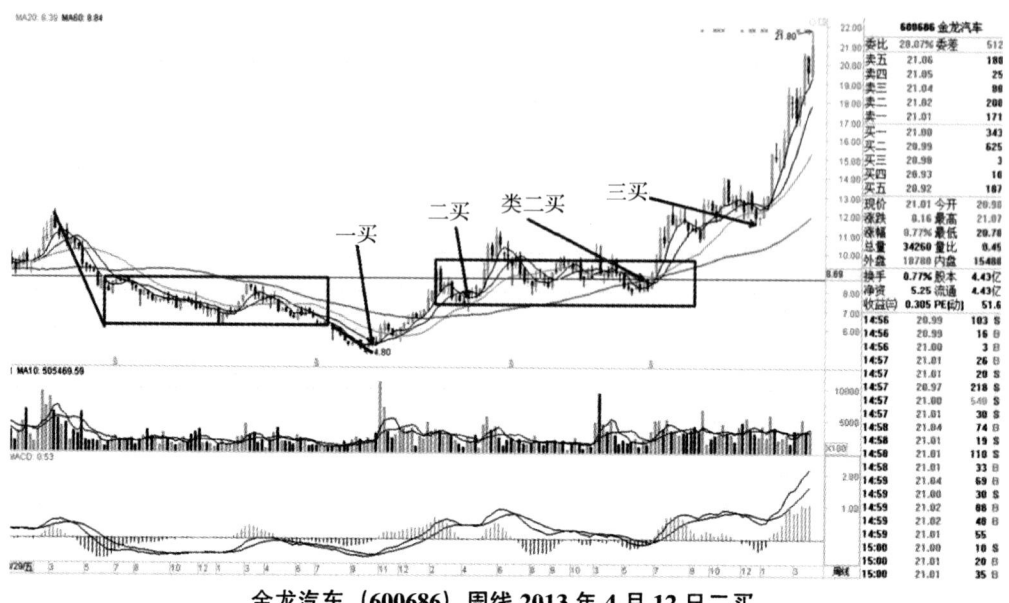

金龙汽车（600686）周线 2013 年 4 月 12 日二买

第二类卖点：一卖之后，以一个低一级别的周期上涨后的背驰点（本级别的回抽点）。

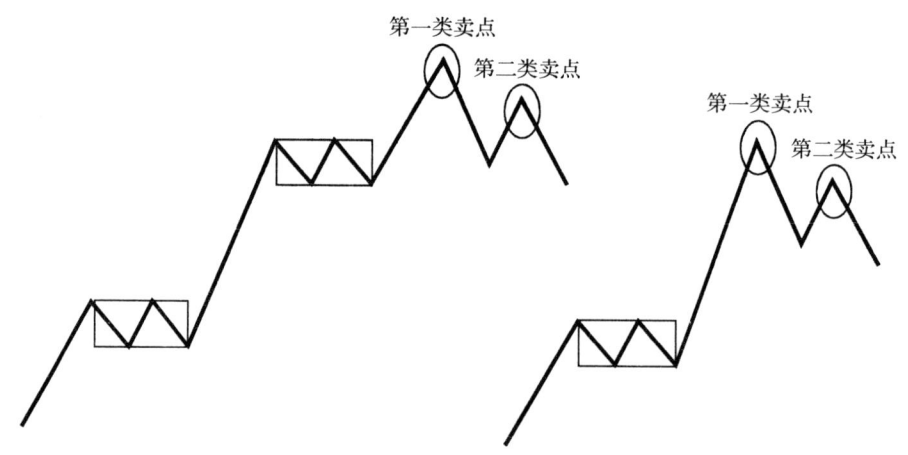

• 第五章 最准指标：经过验证最准的买点卖点 •

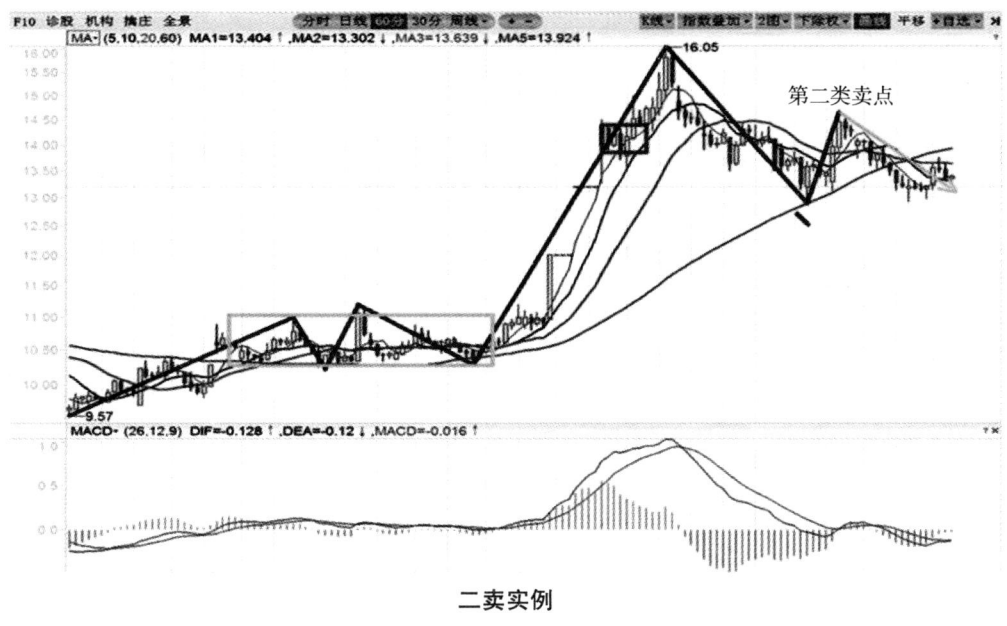

二卖实例

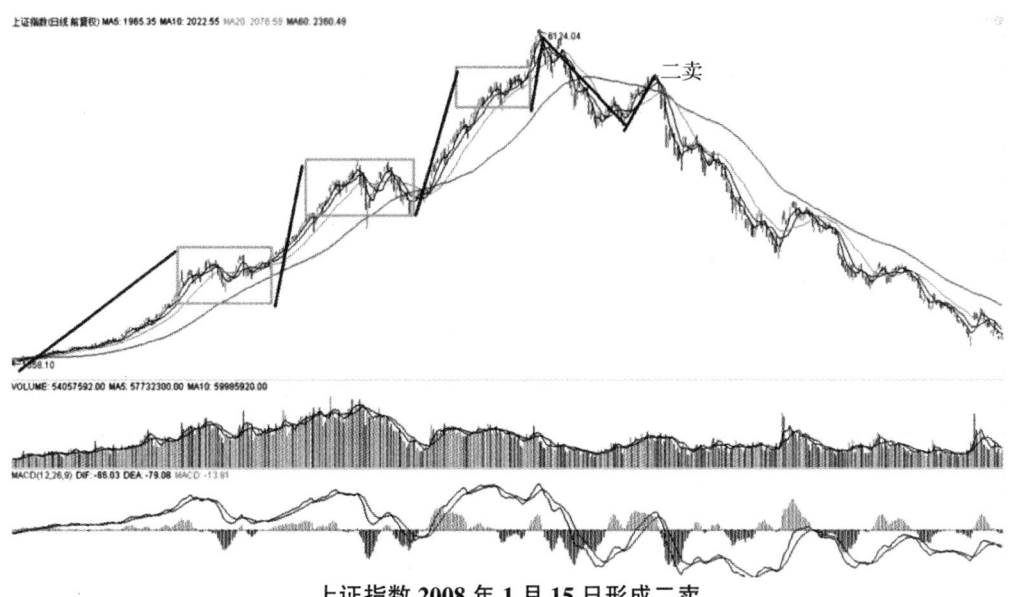

上证指数 2008 年 1 月 15 日形成二卖

第三类买点：一买之后第一个中枢，离开中枢的一段回试但不进入中枢点。

207

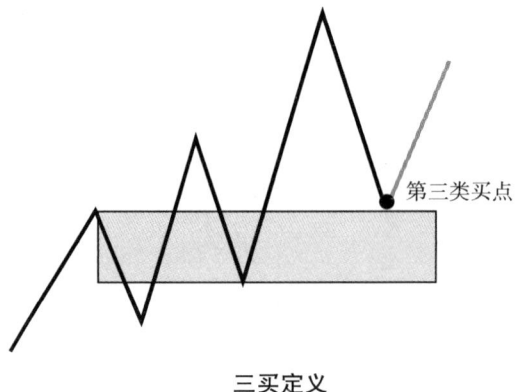

三买定义

黄山旅游（600054）周线 2014 年 10 月 24 日形成三买

第五章 最准指标：经过验证最准的买点卖点

恒生电子（600570）周线 2014 年 1 月 17 日第三类买点

第三类卖点：一卖之后第一个中枢，离开中枢的一段回试但不进入中枢点。

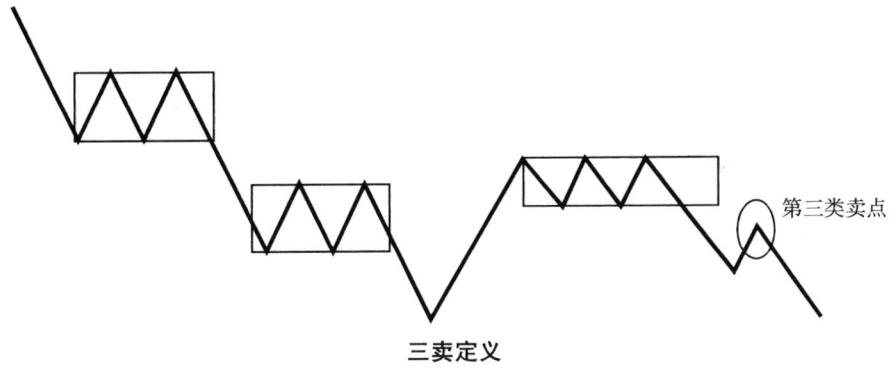

三卖定义

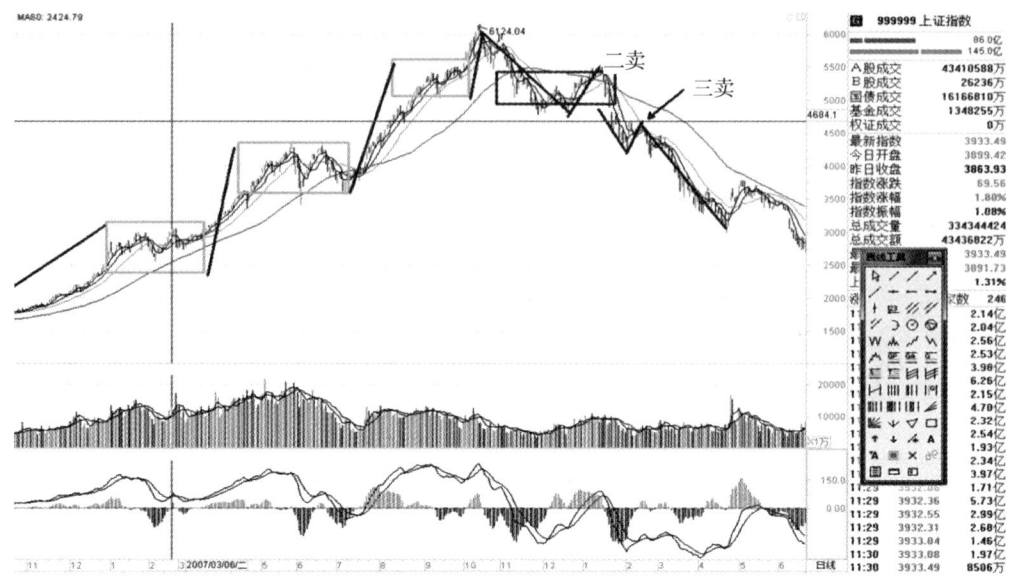

上证指数 2008 年 2 月 19 日形成三卖

第三类卖点来得比较晚，而且，已经过了下跌一段的一个中枢，如果等到第三类卖点再卖，可能吃亏比较大。最理想的交易是在第二类买点和第三类买点买进，第一类卖点卖出。另外，不能在大级别（周线、月线）的第一类买点买进，除非你自己想当庄家。那样会等很长时间才会涨起来。

所有的操作，本质就是持股和持币的转换；要想打开账户操作，那必须是在这三个买卖点才可以。如果当下的走势不在这三个买卖点上，就不应该操作。

### 在我的买卖点体系里，有哪些东西是可以 100% 确定的呢

**第一，所有的买点都是底分型，所有的卖点都是顶分型。**

这是 100% 确定的，可以一票否决的。这是一个必要条件，也即并不是所有的底分型都是买点，顶分型都是卖点，但是买点一定是底分型，卖点一定是顶分型。如果你要买进，首先要看一下是否是该周期、日线、周线、60 分钟线上的底分型，不是底分型，就肯定不是买点，或者偏左或者偏右。

下图是上证指数 2015 年 6 月 15 日形成的日线顶分型，2015 年 7 月 10 日形成的日线底分型：

• 第五章 最准指标：经过验证最准的买点卖点 •

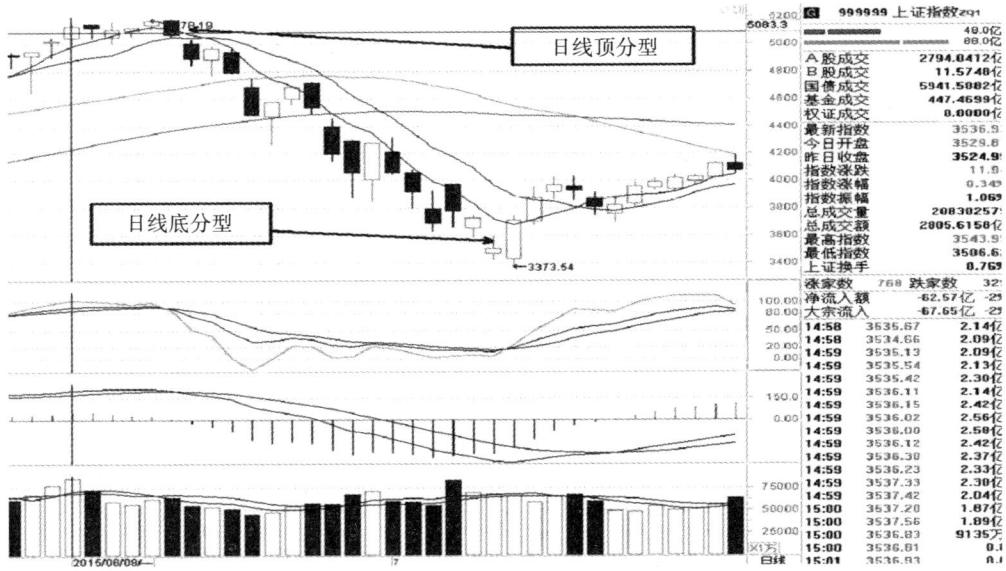

第二，所有的买卖点，本质上都是低一级别周期的一买。比如日线一买一定是60分钟一买，日线二买一定是60分钟一买，日线三买一定是60分钟一买。

第三，下跌中枢第一笔是向上笔；上涨中枢第一笔是向下笔。

下图是东方国信（300166）2014~2015年形成的上涨中枢，是下跌一笔开始，下跌中枢是上涨一笔开始：

第四，出中枢的一笔涨或者跌的速度是最快的。

下图是迪威视讯（300167）2015年8月离开第一个下跌中枢，快速一笔：

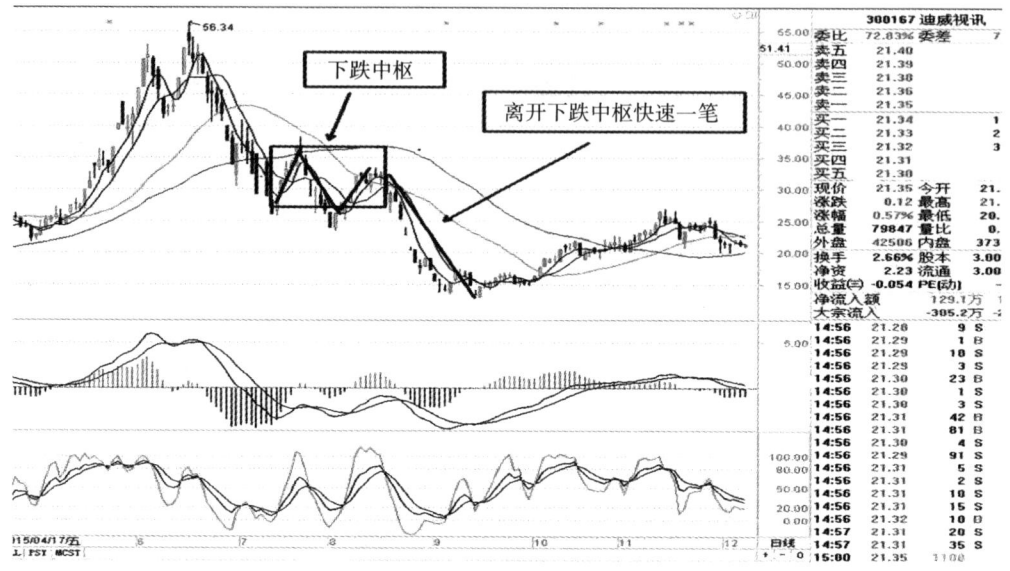

第五，一买之后至少上涨到上一个中枢的下沿。

中小板指数2015年9月底一买产生之后涨到上一个中枢的下沿，开始调整。之后的走势不再由一买控制：

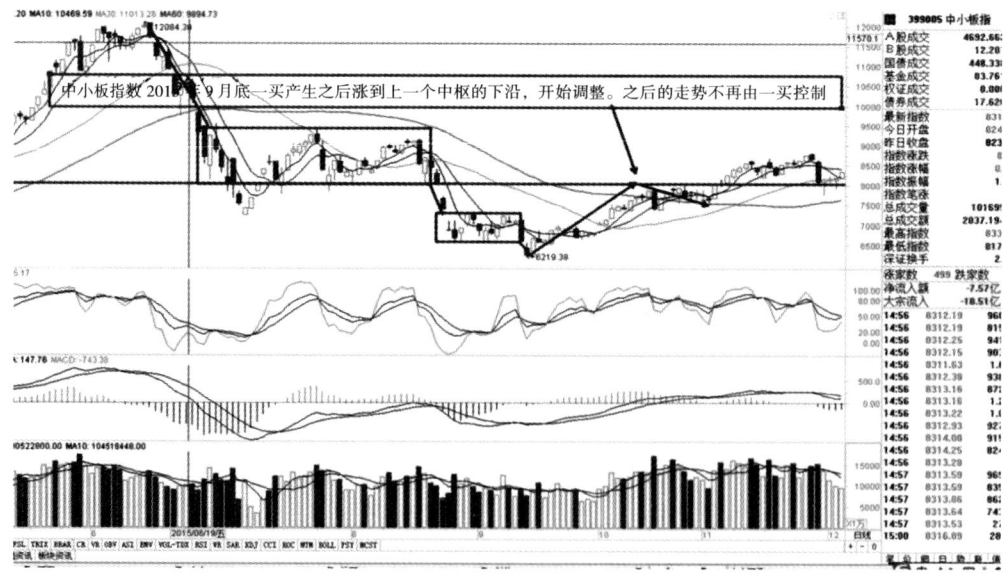

第六，买卖点已经蕴含了全部信息，不用再去看任何财经资讯。

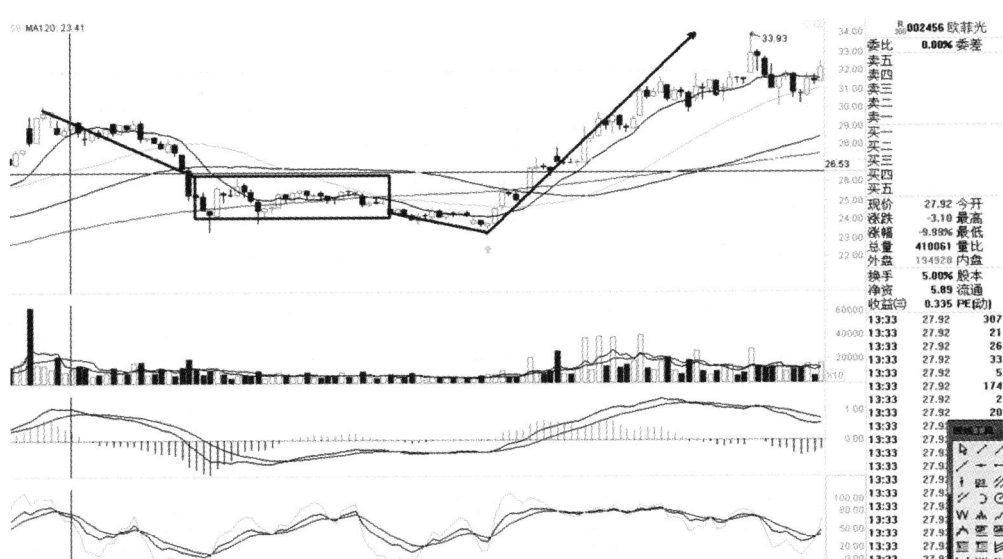

如欧菲光（002456）2015年12月11日形成了一个60分钟单中枢背驰一买；虽然当时大盘并不是很强，但是还是走出了一笔60分钟级别的快速上涨。

第七，确定这是一个中枢，准备按照中枢上沿卖出、下沿买回的时候，就是该有一笔凌厉的走势离开中枢的时候。

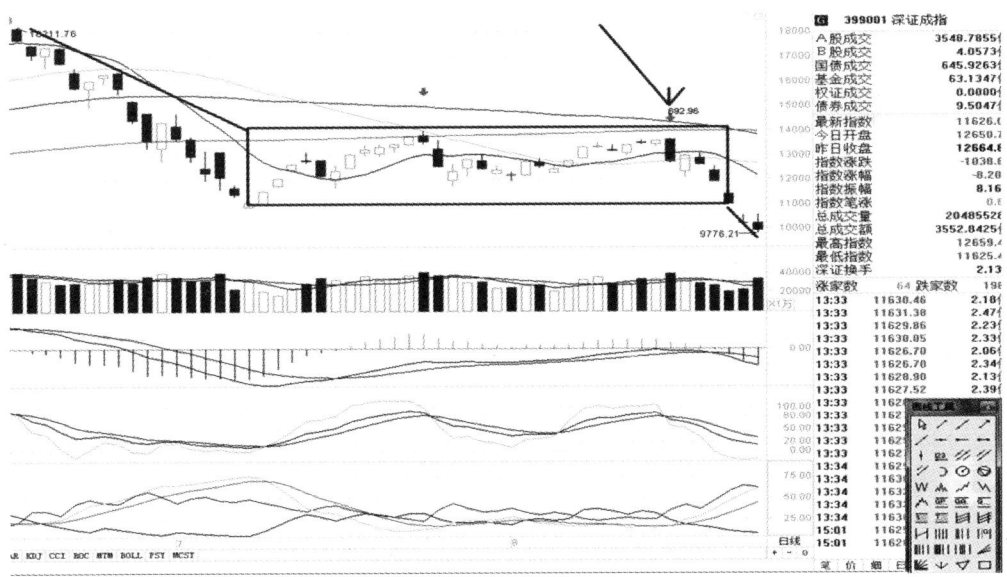

如 2015 年 8 月 18 日，经过 7 月 24 日的高点确认，行情运行到 8 月 17 日、8 月 18 日、8 月 19 日这三天的时候，基本上可以确认图示中所画的中枢了。但是恰恰在 8 月 18 日，一笔快速向下的突破即刻到来。

第八，所有的买卖点都是由背驰引起的。

这点容易理解。

第九，二买离开中枢之后出现背驰，至少会拉回离开的那个中枢上沿。

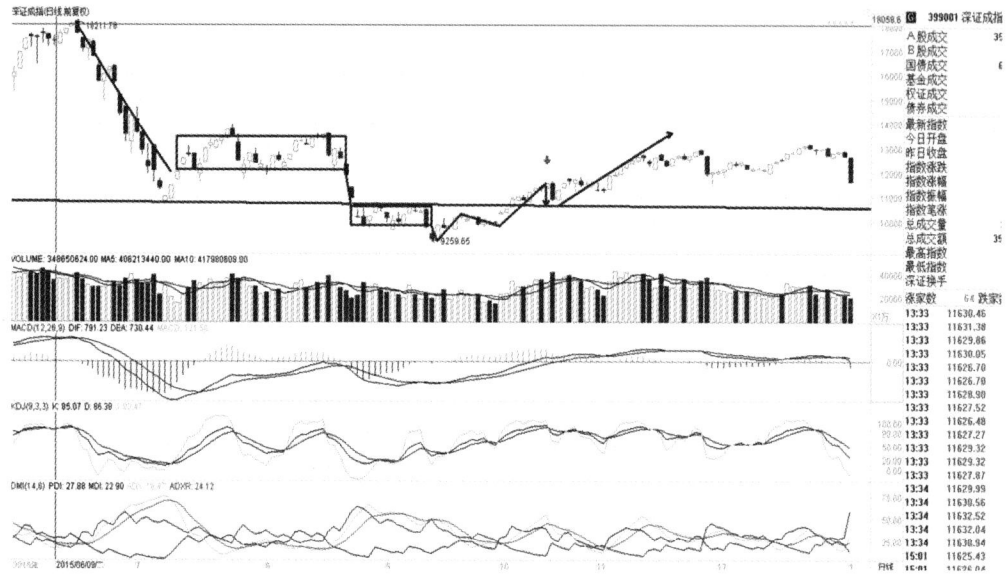

比如 2015 年 10 月 21 日，深证成指经过一个二买上涨后形成一个次级别（60 分钟）盘整背驰，刚好跌到最后一个下跌中枢的上沿。

第十，最好的进场点就是在买卖点位置的底顶分型成立之后的确认点。

比如上证指数 2012 年 12 月 4 日形成日线一中枢见底的一买，形成一买的底分型成立的右 K 线是 12 月 5 日的大阳线，对这根底分型右 K 线的确认就是 12 月 7 日的中阳线，这是入场的最保险也是最快的进场点。

同理，2013 年 2 月 19 日形成了一中枢顶背驰一卖的顶分型右边 K 线，那么对这根 K 线的确认其实在次日也即 2 月 20 日的阳线并未收复 19 日阴线的一半，即可确认顶分型成立卖出。

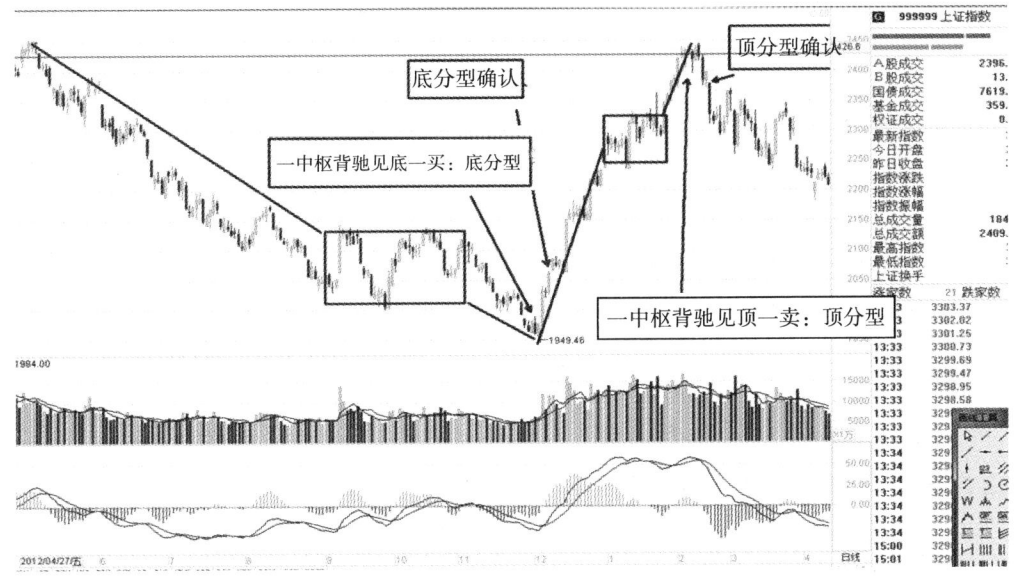

## 第四节 节奏控制：KDJ

KDJ 的功能其实主要有两个：一是趋势判断，是的，KDJ 也可以应用于趋势判断；二是节奏控制。这些功能的使用都是经过无数次试错，验证过的，是实战的总结。我写出来，大家可以放心使用。就好比中国的中草药，要经过服用试验，无数次试验才能知道效果到底怎么样。在实战总结过程中，各种试错的经验都是无比珍贵的。希望能够为大家所用。

**KDJ 趋势判断**

KDJ 应用于趋势判断，可以对总体战局有个把握。KDJ 应用于趋势判断，主要是在大周期上应用，具体说就是周线结合月线。重点研判各大指数，创业板指、中小板指、上证综指、沪深 300、深证综指等，为股市总体的后市运行指明方向。

KDJ 的波动范围一般在 0~100，以 50 为中位，50 以上是强势区，50 以下是弱势区。

即：

A. 以可反 50~80 分为强势区，表示买方力量增强。

B. 80 以上为超强势区、超买区，表示买方力量剧增，大多数投资者看好此股，大多数投资者在买股，也是高风险区。其中，100 以上为撤离区，随时可能跌下来。不管什么周期，至少不会在 100 以上停留太长时间。

C. 20~50 为弱势区，即 50%以上的人在卖股票。

D. 20 以下为超卖区，即 80%以上的人在卖股票。其中：J 值跌破 0 为极度超卖。

## 一、KDJ 日、周、月线低位金叉，低位启动，坚决重仓入市，按照月线大行情的操作思维操作

KDJ 指标的 D 值小于 20，KDJ 形成低位金叉，而此时周线 KDJ 的 J 值在 20 以下向上金叉 KD 值，或在强势区向上运动；同时月线 KDJ 也在低中位运行，且方向朝上，可坚决入场，且可以重仓入场。

另外，如果一只股票要产生较大的行情，即使是一只独立的个股，也必须满足周、月线指标的 KDJ 方向朝上，绝对没有例外。

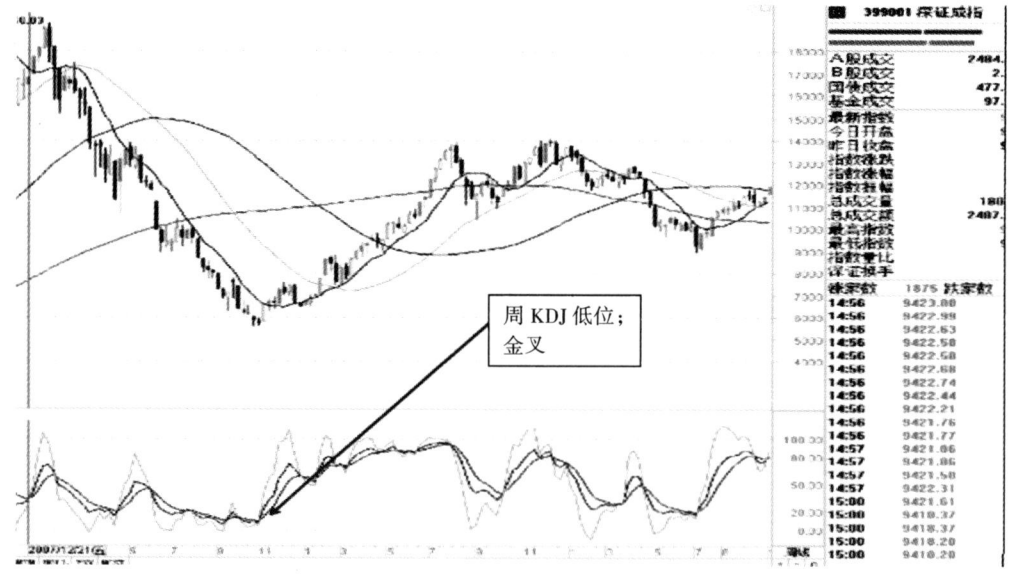

• 第五章 最准指标：经过验证最准的买点卖点 •

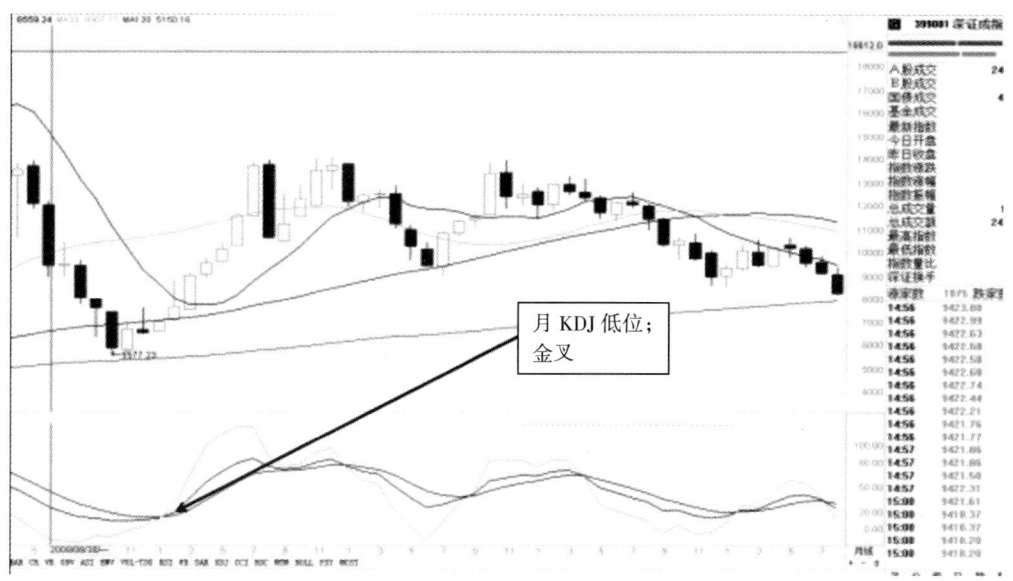

2009年1月，指数的月KDJ低位金叉，同时周KDJ低位金叉，这预示着一大波行情即将诞生，可以中线重仓操作。

## 二、KDJ日线金叉，周、月线高位运行，这是一波较小的行情，轻仓入场参与

如果指数日线KDJ指标金叉，而周线J值在90以上，月线J值在80以上运行，这时，股市整体面临着中级调整，此时短线介入也许获利，但是如果出逃不及时就会风险很大，不宜深度介入股市。可以短线轻仓参与部分个股的行情。

比如2015年6月：

在周KDJ高位钝化的过程中，如果有人只看到日线KDJ金叉，就大胆介入，虽然赚了快钱，但是如果出逃不及时，就很容易被套在山顶，6月底就爆发了2015年第一次股灾，天天大跌没有任何反弹，任何人都没有出局的机会。

217

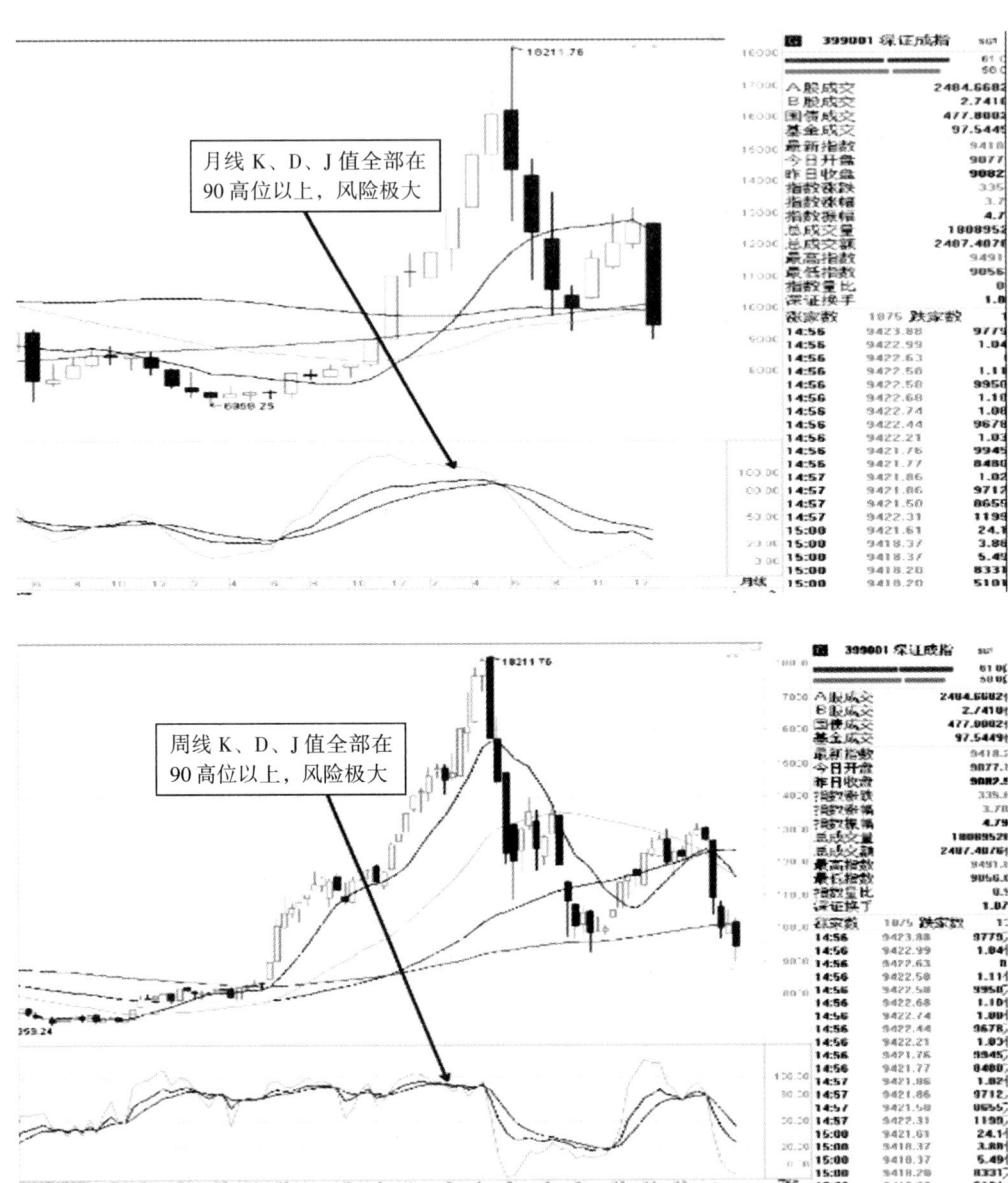

## 三、KDJ 日线金叉，周线 KDJ 向上，月线 KDJ 向下，反弹行情，少量参与

如果指数日线 KDJ 指标金叉，周线 KDJ 的运行方向朝上，而月线 KDJ 的运行方向朝下，则可能是反弹行情，也可能是级别大一些的大波段反弹行情。可以

中仓中线参与。也可以中仓短线参与。不能重仓长线参与。

这种情况下的股市，个股行情可能会丰富，会有一些题材股出来，要精选个股，按照中仓波段的思路操作。

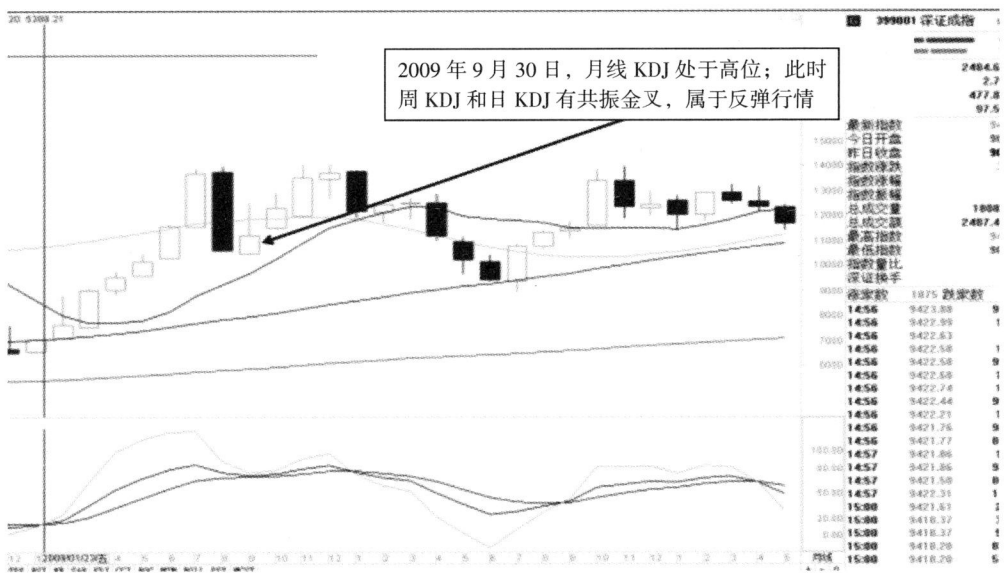

2009年9月30日，月线KDJ处于高位；此时周KDJ和日KDJ有共振金叉，属于反弹行情

## 四、KDJ 日线金叉，周线 KDJ 向下，月线 KDJ 向上，做小反弹或空仓

如果指数日线 KDJ 金叉，周线 KDJ 的运行方向朝下，而月线 KDJ 的运行方向朝上，则此时股价正在进行试盘后的洗盘，或挖坑，或主力刻意打压，可等周线 KDJ 方向反转后介入。周 KDJ 和月 KDJ 呈相反的方向运行，那么行情必然是别别扭扭的，要想爆发大级别的行情，必然是周线 KDJ 逆转之后和月线 KDJ 同向之后才有可能产生。

所以，这种情况要么只做日线的小反弹，要么就空仓等到周线 KDJ 逆转成金叉状态，和月线 KDJ 同向之后再入场操作。

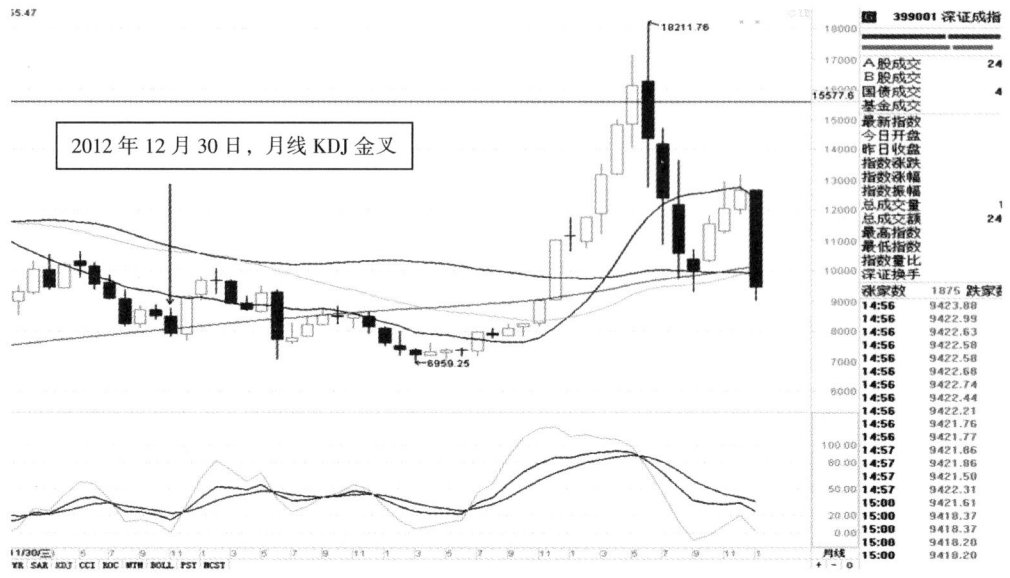

结合上图来看当时周线的情况：

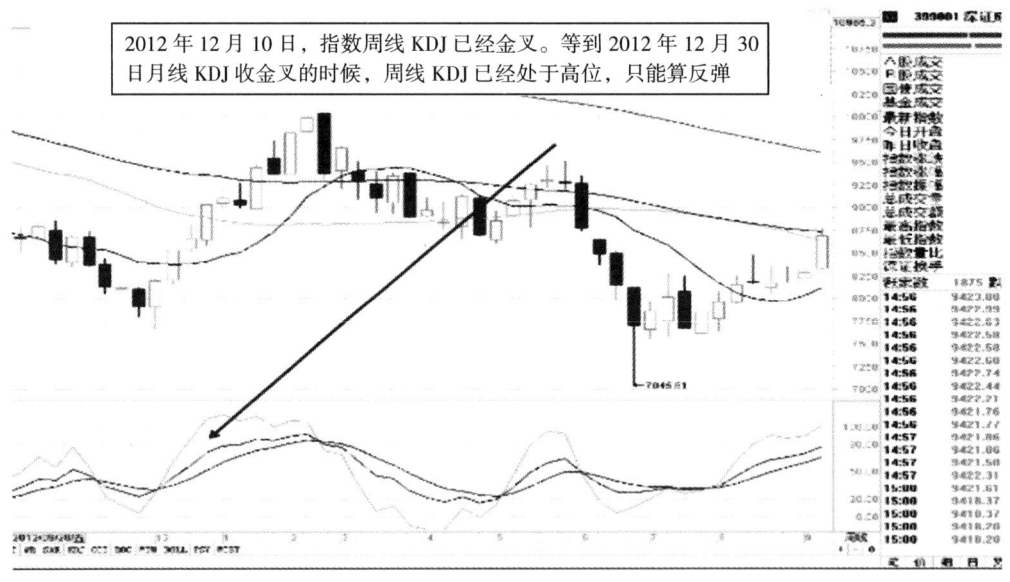

## 五、KDJ 日、周、月线高位运行——有中期大跌的风险

如果指数日线 KDJ 的 J 值大于 100，周线 KDJ 的 J 值大于 90，月线 KDJ 的 J 大于 80，风险就在眼前，坚决空仓。其实只要周线 KDJ 和月线 KDJ 同时处于高

位，特别是周 J 值超过 100，月 J 值也超过 100，几乎可以肯定地判断，一波中级大跌势大调整即将爆发。即使日线上涨也是最后的疯狂，埋人的行情。

大家可以研判一下历史上每一个经典顶部，月周日三周期如何共振的。

## 六、KDJ 日线高位运行，周、月线低位运行，等待日 KDJ 逆转之后大举建仓

如果指数日线 KDJ 处于高位，周月线低位，并且周月线 KDJ 有其中一个是金叉状态，那么一轮中级行情就会呼之欲出。日线 KDJ 暂时过高不要紧，一旦单日暴跌，或者连续两三天暴跌，将日线 KDJ 拉到低位，即是中线和长线大举建仓的绝佳时机。

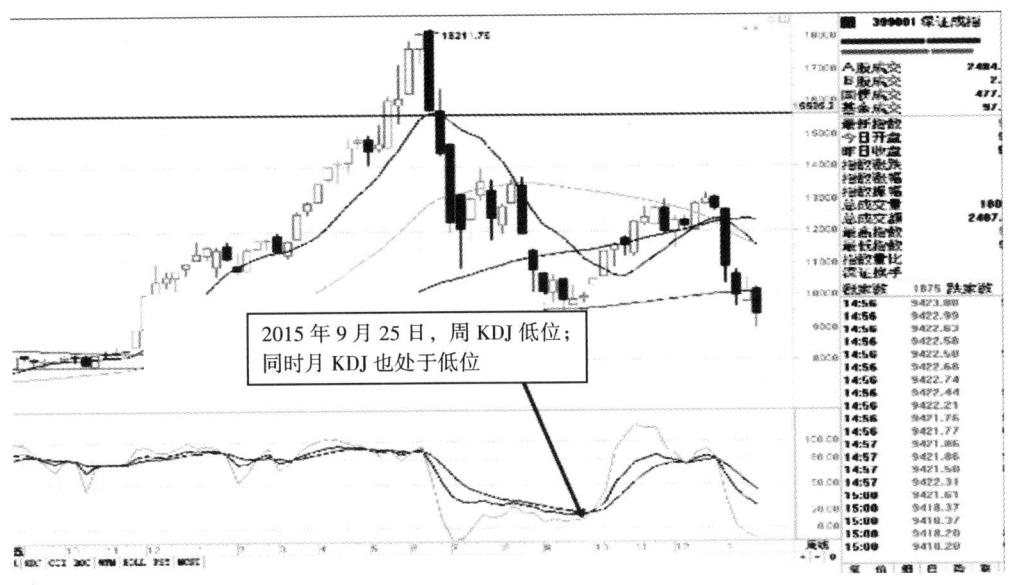

2015 年 9 月 25 日，周 KDJ 低位；同时月 KDJ 也处于低位

从下面两图可以看出 2015 年 9 月 25 日月 KDJ 值处于低位，其中 J 值为负。

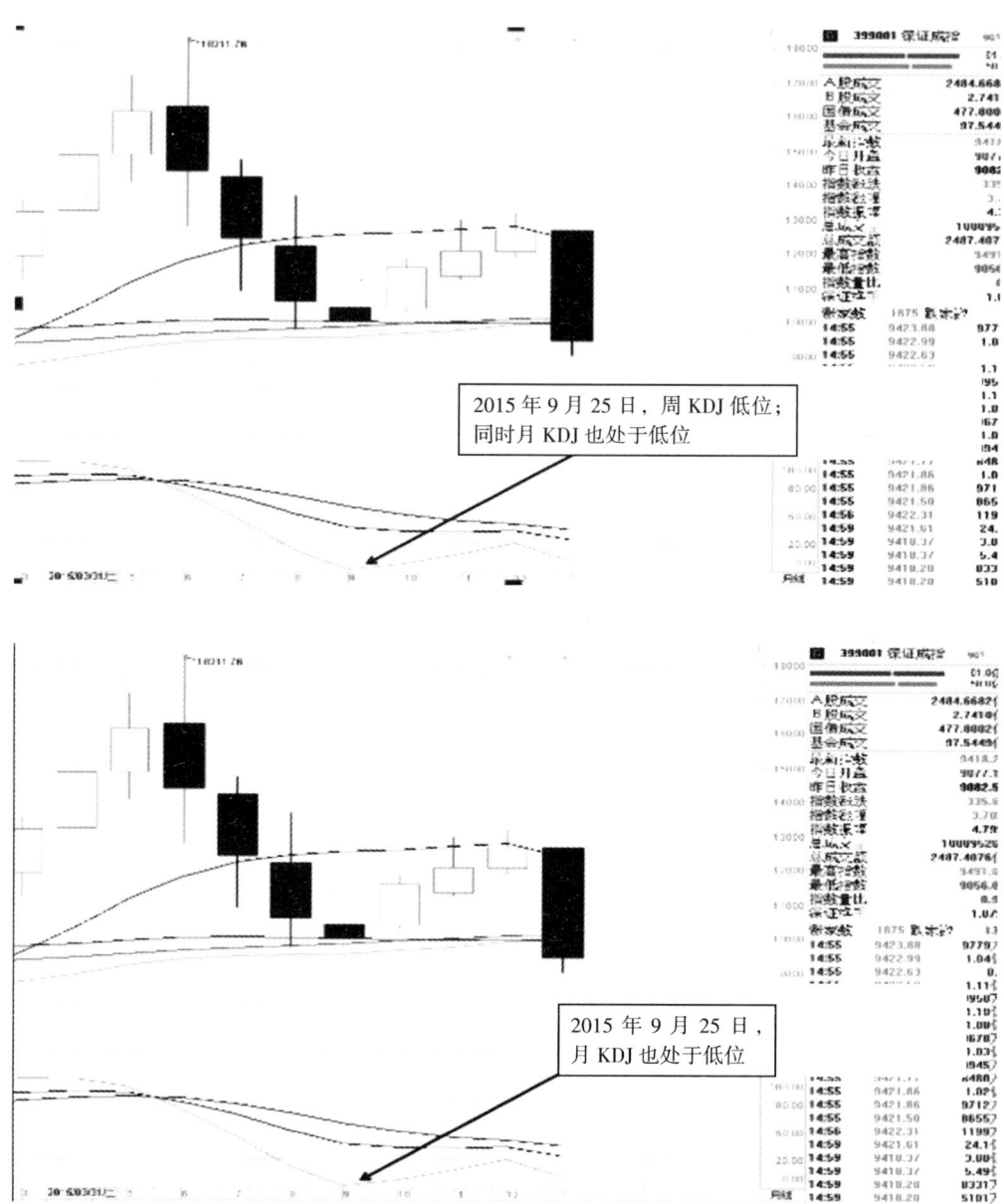

KDJ 的一般性判断：月 KDJ 低位，有大行情；周 KDJ 低位，有中级行情；日 KDJ 低位，有短线行情。

月 KDJ 低位，选好股可重仓；月 KDJ 中位，选好股可中仓；月 KDJ 高位，随时轻仓到空仓；月 KDJ 高位，有大级别调整；月 J 值 100 以上，大盘和个股有暴跌风险；周 KDJ 高位，有中级调整；周 J 值在 100 以上，大盘和个股有大跌风险；日 KDJ 高位，有短线调整；日 J 值在 100 以上，大盘和个股有大跌风险。

**KDJ 的极端性判断**

空仓：月、周、日 KDJ 指标全部在 80 位死叉向下发散，要彻底清仓。

满仓：月 KDJ，周 KDJ，日 KDJ 全部在 20 低位金叉向上发散可满仓，大机会。

以上的内容主要是应用于指数的判断，其实也可以应用于个股。下面两条可以直接应用于个股：

第一，机会女神：周 KDJ 中的 J 线在 0 值下方上行与周 KD 线金叉时，一波中级行情便会产生。

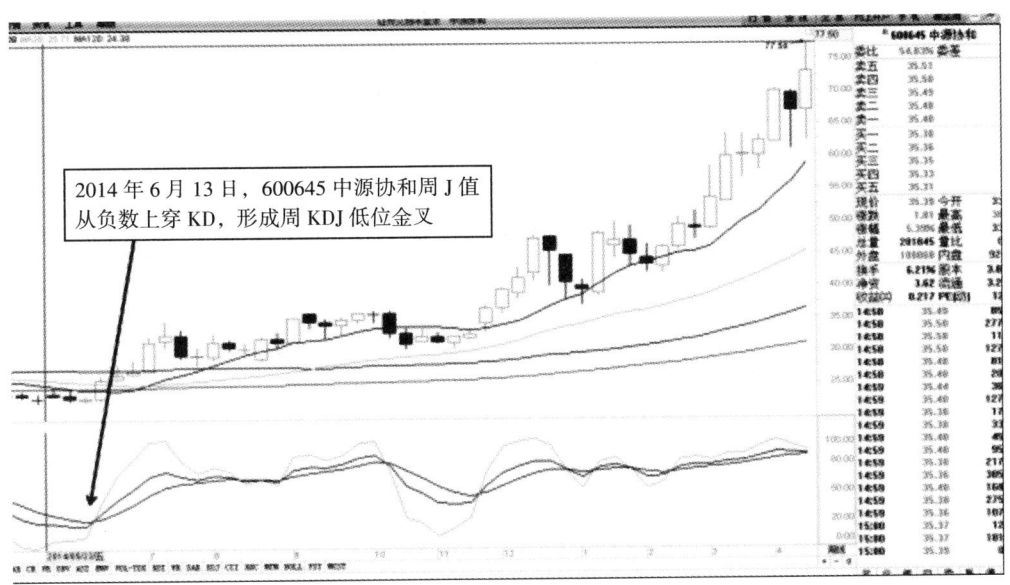

2014 年 6 月 13 日，600645 中源协和周 J 值从负数上穿 KD，形成周 KDJ 低位金叉

第二，死亡恶魔：周 KDJ 中的 J 线在 100 上方下行与周 KDJ 线死叉后，一波中级调整便会发生。若此时日线 KDJ 也在高位死叉，要果断卖出。

大家千万不要以为我说的都是老生常谈，有些平淡无奇的东西却孕育着巨大的力量，这种力量的来源是趋势，是宇宙平衡之美，是造物主的完美主义。

我讲的东西，是任何软件里都有的指标，大家每天都对着看，但是这些用法，或者叫战法你了解之后，就不一样了。我们都听过这样的故事：武林高手，

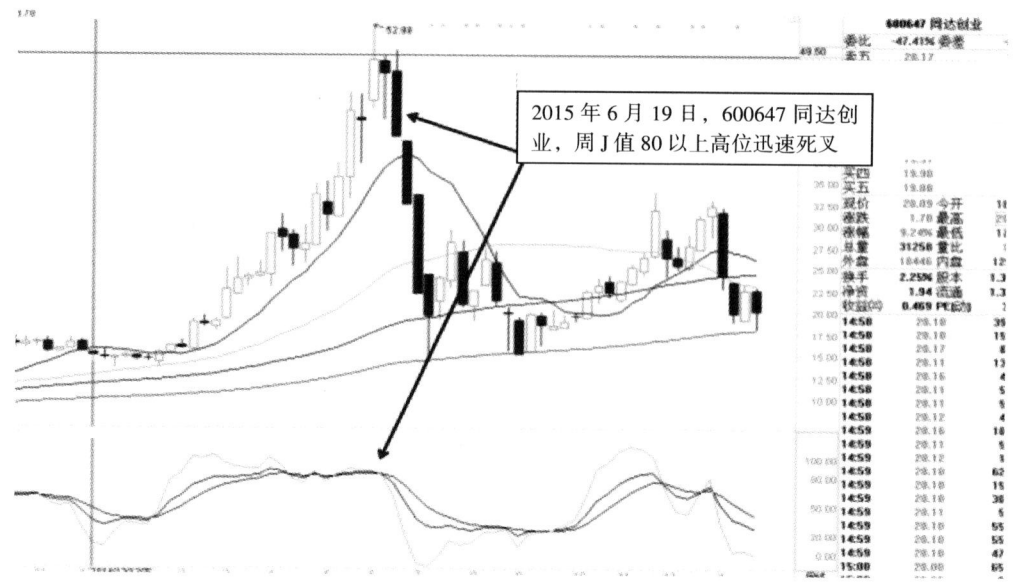

开始时都用最厉害的玄铁剑,但是剑法的最高层次就是无剑胜有剑了,随便一根枯树枝,都是锋利无敌的剑。简单的东西往往孕育着神奇的巨大力量,这就是简单之美。我们最重要的是要适应,要运用。这个世界没有秘密,绝对不存在一个神奇的万能公式,被某个人发现了,能够判断市场的涨跌,这个真没有。有的就是最常用的指标,你要学会用。

## KDJ 操作节奏掌控

我们经常说"节奏",到底什么是节奏?没有明确定义。我给出的定义是:一次比你预计持股低一个周期的进出场就叫节奏。再简单再明确点,就是每次进场出场就叫节奏。如果进场就是建仓,出场就是清仓,那么可能是比较一次性的痛快的节奏。如果留了底仓,仍然有进场出场,这个进场出场的回合可能就更贴近人们日常说的节奏。

那么经常有人说"节奏没踩准",到底什么是"没踩准"的状态?如何踩准?我认为没踩准就是不该进场时进场,不该离场时离场。还有一个更是人尽皆知的名词"高抛低吸",何谓"高",何谓"低"?还有一种说法叫作"先出来,跌下来再进"、"买进去,涨起来把买进去的数量抛掉",这个高抛低吸的动作有何标准,如何确定操作规则?这一切的一切,其实就是KDJ的节奏掌控。一个天大的秘密被说破，也许会让天下的人受益，我何乐而不为？

　　关于周期，要事先说明，因为经过无数次测试、努力、实践，我得出一个结论：节奏的周期最好用日线。有人会说我做的是月线的行情，周线级别的下跌我不在乎，我可以忍。我认为这是缺乏实战经验的说法。因为：第一，一个周线的下跌是很厉害的，跌30%、50%谁也受不了。我们都不应该高估自己的承受能力，一旦心态受损害，动作就会变形，操作就会失误，就会酿成更大的不可挽回的错误，甚至留下终生遗憾。第二，我们都知道行情是呈现波浪运动特征的，一波一波滚动向前。那么所谓"挣钱"，是包含两个方面，第一个方面就是前面一波上涨行情你抓住了，并且是重仓抓住了；第二个方面就是后面一波下跌你躲过了，空仓躲过了，或者轻仓试错，略有回撤。但是如果后面一波下跌没躲过呢，那么前面一波的上涨就相当于没做，或者没做成功。而且大多数人在上涨那波是无法实现从谷底拿到谷顶的，而下跌那波却可能死磕，从谷顶拿到谷底。——这就是节奏没搞对，表面看是节奏没踏准，深层次来看是很多情况的源泉，比如"看对没做对"、"分析正确了，利润没做出来"、"利润来了，又回撤了"、"分析判断都对，操作的时候没弄好"。这一切的根源，就是操作节奏没掌控好，要确保和市场的波动一致，不然，即使看对行情，也会死在调整里。

　　至于KDJ的节奏为什么不用更短的级别，比如60分钟线，是因为对于大资金来说，进出不方便，利润也很难做出来，差价不够大。

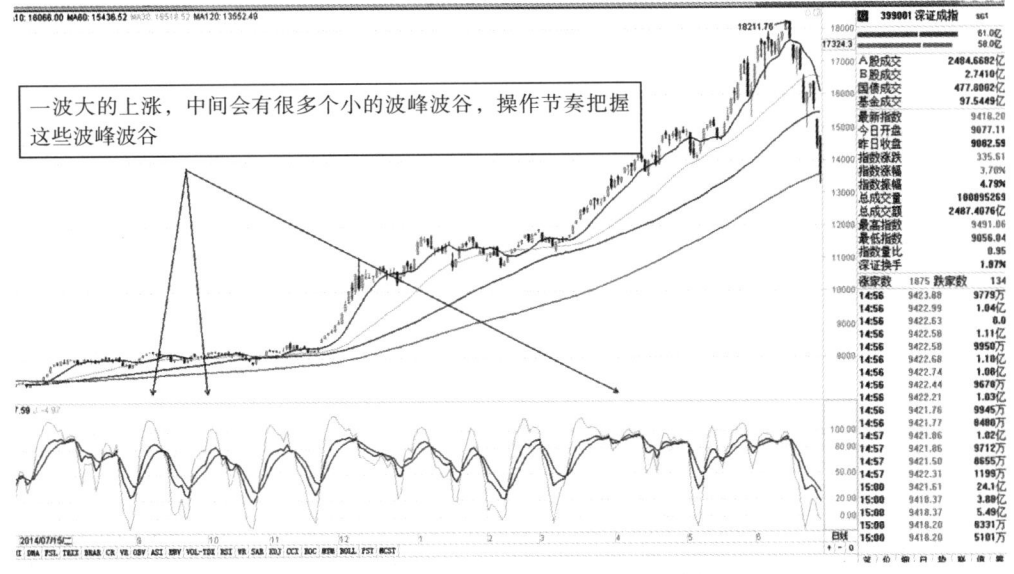

从上图 2014 年 7 月到 2015 年 7 月一年深证指数上涨可以看出，根据 KDJ 的高低，可以分为 15 个波段回合。这就是操作节奏，短线的进出场就按这个操作。

**KDJ 节奏控制的进出场规则**

**一、当 KDJ 在 50 以下区域金叉时进场，当 KDJ 在 50 以上区域死叉时离场**

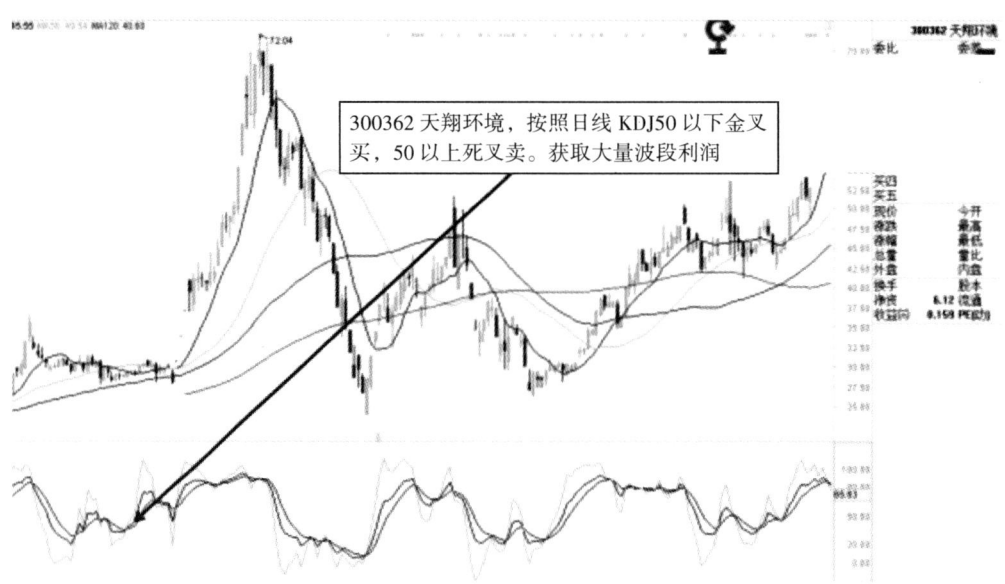

300362 天翔环境，按照日线 KDJ50 以下金叉买，50 以上死叉卖。获取大量波段利润

**二、当 KDJ 形成顶背离时离场，当 KDJ 形成底背离时入场**

总之，我们确定操作节奏，就要有工具来判断短线和波段的高低点，才能高抛低吸按节奏操作；这个工具非 KDJ 莫属，也只有 KDJ 能完成这个任务。是有且只有的，唯一的。

也许我写的内容你也学习过，看到过，自己用过，但是这都不代表你真正认识到了 KDJ 的奥妙和神奇。有些东西，我们理解得越深，认知得越透，才能发挥工具的最大作用。所谓"信则灵"，有没有深入灵魂、深入骨髓和泛泛而过是有本质区别的，导致的结果自然就会大相径庭。只有信了，你才会按照这个操作。

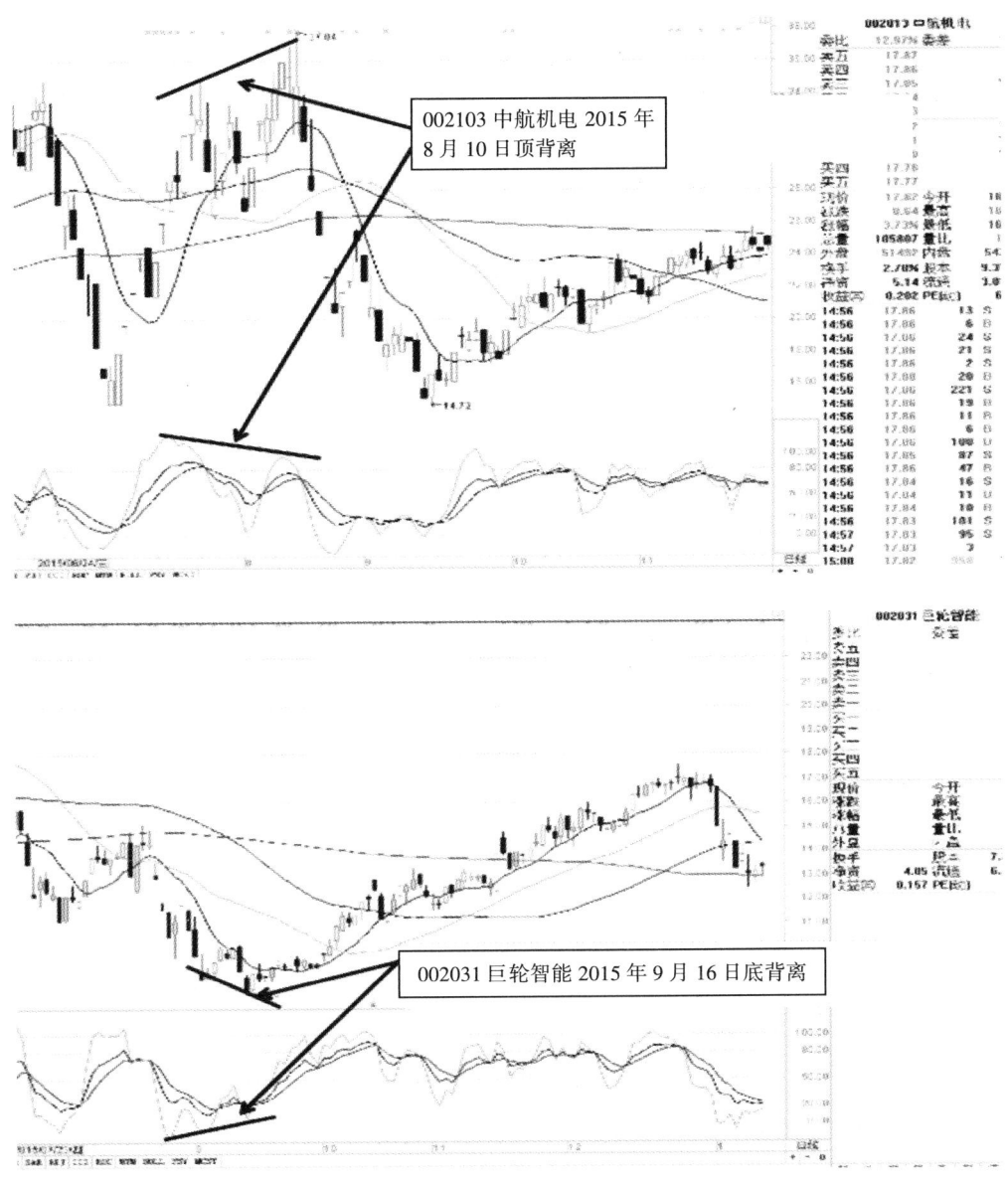

※ 关于 KDJ 100%确定的绝招。掌握太多没意义，掌握这 5 个 100%确定的就可以了，一招就可以毙命

第一，月线 KDJ 低位金叉，必然起一波大行情。

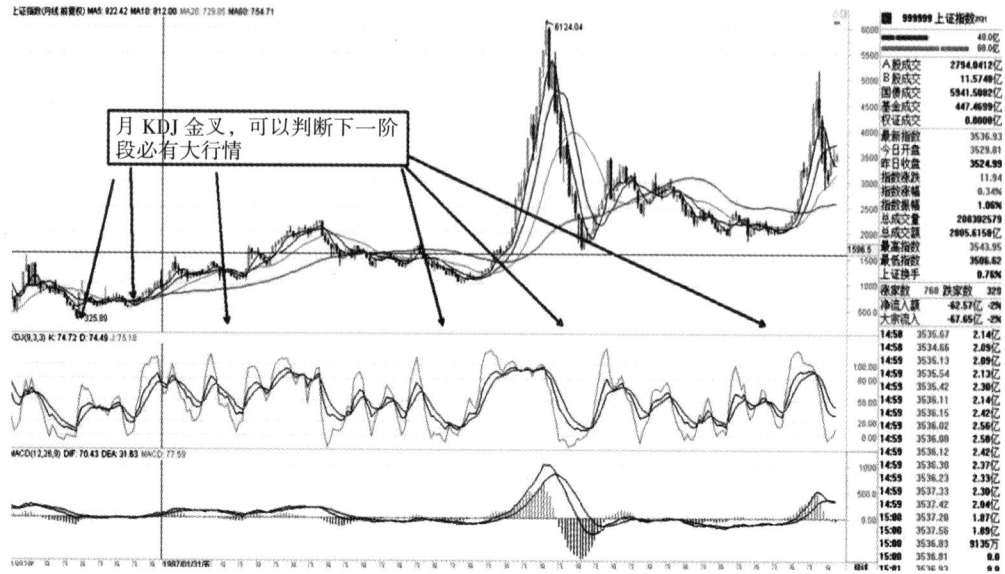

第二，周KDJ高位不一定马上跌，但是日KDJ和周KDJ同时高位死叉时，不论月KDJ处于何位置，都会有一波下跌行情。

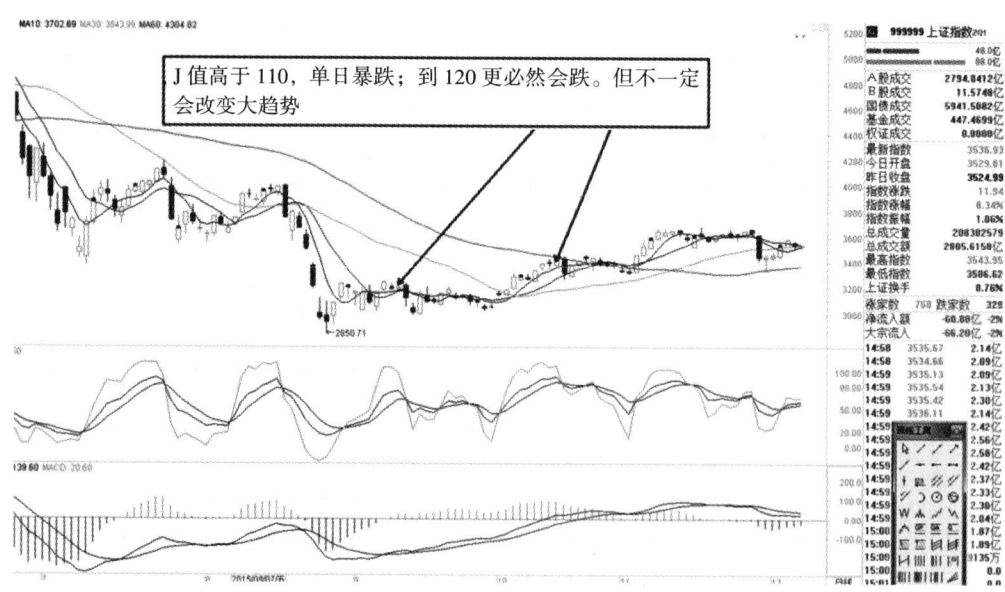

第三，无论任何周期，以日线为例，J值处于120极限高位时，必然会回调，弱势市场就会跌几天，强势周期可能会单日暴跌，再迅速拉起。J值无法长

期处于 120 及以上高位。

第四，周线 K、D 的数值均处于 30 以下，发生金叉，会有一波波段上涨行情。周线 K、D 位于 80 以上高位，发生死叉，会有一波波段下跌行情。

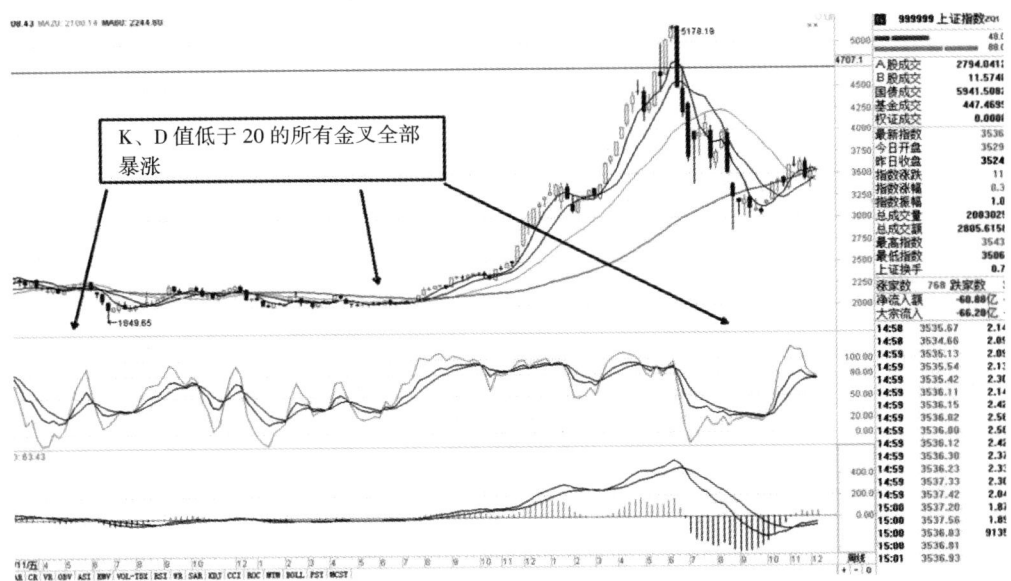

第五，K、D 在低位的底背离，在高位的顶背离，三次背离的情况必然引起上涨或者下跌。

## 第五节　趋势拐点：DMI

DMI 指标是所有指标中最与众不同、最独特的，首先它有四条线，看上去很复杂，导致很少人了解它，更少人应用它，极少人了解它的妙处和独门绝技。

简而言之，DMI 指标有两大独门绝技：一是判断趋势的拐点；二是区分行情是单边还是震荡。这两个绝技都是独门的，我们都知道在所有金融市场中，一个最困扰交易员的问题就是"如何区分行情是震荡市还是单边市"，长久以来，人们探访了无数方法和数学模型，试图解决区分行情是单边还是震荡的方法。这些所有的方法加在一起，经过验证，还没有 DMI 效果好。能区分单边和震荡，就已经非常了不起，何况还能判断趋势的拐点。所以说 DMI 就好比是一个怪才、奇才，像 IT 界的乔布斯，能够创造出不同的独特的准确的东西。

DMI 应用于趋势拐点：

我之所以用"超级转向"指标来命名 DMI，就是因为往往在市场观点形成一致的情况，行情也确实出现了单边上涨或下跌的行情时，只有它会孤独地发出风险提示信号。就是当市场对未来行情的认识趋于统一的时候，就会在盘面上表现出单边上涨或下跌的疯狂行情。这种时候往往是最危险的时候，因为几乎没有其他指标会向你发出十分明确的转势信号，而 DMI 却会以惊人的冷静，发出风险提示。由于 DMI 一般不会轻易地发出警报，因此，一旦当它出现警告提示时，必须保持高度警惕。

这种超前的技术指标，在所有指标中是不多见的，或者说根本没有。如果在市场中看见单边的疯狂行情时，请千万别再去人多的地方，也别去看什么报纸和电视，只需要记得去看一眼 DMI 这个技术指标，因为它会冷静地提前发出警告！

当市场单边上涨时，涨到最顶点时，往往是大众情绪最疯狂，个体情绪最贪婪的时候，人们往往会被贪婪控制住头脑；此时 DMI 能发出警告，让你克服贪婪，避免买在顶部。

当市场单边下跌时，跌到最低点时，往往是大众情绪最悲观，个体情绪最恐惧的时候，人们往往被恐惧控制住头脑；此时 DMI 能发出信号，让你克服恐惧，避免割在地板上。

从这个意义上来说，DMI 可以克服恐惧和贪婪。因为它最大的特点是不会迎合市场的舆论，而是忠实地单独地发出预警信号。尤其是在市场的观点和盘面出现空前的一致性后。

具体判断标准就用 DMI 里面的 ADX：

ADX 与其他分析指标所不同的是，不管是上涨还是下跌，只要出现单边市，它都是向上运行，而不是像其他指标那样，强势市场向上运行，弱市市场向下运行。

数值具体划分：

当 ADX 到达 60 附近时，不管是再强的大牛市，还是再可怕的大熊市，都要禁止按市场现有的方向顺势操作。也就是说，在上涨过程中，要停止买进，因为指数或股价随时随地都有可能出现回落。而在下跌过程中，不能因为市场的恐慌而继续做空,因为反弹也同样随时会出现。

当 ADX 进入 60 到 80 的区域以后,市场就进入了真正的高风险区域,提示头部或底部已经很近了。而在 80 以上,如果是上涨行情,就可以逢高减磅,如果是下跌行情,就可以逢低吸纳。

利用 ADX 来判断行情是否到顶或者到底,当 ADX 的数值由上升倾向转为下降时,表明行情即将反转。不管市场单边上涨或者单边下跌,ADX 都是单边上扬的,一旦 ADX 到达 60,甚至 80,并且与 ADXR 死叉,就说明这波单边上涨或者下跌行情结束了,至少应该离场。

如下图：2015 年 7 月的股灾和 2016 年 1 月的股灾,指数单边下跌,ADX 仍然单边上扬,ADX 到高位时跌势减弱,ADX 下叉 ADXR 时跌势结束。

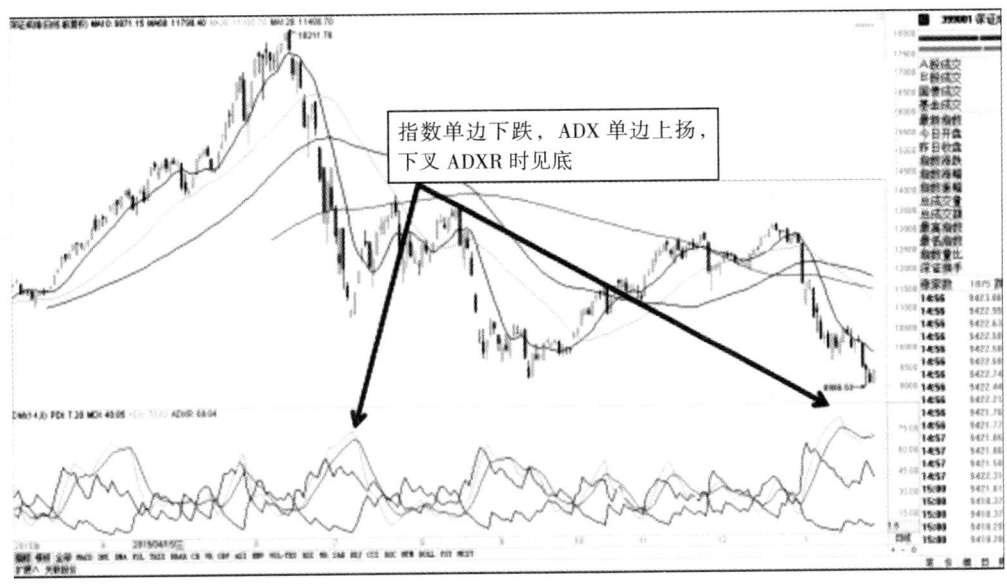

如下图：2014~2015 年 6 月,创业板呈现疯牛态势,尤其是 2015 年 4 月,"全民创新"、"牛市起点 4000 点"、"国家牛市"已经深入人心,全民炒股热浪一浪高过一浪,创业板指数 ADX 在 2015 年 4 月已经运行到 90 高位,意味着创业板风险已经非常大,ADX 与 ADXR 在 97 高位死叉,"人造牛市"轰然倒塌。

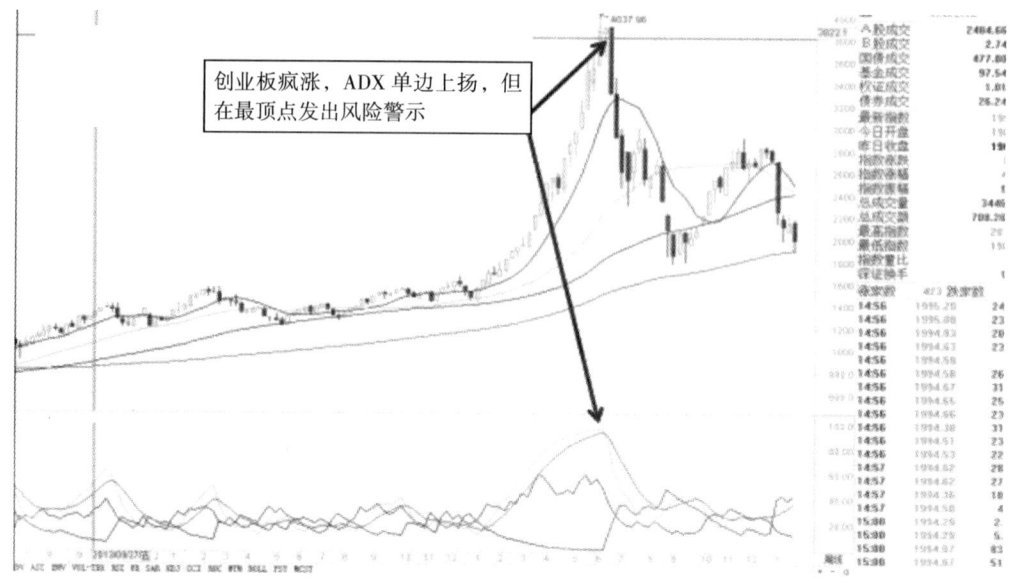

DMI 应用于单边和震荡的区分：

当市场趋势变动非常明显时，无论是上升还是下跌 ADX 的值都会逐渐增加，也就是说当 ADX 持续上升时，我们可以判定目前的市场行情趋势维持在一个固定方向。当市场反复涨跌时 ADX 就会逐渐减少，这是因为市场处于盘整时价格虽然有新高出现，但也有新低出现。PDI 和 MDI 会越来越近，这样 ADX 的值就会不断减少。当 ADX 下降到 20 以下且横向前进时，我们就能判断目前的趋势为盘整或者说牛皮市，这时候 PDI 和 MDI 的信号就不能成立。

DMI 中的四线如果在 50 下方相互缠绕，ADX 在 25 以下，通常表示此时的市场正处于一种温和的盘整状态之中，也即俗称的"震荡"。这时候，应该停止使用任何技术指标，因为技术分析的有效性在这种盘整市或者震荡市的准确率会大打折扣。所以 DMI 就好比整个技术分析的一个"开关"和"总阀门"，在震荡市，操作难度很大，技术分析有效性大打折扣，市场本身也没有方向，表现为无序的涨跌，持币观望就是最好的操作策略。等待市场有了明确的方向再入场。否则容易来回止损输钱。

对于某一只个股来说，当 ADX 位于 PDI 与 MDI 下方，特别是在 20 之下时，表示股价已经陷入泥沼，应远离观望。

无论指数还是个股，绿色的 ADXR 曲线低于 20 时，所有指标都将失去作用，阴跌不断，应果断离市。

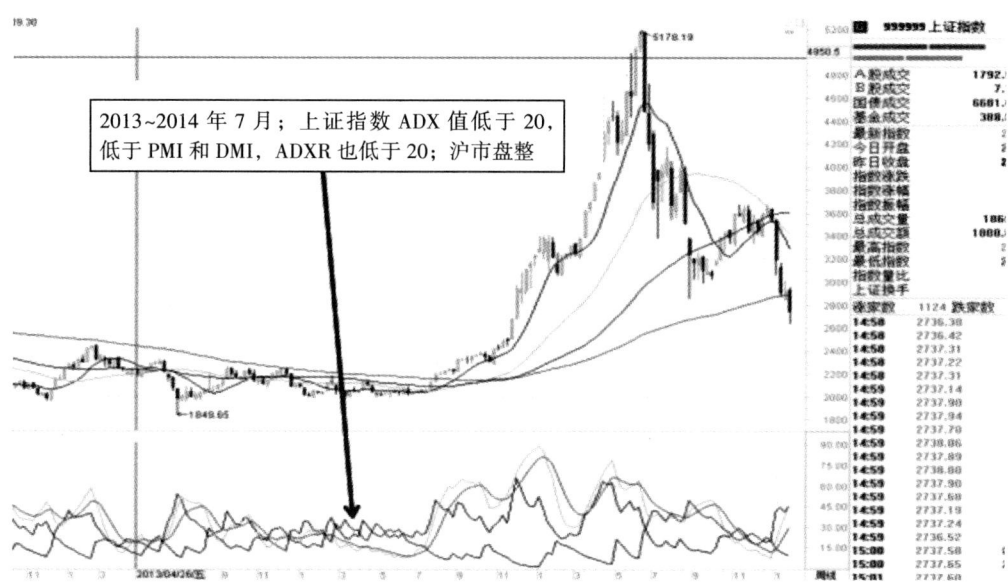

当 DMI 指标中的 PDI 曲线向下跌破 MDI、ADX、ADXR 后，如果 PDI 曲线一直运行在这三条线下方，并且在 20 以下区域作水平或向下运动，同时股价也被中长期均线压制下行时，则意味着市场上空头力量占绝对优势，股价将继续下

跌，这是 DMI 指标比较明显的持币信号，只要 PDI 曲线没有向上突破这三条曲线中的任何一条，投资者就应坚决持币观望。

### ※ 关于 DMI 的 5 个 100% 确定的绝招

第一，在日线上，ADX 下穿 ADXR，意味着趋势的转折，至少意味着前面的行情（不管是上涨或是下跌）是不可持续的。有时意味着反转，有时意味着趋势行情结束，进入盘整震荡。

大家可以自行往回拉一下图，看看是不是这样；这是深成指的。

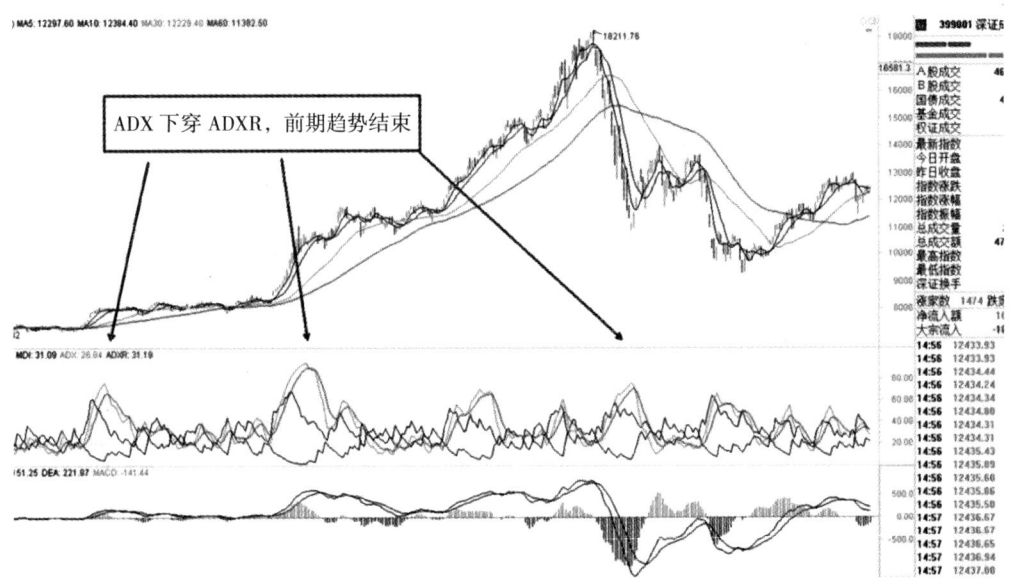

第二，在日线上，无论 DMI 的各条线处于何位置，如果 PDI 下穿 MDI，则意味着新的空头介入。同理，无论 DMI 的各条线处于何位置，如果 PDI 上穿 MDI，则意味着新的多头介入。

图为中国石油（601857）月线图。

• 第五章　最准指标：经过验证最准的买点卖点 •

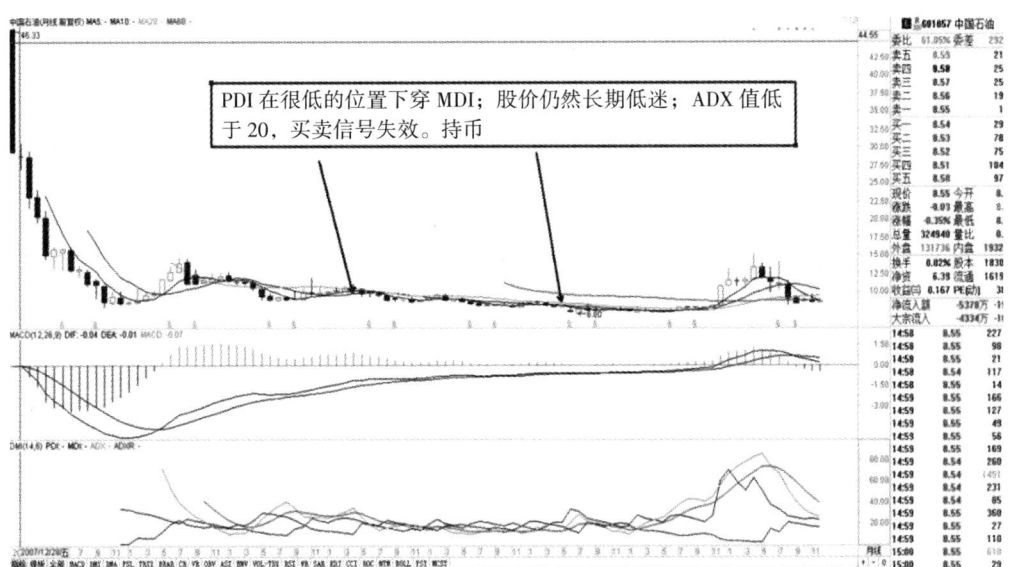

第三，当 DMI 指标中 ADX 的数值低于 PDI 的数值时，特别是低于 20 时，所有的其他任何包括 KDJ、MACD 指标显示的买入卖出信号都是无效信号。此外，ADXR 的数值介于 20~25 时，也应停用任何一种指标。

第四，ADX 单边上扬时，大行情就来了。

图为中国石油（601857）月线图。

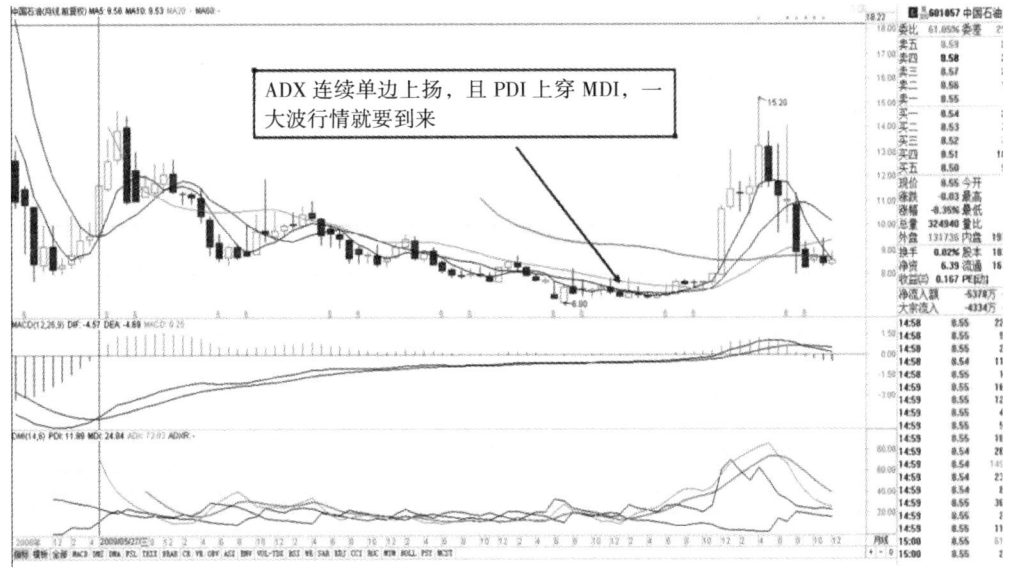

第五，无论上涨或者下跌的行情有多强，ADX 的数值都无法超过 80，一旦超过 80，随时会转势。

下图为上证指数 2014~2015 年 K 线图。

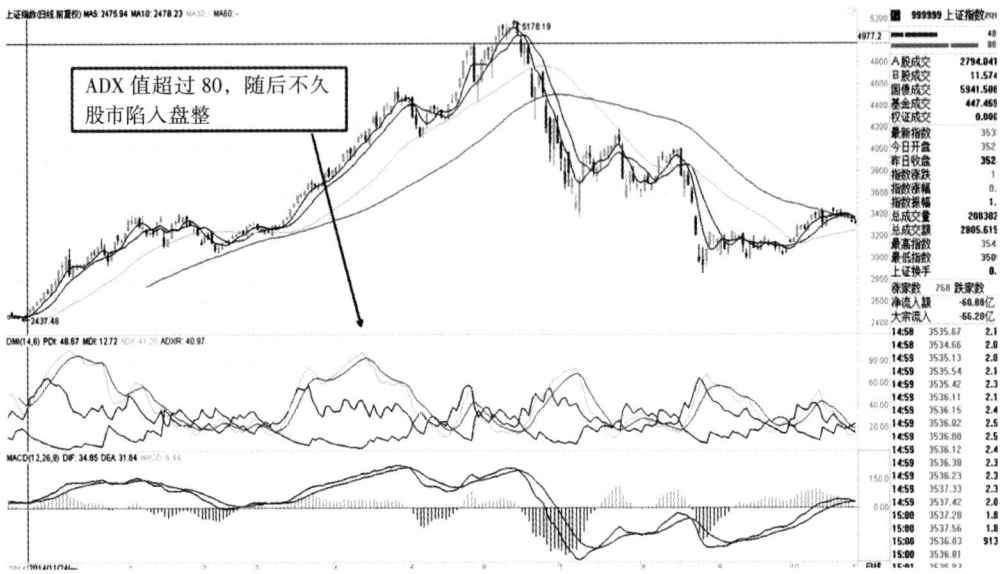

# 后　记

　　股海搏击，需要过硬的内功；股市擒牛，需要超人的眼光；股林争霸，需要非凡的收益；股坛论剑，需要稳健的系统。这一切，都在《股票操盘宝典》里面。

　　从内功到外功，从剑宗到气宗，从策略到绝招，从系统到风控，从教训到反思，从失误到应对，从收益到风险，从择股到择时，《股票操盘宝典》给您的远远不止这些。

　　字里行间，纸面之外，处处暗藏玄机；章节段落，引经据典，时时注意奥妙。意会言传，读懂的人欣慰；书里乾坤，认真的人感恩。

　　在一个文化速食的时代，在一个知识廉价的时代，读书俨然成了贵族家传的镇宅之宝，轻易不能示人；实际则是人们虚浮焦躁的心态，金钱蔽眼的短视导致的。能读书，是一种幸福；会读书，是一种能力。

　　许多人没有操作系统，没有选股内功，没有策略，没有风控，甚至没有读书，就携带全部身家进入了股市。这些人，就是为股市提供流动性来的，希望您不是这种人。

　　好书需要天天读，将书中的内容吃透贯通，形成习惯，形成本能，才可以轻松应用。

　　好书伴您一生，投资伴您一生。成功很快来临，盈利时时充满。

胡斐—戊午　微博二维码　　　胡斐的朋友　微信公众号二维码